I Grandi Teatri Italiani | The Great Italian Theatres

Teatro *dell'Opera* *di* Roma

The Teatro dell'Opera in Rome

I Grandi Teatri Italiani | The Great Italian Theatres

Teatro dell'Opera di Roma

The Teatro dell'Opera in Rome

Testi di / *Texts by*
Piero Mioli

Introduzioni / *Introductions*
Francesco Giambrone, Michele Mariotti, Eleonora Abbagnato

Con testi di / *With texts by*
Cosimo Manicone
(138-140, 199-202, 231, 239-242, 292-295)

Direttore editoriale / *Editorial director*
Federico Ferrari

Coordinamento campagna fotografica e responsabile di produzione / *Photographic shoot coordination and production manager*
Gianni Grandi

Impaginazione / *Layout*
Gianni Grandi

Redazione / *Editing*
Federico Ferrari, Laura Lopardo, Asia Graziano

Traduzione inglese del testo del prof. Piero Mioli / *English translation of the text of Prof. Piero Mioli*
Sarah Elizabeth Cree - NTL Firenze

Altre traduzioni / Other translations
Laura Lopardo, Asia Graziano

Crediti fotografici / *Photographic credits*
© 2026 Scripta Maneant Group

Campagna fotografica del Teatro dell'Opera di Roma, dei costumi storici e del Laboratorio dei Cerchi / *Photographic Campaign of The Teatro dell'Opera in Rome, historical costumes and Laboratorio dei Cerchi:*
Carlo Vannini

Altre immagini / *Other Photos:*
Fondazione Teatro dell'Opera di Roma – Archivio Storico ed Audiovisuale: 21, 25, 76, 77, 79, 80, 83, 84, 86, 88, 90, 95, 96-97, 99, 100, 102-103, 106, 109, 110, 113, 116, 120, 121, 122, 124-125, 126-127, 130, 131, 132-133, 136-137, 141, 203, 222-223, 246, 250, 253, 256, 261, 268, 271, 274.
Fabrizio Sansoni: 10, 18, 22, 72-73, 174-175, 176-177, 178-179, 180, 181, 182-183, 184-185, 186-187, 188-189, 190-191, 192-193, 194-195, 196-197, 214-215, 216-217, 218-219, 220-221, 224-225, 226-227, 228-229, 291, 294.
Marinella Senatore: 21, 25.
Ricordi & C S.r.l.: 74.
Luciano Romano: 142-143, 148-149.
Corrado Maria Falsini: 144-145, 146-147, 209, 210, 279, 282-283.
Silvia Lelli: 150-151, 152-153, 154-155, 156.
Yasuko Kageyama: 157, 158-159, 160-161, 162-163, 164-165, 166, 167, 168-169, 172-173, 212-213.
Carlo Vannini: 170-171.
Foto di Oscar Savio - Fondazione Teatro dell'Opera di Roma – Archivio Storico ed Audiovisuale: 198.
Foto Reale: 201.
Foto Oscar Savio: 202.
Foto di Dufoto - Fondazione Teatro dell'Opera di Roma – Archivio Storico ed Audiovisuale: 204-205.
Foto Falsini-De Sanctis: 206.
Foto Corrado Maria Falsini e Riccardo Musacchio: 207.
Foto di Corrado Maria Falsini - Fondazione Teatro dell'Opera di Roma – Archivio Storico ed Audiovisuale: 208.
Foto Silvia Lelli e Roberto Masotti: 211.
Foto Stella Olivier: 286-287.

SM SCRIPTA MANEVNT® Group

ScriptaManeant • Impronta d'Artista • Magnus Edizioni

Via dell'Arcoveggio, 74/2
40129 - Bologna - Italy
Tel. +39 051 223535
Numero verde / *Toll-free Number* 800 144 944
www.scriptamaneant.it
segreteria@scriptamaneant.it

ISBN: 979-12-80717-33-7

L'editore ringrazia / *The publisher thanks*

TEATRO DELL'OPERA
DI ROMA

I Grandi Teatri Italiani | The Great Italian Theatres

Teatro *dell'Opera* *di* Roma

The Teatro dell'Opera in Rome

Introduzioni di / Introductions by
Francesco Giambrone
Michele Mariotti
Eleonora Abbagnato

Testi di / Texts by
Piero Mioli

Fotografie di / Photographs by
Carlo Vannini

SM
SCRIPTA MANEVNT

Francesco Giambrone

Sovrintendente della Fondazione Teatro dell'Opera di Roma / Superintendent of the Fondazione Teatro dell'Opera in Rome

Ho avuto il privilegio e la responsabilità di dirigere e abitare alcune case d'opera italiane, diverse e tutte importanti. Una aveva la forza e l'orgoglio di aver dato vita al più antico festival musicale d'Europa, il Maggio Musicale Fiorentino. Il teatro in sé non era bellissimo, un po' perché era periferico rispetto al cuore storico della città e un po' perché era stato bombardato e distrutto durante la Seconda guerra mondiale e poi ricostruito e rimaneggiato più volte nelle forme di una sorta di moderno auditorium. Ma aveva la forza e l'energia che venivano da tutto quello che tra quelle mura era accaduto negli anni, e quella forza si sentiva tutta. I fiorentini e gli amanti della musica di tutto il mondo lo amavano lo stesso, proprio perché raccontava anni di storie da loro vissute in prima persona o raccontate da chi era più avanti negli anni, di emozioni, di idee, di progetti, di debutti coraggiosi, di trionfi indimenticabili e di feroci contestazioni. Un altro era (ed è ancora oggi) il luogo simbolo della città, l'unico simbolo davvero riconosciuto da tutti, prima ancora che per il maestoso impatto sul tessuto urbano della città, anche per via di quella incredibile storia della riapertura nel 1997, dopo 23 anni di scandalosa chiusura, sull'onda dell'esecrazione collettiva e di una delle più belle pagine di riscatto civile della storia recente del nostro Paese seguita alle stragi di mafia del 1992, il Massimo di Palermo. Un grande teatro del sud con una storia bellissima che raccontava di un grande cambiamento: il passaggio da simbolo del malaffare a grande istituzione di produzione culturale e inclusione sociale,

I have had the privilege and responsibility of directing and inhabiting a number of Italian opera houses, all different and all important. One had the strength and pride of having given birth to the oldest music festival in Europe, the Maggio Musicale Fiorentino. The theatre itself was not beautiful, partly because it was on the outskirts of the historic city centre and partly because it had been bombed and destroyed during the Second World War and then rebuilt and remodelled several times into a sort of modern auditorium. But it had the strength and energy that came from everything that had happened within those walls over the years, and that strength could be felt throughout. The Florentines and music lovers from all over the world loved it all the same, precisely because it told years of stories, they had experienced first-hand or heard from those who were older, stories of emotions, ideas, projects, courageous debuts, unforgettable triumphs and fierce protests. Another was (and still is today) the symbolic place of the city, the only symbol truly recognised by everyone, not only for its majestic impact on the urban fabric of the city, but also because of its incredible story of reopening in 1997, after 23 years of scandalous closure, in the wake of collective condemnation and one of the most beautiful pages of civil redemption in the recent history of our country following the mafia massacres of 1992, the Massimo in Palermo. A great theatre in the south with a beautiful story that told of a great change: the transition from a symbol of malfeasance to a great institution of cultural production and social inclusion, from a wound to be ashamed of to a symbol to

da ferita di cui vergognarsi a simbolo di cui andare orgogliosi. E poi, a Roma, il Teatro della Capitale, luogo istituzionale di rappresentanza culturale dell'intero Paese, ma anche casa di una comunità estesa e variegata in cui ogni municipio è popoloso quanto alcune delle principali città italiane, rinato a nuova vita e completamente riposizionato nel panorama internazionale grazie al grande investimento fatto negli ultimi anni sulla qualità e sul futuro.

I teatri sono apparentemente tutti uguali ma, in effetti, sono tutti diversi. Vivono le stesse dinamiche interne, condividono problemi comuni ma anche prospettive e strategie. Però raccontano storie diverse. Che hanno molto a che fare con il contesto sociale delle comunità e con la storia e le vicende politiche e di sviluppo delle città stesse. Questo l'ho imparato bene in questi anni in cui mi sono dedicato a gestirli, ad amarli, a provare a scrivere, insieme a tutti quelli che nei teatri lavorano e li abitano ogni giorno, un piccolo pezzo di un cammino lungo che nel tempo costruisce storie, identità, bellezza e ricchezza che contribuiscono a fare grande il nostro Paese.

Firenze, Palermo e adesso Roma. In ciascuna di queste città c'è sempre una storia importante da raccontare, tutti i teatri ne hanno una. Ma quella del Teatro dell'Opera di Roma ha almeno due elementi che la rendono un po' speciale. Sarà il caso di partire proprio da qui.

Il primo, quello di nascere dalla volontà imprenditoriale di un privato illuminato e probabilmente un po' visionario e non da scelte legate a strategie e indirizzi delle politiche pubbliche. Nell'Italia post-unitaria in cui i teatri nascevano ovunque nel Paese appena unito e costruivano una rete di luoghi, molto più spesso pubblici, attorno ai quali si definiva l'identità del Paese, questa in fondo rappresenta per molti versi un'interessante anomalia. Domenico Costanzi è un imprenditore edile, umbro di nascita ma milanese d'adozione, con la passione per lo spettacolo. Appartiene a una famiglia di imprenditori edili, il mestiere gli viene dal padre. E anche la passione per la musica e per il teatro, in fondo. È lui però che fa il salto quando decide che è

be proud of. And then, in Rome, the Theatre of the Capital, an institutional venue representing the culture of the entire country, but also home to a large and diverse community in which each municipality is as populous as some of Italy's major cities, reborn to new life and completely repositioned on the international scene thanks to the major investment made in recent years in quality and the future.

Theatres are apparently all the same, but in fact they are all different. They experience the same internal dynamics, share common problems, but also perspectives and strategies. However, they tell different stories. These stories have a lot to do with the social context of the communities and with the history and political and developmental events of the cities themselves. I have learned this well over the years I have dedicated myself to managing them, loving them, trying to write, together with all those who work in theatres and inhabit them every day, a small piece of a long journey that over time builds stories, identities, beauty and wealth that contribute to making our country great.

Florence, Palermo and now Rome. In each of these cities, there is always an important story to tell; all theatres have one. But the story of the Teatro dell'Opera in Rome has at least two elements that make it a little special. It is worth starting from here.

The first is that it was born out of the entrepreneurial spirit of an enlightened and probably somewhat visionary private individual, rather than from choices linked to public policy strategies and guidelines. In post-unification Italy, where theatres were springing up all over the newly united country and forming a network of venues, most often public, around which the country's identity was defined, this represents in many ways an interesting anomaly. Domenico Costanzi is a building contractor, born in Umbria but adopted by Milan, with a passion for the performing arts. He belongs to a family of building contractors, having learned the trade from his father. And also, a passion for music and theatre, after all. However, it was he who took the leap when

il momento di passare dal costruire alberghi e palazzi a costruire un teatro, nientemeno che il teatro d'opera della Capitale d'Italia. Cosa fa a quel punto il Costanzi? Già è una scelta molto forte per un privato quella di costruire un teatro, una scelta che denota una tensione di servizio pubblico che si confà a quella classe di imprenditori culturalmente più aperti e illuminati che non mancavano (e non mancano neppure oggi) in Italia. Ma fa anche un'altra cosa molto chiara, espressione di visione e apertura: asseconda lo sviluppo urbanistico della città e decide di costruire quel teatro nella zona di nuova espansione della città, fuori dal centro storico dove stavano tutti i teatri abitualmente frequentati dal pubblico romano. Quindi va in qualche modo contro corrente rispetto alla consuetudine dominante delle classi sociali più vicine al mondo del teatro, incurante delle reazioni tra lo scettico e l'ironico del pubblico che poi quel luogo avrebbe dovuto frequentare. Oggi quella ci pare una scelta coraggiosa e lungimirante. La scelta di un imprenditore che guarda avanti, che cerca di inserirsi coerentemente in una visione di sviluppo della città che non può non muoversi in una dimensione di espansione che disegnerà la nuova capitale del Paese. Ma possiamo immaginare che non dovette essere facile in quel tempo sostenerla e poi gestirla.

Il secondo, quello di essere un teatro che nel tempo ha accettato la sfida di cambiamenti strutturali anche radicali, che ha avuto il coraggio di non restare immutabile nelle sue forme originarie, accompagnando le mutazioni del tessuto urbano circostante e del contesto sociale della Capitale che cambiava anch'essa. Caso abbastanza unico in un Paese che non soltanto non ha avuto la lungimiranza di costruire nuovi teatri e nuovi spazi culturali (tranne rarissime eccezioni) ma che, quando per cause esterne drammatiche si è dovuto confrontare con il tema della ricostruzione, ha sempre fatto la scelta più conservativa ritenendo giusto ricostruire i teatri "com'erano e dov'erano". Immutabili, appunto. E invece, il Costanzi no. Cambia più volte nel tempo. Cambia profondamente nell'aspetto esterno, addirittura viene costruita

he decided it was time to move from building hotels and buildings to building a theatre, none other than the opera house of the capital of Italy. What did Costanzi do at that point? It was already a very bold choice for a private individual to build a theatre, a choice that denoted a public service ethos befitting the class of culturally open-minded and enlightened entrepreneurs that existed (and still exists today) in Italy. But he also did something else that was very clear, an expression of vision and openness: he supported the urban development of the city and decided to build the theatre in the newly expanding area of the city, outside the historic centre where all the theatres usually frequented by the Roman public were located. In doing so, he went against the prevailing custom of the social classes closest to the world of theatre, regardless of the sceptical and ironic reactions of the public who would eventually frequent the venue. Today, that seems to us to have been a courageous and far-sighted choice. It was the choice of an entrepreneur who looked ahead, who sought to fit coherently into a vision of the city's development that could not fail to move in a direction of expansion that would shape the new capital of the country. But we can imagine that it must not have been easy at that time to support and then manage it.

The second is that it is a theatre that, over time, has accepted the challenge of radical structural changes, having had the courage not to remain unchanged in its original form, accompanying the changes in the surrounding urban fabric and the social context of the capital, which was also changing. This is quite unique in a country that not only lacked the foresight to build new theatres and new cultural spaces (with very few exceptions) but which, when faced with the issue of reconstruction due to dramatic external causes, always made the most conservative choice, believing it right to rebuild theatres "as they were and where they were". Unchanging, in fact. But not the Costanzi. It has changed several times over the years. Its external appearance has changed profoundly, with a new

una nuova facciata e un nuovo ingresso opposto a quello originale; cambia negli spazi interni accessori come il foyer. Alcune scelte sono abbastanza traumatiche e anche discutibili, per esempio la demolizione della sala da concerti per far posto a spazi di lavoro. Altre sono dal punto di vista estetico meno belle di com'era. Ma i teatri sono organismi vivi e cambiano col tempo, devono confrontarsi con esigenze di nuovi spazi di lavoro, con diverse modalità e consuetudini di fruizione da parte di nuovi pubblici, devono fare i conti con le tecnologie e con l'innovazione, con la sostenibilità e con la crescita del contesto urbano. Altrimenti restano musei di loro stessi e non luoghi vivi di produzione culturale. Devono avere il coraggio di cambiare, di stare al passo con i tempi. Come è stato per il Costanzi nei quasi 150 anni di vita dalla sua prima inaugurazione.

In verità, c'è anche un terzo elemento di curiosità e interesse nella storia del Teatro dell'Opera di Roma. Quello di essere stato diretto per ben 14 anni, tra il 1912 e il 1926, da una donna, Emma Carelli. Una cantante che, giunta all'apice della carriera, aveva scelto di smettere di cantare per iniziare a occuparsi di gestione e organizzazione musicale. Nel Paese che ancora oggi fatica ad affidare alle donne i ruoli di vertice delle sue istituzioni culturali e di spettacolo, anche questa è una anomalia positiva. La Carelli gestisce la lunga fase conclusiva della gestione privata del Costanzi, quella seguita alla morte di Domenico e alla assunzione di responsabilità del figlio, Ernesto, molto meno appassionato di teatro del padre. E sono anni importanti, anni di visione lungimirante e di costruzione di identità. Sono anni coraggiosi e controcorrente, anni di scelte radicali e forti, provocatorie e sfidanti. Al Costanzi va in scena la prima italiana di *Parsifal* di Wagner (nel 1914), del *Boris* di Musorgskij, dell'*Elektra* e di *Salome* di Richard Strauss e arrivano, sempre per la prima volta in Italia, i *Ballets Russes* di Djagilev con Stravinskij sul podio. Insomma, anni importanti di un grande teatro di respiro internazionale. Emma Carelli probabilmente pagherà il prezzo del suo coraggio, del suo anticonformismo, di

façade and a new entrance opposite the original one being built; its interior spaces, such as the foyer, have also changed. Some choices have been quite traumatic and even questionable, such as the demolition of the concert hall to make way for workspaces. Others are less aesthetically pleasing than before. But theatres are living organisms and change over time. They have to deal with the need for new workspaces, with different ways and customs of use by new audiences, and they have to contend with technology and innovation, sustainability and the growth of the urban context. Otherwise, they remain museums of themselves rather than living places of cultural production. They must have the courage to change and keep up with the times. This has been the case for the Costanzi Theatre in the almost 150 years since its inauguration.

In truth, there is also a third element of curiosity and interest in the history of the Teatro dell'Opera in Rome. That is that it was directed for 14 years, between 1912 and 1926, by a woman, Emma Carelli. A singer who, at the height of her career, chose to stop singing to take up musical management and organisation. In a country that still struggles to entrust women with top positions in its cultural and entertainment institutions, this is also a positive anomaly. Carelli managed the long final phase of the Costanzi's private management, following the death of Domenico and the assumption of responsibility by his son, Ernesto, who was much less passionate about theatre than his father. These were important years, years of foresight and identity building. They were courageous and unconventional years, years of radical and strong choices, provocative and unconventional, challenging. The Costanzi staged the Italian premieres of Wagner's *Parsifal* (in 1914), Musorgsky's *Boris*, Richard Strauss' *Elektra* and *Salome*, and, also for the first time in Italy, Diaghilev's *Ballets Russes* with Stravinsky on the podium. In short, these were important years for a great theatre of international stature. Emma Carelli probably paid the price for her courage, her non-conformism, and her refusal to give in to

non aver voluto cedere al regime fascista. Una donna alla fine scomoda per il regime. Si occuperà del Costanzi fino al 1926, cioè fino al passaggio della gestione in mano pubblica, al Governatorato di Roma. Da quel momento, altre logiche iniziano a orientare la *governance* del Teatro. E si apre definitivamente una nuova fase della vita del Costanzi, quella della gestione pubblica che arriverà, attraverso trasformazioni e mutamenti legislativi, fino alla forma attuale di fondazione di diritto privato i cui soci fondatori sono lo Stato italiano, la Regione Lazio e il Comune di Roma.

E poi c'è, naturalmente, la storia di tutto quello che è accaduto in tanti anni tra le mura di questo Teatro. Questo volume è un racconto per immagini di un luogo che ha costruito emozioni e bellezza grazie alla partecipazione dei più grandi artisti della scena internazionale. Un Teatro che nei primi venti anni della sua vicenda artistica ha ospitato al debutto opere che poi hanno segnato la storia del melodramma nel mondo: *Cavalleria rusticana*, nel 1890, *L'amico Fritz*, nel 1891 e, naturalmente, *Tosca* il 14 gennaio del 1900. E anche, come si diceva, la prima apparizione in Italia dei *Ballet Russes* nel maggio del 1911 in occasione dell'Esposizione Universale nel cinquantenario del Regno d'Italia. E artisti che sono stati protagonisti indiscussi della storia del teatro musicale, riconosciuti e osannati ovunque: cantanti, direttori d'orchestra, registi, scenografi, danzatori, coreografi. Basta andare a visitare i depositi delle scene e dei costumi in quel luogo magico che sono i Laboratori dei Cerchi, basta entrare nell'Archivio storico e guardare bozzetti, figurini, foto di scena. Per trovare De Chirico e Kokoschka, Guttuso e Cagli, Manzù e Calder, fino a Kentridge e Ai Weiwei. Oppure Eduardo, Visconti, Squarzina e Zeffirelli. E in epoca più recente ancora tutti i più grandi: Carsen, Vick, Martone, Michieletto, Warner, Audi, Castellucci, Warlikowski, Dante, Kosky, Sellars. I coreografi e i danzatori che hanno fatto grande il Corpo di ballo a cominciare dalla grande stagione di Aurel Milloss e poi con le lunghe collaborazioni artistiche con Elisabetta Terabust e Carla

the fascist regime. She was ultimately an inconvenient woman for the regime. She remained in charge of the Costanzi until 1926, when management passed into public hands, to the Governorate of Rome. From that moment on, other logics began to guide the theatre's *governance*. A new phase in the life of the Costanzi began, that of public management, which, through transformations and legislative changes, would lead to its current form as a private law foundation whose founding members are the Italian State, the Lazio Region and the Municipality of Rome.

And then, of course, there is the story of everything that has happened over many years within the walls of this theatre. This volume is a pictorial account of a place that has created emotions and beauty thanks to the participation of the greatest artists on the international scene. A theatre that, in the first twenty years of its artistic history, hosted the debuts of works that went on to mark the history of opera worldwide: *Cavalleria rusticana* in 1890, *L'amico Fritz* in 1891 and, of course, *Tosca* on 14 January 1900. And also, as mentioned, the first appearance in Italy of the *Ballet Russes* in May 1911 on the occasion of the Universal Exposition on the fiftieth anniversary of the Kingdom of Italy. And artists who were the undisputed protagonists of the history of musical theatre, recognised and acclaimed everywhere: singers, conductors, directors, set designers, dancers, choreographers. Just visit the scene and costume warehouses in that magical place that is the Laboratori dei Cerchi, enter the historical archive and look at the sketches, figurines and stage photos. You will find De Chirico and Kokoschka, Guttuso and Cagli, Manzù and Calder, right up to Kentridge and Ai Weiwei. Or Eduardo, Visconti, Squarzina and Zeffirelli. And in more recent times, all the greats: Carsen, Vick, Martone, Michieletto, Warner, Audi, Castellucci, Warlikowski, Dante, Kosky, Sellars. The choreographers and dancers who made the Corps de ballet great, starting with the great season of Aurel Milloss and then with the long artistic collaborations with Elisabetta Terabust and Carla Fracci; and

Fracci; e adesso Eleonora Abbagnato che ha allargato il repertorio della compagnia ai più grandi coreografi del Novecento: da Bausch a Forsythe, da Neumeier a Ekman. E i grandi direttori d'orchestra che hanno segnato con la loro presenza stagioni indimenticabili e che hanno forgiato l'Orchestra e il Coro del Teatro dell'Opera da Tullio Serafin a Gino Marinuzzi, da Carlo Maria Giulini a Thomas Shippers, da Sir John Barbirolli a Bruno Bartoletti, da Giuseppe Sinopoli a Gianluigi Gelmetti. E poi, Riccardo Muti che del Teatro è direttore onorario a vita e per lunghi anni ha dato il suo segno e la sua forza a una nuova straordinaria stagione. Daniele Gatti, direttore musicale per quattro anni. E adesso Michele Mariotti che nel 2022 ha iniziato la sua direzione musicale, inaugurando una stagione di grande rinnovamento della compagine orchestrale e di produzioni sfidanti e di altissima qualità. Ricchezza straordinaria per un Teatro che non può non scommettere sulla crescita costante delle compagini artistiche. Perché un teatro è fatto, intanto, da coloro che lo abitano ogni giorno: professori d'orchestra, artisti del Coro, tersicorei, tecnici di laboratorio e tecnici di palcoscenico, amministrativi. Le persone che tutti i giorni contribuiscono a costruire e ad alimentare questa storia.

Una storia antica e una storia recente che si arricchiscono ogni giorno di nuove creazioni e di collaborazioni inedite. Una storia ininterrotta che attraversa quasi 150 anni, a cavallo tra tre secoli, e che ha contribuito a costruire la grande tradizione del melodramma italiano che è fatto di un modo di produrre l'opera, di metterla in scena, di cantarla che è una delle nostre grandi ricchezze e un patrimonio del nostro Paese riconosciuto ovunque nel mondo.

Questo volume raccoglie quella storia e restituisce il senso dell'importanza di un teatro per una comunità e per un Paese. Oggi, nel tempo in cui è ancora viva la memoria di una pandemia che ci ha improvvisamente e inaspettatamente messi di fronte allo smarrimento che è derivato dalla chiusura forzata dei teatri e ha risvegliato in tutti l'urgenza e la necessità di poter vivere questi luoghi di aggregazione e

now Eleonora Abbagnato, who has expanded the company's repertoire to include the greatest choreographers of the 20th century: from Bausch to Forsythe, from Neumeier to Ekman. And the great conductors who have marked unforgettable seasons with their presence and who have shaped the Orchestra and Chorus of the Teatro dell'Opera, from Tullio Serafin to Gino Marinuzzi, from Carlo Maria Giulini to Thomas Shippers, from Sir John Barbirolli to Bruno Bartoletti, from Giuseppe Sinopoli to Gianluigi Gelmetti. And then there is Riccardo Muti, who is the Theatre's honorary conductor for life and who for many years has left his mark and brought his strength to a new and extraordinary season. Daniele Gatti, musical director for four years. And now Michele Mariotti, who began his musical direction in 2022, inaugurating a season of great renewal for the orchestra and challenging, high-quality productions. This is an extraordinary wealth for a theatre that cannot fail to invest in the constant growth of its artistic ensembles. Because a theatre is made up, first and foremost, of those who inhabit it every day: orchestra musicians, choir artists, dancers, workshop technicians, stage technicians and administrators. The people who contribute every day to building and nurturing this history.

An ancient history and a recent history that are enriched every day with new creations and unprecedented collaborations. An uninterrupted history spanning almost 150 years, straddling three centuries, which has contributed to building the great tradition of Italian melodrama, consisting of a way of producing opera, staging it and singing it that is one of our great treasures and a heritage of our country recognised throughout the world.

This volume brings together that history and restores the sense of the importance of theatre for a community and for a country. Today, at a time when the memory of a pandemic is still alive, a pandemic that suddenly and unexpectedly confronted us with the dismay that resulted from the forced closure of theatres and reawakened in all of us the urgency and the need to be able to experience

di comunità, raccontare questi primi 150 anni di storia del Teatro dell'Opera di Roma, aiuta tutti noi a fare memoria e costruire visioni e prospettive di futuro. Perché i teatri servono per guardare avanti, per stimolare curiosità e conoscenza, per affermare valori condivisi, per tenere ben aperti gli occhi tutte le volte che la democrazia, le libertà e i diritti sono in pericolo. Ma anche per curare l'anima. Per questo, anche nel tempo più duro della pandemia, abbiamo sentito la responsabilità di restare comunque in attività, di raggiungere il nostro pubblico con tutti gli strumenti che la tecnologia ci ha messo a disposizione anche stravolgendo i canoni tradizionali del nostro linguaggio. Continuando ad aggiungere nuovi pezzi a quella storia che alla fine non si è mai fermata, né in guerra né in pandemia. E che oggi è ripresa con maggior rigore, con un pubblico sempre più affezionato e numeroso, fatto di tanti giovani, per tanti versi anche rinnovato, grazie a strategie e progetti importanti di inclusione, apertura al territorio e alla comunità che hanno contribuito a ridisegnare identità e progettualità del Teatro dell'Opera. Un Teatro che oggi finalmente, mentre adempie alla funzione di rappresentanza del Paese che la legge italiana gli ha attribuito, si riconosce in quella funzione di Teatro di comunità che tutti i Teatri dovrebbero garantire. Racconteremo ancora questa storia. E sarà sempre un racconto bellissimo e appassionato, fatto di donne e di uomini, di artisti della casa e di ospiti internazionali; un racconto di idee e di emozioni. Di cui tutti dobbiamo sentire la responsabilità ed essere orgogliosi.

these places of gathering and community, recounting these first 150 years of history of the Teatro dell'Opera in Rome helps us all to remember and build visions and perspectives for the future. Because theatres serve to look ahead, to stimulate curiosity and knowledge, to affirm shared values, to keep our eyes wide open whenever democracy, freedoms and rights are in danger. But also, to heal the soul. For this reason, even in the toughest times of the pandemic, we felt the responsibility to remain active, to reach our audience with all the tools that technology has made available to us, even if it meant overturning the traditional canons of our language. We continued to add new pieces to that story, which in the end never stopped, neither during the war nor during the pandemic. And today it has resumed with greater rigour, with an increasingly loyal and numerous audience, made up of many young people, in many ways also renewed, thanks to important strategies and projects of inclusion, openness to the territory and the community that have contributed to redesigning the identity and plans of the Teatro dell'Opera. A theatre that today, while fulfilling the function of representing the country as assigned to it by Italian law, finally recognises itself in the function of community theatre that all theatres should guarantee. We will continue to tell this story. And it will always be a beautiful and passionate story, made up of women and men, local artists and international guests; a story of ideas and emotions. One for which we must all feel responsible and proud.

p. 4 | Intero delle sette scene della cupola dipinta da Annibale Brugnoli che celebra l'universalità dello spettacolo.

pp. 6-7 | Panoramica sulla sala dal palcoscenico.

pp. 8-9 | La sala vista dal Palco Reale.

p. 4 | Entire of the seven scenes of the dome painted by Annibale Brugnoli celebrating the universality of the show.

pp. 6-7 | Overview of the house from the stage.

pp. 8-9 | The house seen from the Royal Box.

Michele Mariotti

Direttore musicale del Teatro dell'Opera di Roma / Music director of the Teatro dell'Opera in Rome

Innamorarsi di Roma è stato facile, un processo naturale, spontaneo e genuino: la città eterna invade con la sua storia e la sua bellezza. È un amore travolgente, che ho avvertito da quando ho varcato la soglia del Teatro Costanzi per la prima volta: pochi passi, una piccola scala e all'improvviso mi sono ritrovato sul palcoscenico.

Roma è unica come unico è il suo Teatro. L'ingresso principale è curiosamente posto sul lato e, pronto ad amarti con affetto materno, l'edificio sembra volerti accogliere nel suo grembo. Amore a prima vista come quello sorto nei confronti delle masse artistiche e di tutto il popolo che vive e rende vivo il Teatro.

Cultura del lavoro e voglia di migliorarsi sono le basi per quello che ci attende: un percorso lungo, difficile e proprio per questo stimolante, a livello professionale e umano. Si respira un clima di rinnovamento e responsabilità che ha pervaso tutta la squadra, capeggiata dal Sovrintendente Francesco Giambrone con cui condivido valori artistici e sociali imprescindibili.

L'Italia come forse nessun'altra nazione al mondo si identifica con la sua cultura che nel corso dei secoli non ha mai smesso di produrre.

Roma deve identificarsi nel suo Teatro, luogo di crescita e arricchimento sociale, in cui un'intera società deve rispecchiarsi, rinnovarsi e al tempo stesso sentirsi a casa propria.

Il Teatro della nostra capitale, attraverso la programmazione artistica da noi ideata, deve diventare l'espressione di un mondo in continuo mutamento, in cui il passato ha la funzione di far riflettere, stimolare e muovere

Falling in love with Rome was easy, a natural, spontaneous and genuine process: the eternal city invades with its history and beauty. It is an overwhelming love, which I felt from the moment I crossed the threshold of the Teatro Costanzi for the first time: a few steps, a small staircase and suddenly I found myself on stage.

Rome is as unique as its Theatre is unique. The main entrance is curiously placed on the side and, ready to love you with maternal affection, the building seems to want to welcome you into its lap. Love at first sight like that which has arisen towards the artistic masses and all the people who live and make the theatre alive.

A working culture and a desire to improve are the foundations for what lies ahead: a long, difficult and, for this very reason, stimulating journey, both on a professional and human level. There is a climate of renewal and responsibility that has pervaded the entire team, headed by Superintendent Francesco Giambrone, with whom I share essential artistic and social values.

Italy like perhaps no other nation in the world identifies with its culture, which over the centuries has never stopped producing.

Rome must identify with its Theatre, a place of growth and social enrichment, in which an entire society must mirror itself, renew itself and at the same time feel at home.

The Theatre in our capital, through the artistic programming we have devised, must become the expression of a constantly changing world, in which the past has the function of making people reflect, stimulate and move

le coscienze proprio perché filtrato e riletto con uno sguardo moderno.

Questa indispensabile funzione sociale ha fortemente stimolato la scelta di titoli che potessero proporre tematiche attuali come la mancanza di comunicazione tra le persone, la violenza nelle sue varie forme, il razzismo, l'amore portato agli eccessi, il fanatismo, la forza di credere nei propri valori capace di sconfiggere ogni paura, anche quella della morte.

Solamente con un respiro internazionale e con il dialogo fra diverse culture un teatro si può definire "vivo". La presenza di artisti internazionali, espressione anche di diversi stili teatrali, costituirà quindi la base di un percorso che avrà come protagonista l'essere umano nella sua interezza.

their consciences precisely because it is filtered and reread with a modern outlook.

This indispensable social function strongly stimulated the choice of titles that could propose topical themes such as the lack of communication between people, violence in its various forms, racism, love taken to excess, fanaticism, the strength of believing in one's own values capable of defeating all fears, even that of death.

Only with an international outlook and dialogue between different cultures can a theatre be defined as "alive". The presence of international artists, who are also expressions of different theatrical styles, will therefore form the basis of a journey that will have as its protagonist the human being in his entirety.

p. 21 | Marinella Senatore, Collage per il Teatro dell'Opera di Roma, 2022. Courtesy of the Artist and Mazzoleni, London - Torino.

p. 21 | Marinella Senatore, Collage for the Teatro dell'Opera in Rome, 2022. Courtesy of the Artist and Mazzoleni, London - Turin.

MUSICIANS
WILL BE
HEARD!

Eleonora Abbagnato

Direttrice del Corpo di Ballo e della Scuola di Danza del Teatro dell'Opera di Roma / Director of the Ballet Company and Dance School of the Teatro dell'Opera in Rome

Il Teatro dell'Opera di Roma è una casa speciale, un luogo in cui tradizione e futuro non smettono mai di dialogare. Per chi, come me, è cresciuto nella danza e ha trovato in questo palcoscenico uno spazio di libertà, rigore e ispirazione, ogni stagione rappresenta un nuovo capitolo di una storia che sento profondamente viva. Qui il gesto artistico prende forma nella sua interezza: la musica, il canto, la coreografia, la scenografia si intrecciano per restituire al pubblico un'esperienza che supera i confini delle singole discipline.

In questi anni abbiamo lavorato perché il balletto avesse un ruolo sempre più centrale nell'identità del nostro Teatro. Accanto ai grandi titoli del repertorio, abbiamo voluto scommettere sulla creazione contemporanea, sui giovani talenti, sulle collaborazioni internazionali e su un dialogo costante con la città. Il pubblico romano e internazionale — attento, curioso, partecipe — ci ha accompagnato in questo percorso, sostenendo le nostre scelte e accogliendo con entusiasmo nuove visioni e nuove firme artistiche.

Credo profondamente nel valore educativo e culturale della danza. Per questo il nostro impegno non si esaurisce sul palcoscenico: coinvolge la Scuola di Danza, i progetti per le nuove generazioni, le iniziative di apertura verso chi forse non ha ancora scoperto la forza di quest'arte. Ogni giovane danzatore che entra nelle nostre sale prova la stessa emozione che ho provato io da bambina: il senso di appartenere a una famiglia artistica che chiede molto, ma che sa anche restituire moltissimo.

Questa pubblicazione racconta la ricchezza del Teatro dell'Opera di Roma, la sua storia e

The Teatro dell'Opera in Rome is a special place, where tradition and the future are in constant dialogue. For those like me who grew up in dance and found in this theatre a space of freedom, rigour and inspiration, each season represents a new chapter in a story that I feel deeply alive. Here, the artistic gesture takes shape in its entirety: music, singing, choreography and set design intertwine to give the audience an experience that transcends the boundaries of individual disciplines.

In recent years, we have worked to ensure that ballet plays an increasingly central role in the identity of our theatre. Alongside the great titles in the repertoire, we have chosen to focus on contemporary creation, young talent, international collaborations and constant dialogue with the city. The Roman and international audience — attentive, curious and engaged — has accompanied us on this journey, supporting our choices and enthusiastically welcoming new visions and new artistic talents.

I deeply believe in the educational and cultural value of dance. This is why our commitment does not end on stage: it involves the Dance School, projects for the younger generation, and initiatives to reach out to those who may not yet have discovered the power of this art form. Every young dancer who enters our rehearsal rooms feels the same emotion I felt as a child: the sense of belonging to an artistic family that demands a lot, but also gives a lot in return.

This publication recounts the richness of the Teatro dell'Opera in Rome, its history and

la sua vitalità. È uno sguardo prezioso su ciò che siamo e su ciò che vogliamo continuare a costruire: un luogo in cui la bellezza è lavoro quotidiano, disciplina, passione; un luogo che continua a parlare al presente senza perdere la memoria del proprio passato.

Spero che queste pagine possano avvicinare nuovi spettatori e rinnovare il legame con chi ci segue da tempo. Perché il Teatro vive davvero solo quando si accende lo sguardo di chi lo abita, in sala come sul palcoscenico.

its vitality. It offers a valuable insight into who we are and what we want to continue building: a place where beauty is part of everyday work, discipline and passion; a place that continues to speak to the present without losing sight of its past.

I hope that these pages will attract new audiences and renew the bond with those who have been following us for some time. Because the theatre truly comes alive only when the eyes of those who inhabit it light up, both in the auditorium and on stage.

p. 25 | Marinella Senatore, Collage per il Teatro dell'Opera di Roma, 2022. Courtesy of the Artist and Mazzoleni, London - Torino.

p. 25 | Marinella Senatore, Collage for the Teatro dell'Opera in Rome, 2022. Courtesy of the Artist and Mazzoleni, London - Torino.

PAL
FOY
BA

Intrada

Intrada

Quale facciata

Sono troppi, sono troppo belli e famosi i teatri all'italiana risuonanti di musica classica e risalenti all'età aurea del melodramma, quella compresa fra il pieno Settecento e il pieno Ottocento, perché almeno all'esterno se ne possa conoscere e ammirare un'alternativa d'immagine. Eppure il genere dell'opera lirica è molto più antico e anche più recente di così: come fossero i teatri del Seicento, dal fatidico San Cassiano di Venezia al mitico San Bartolomeo di Napoli, non è facile capire, dal momento che furono demoliti o adattati chissà come; come siano quelli del Novecento, dal Lirico di Cagliari al nuovo Comunale di Firenze fino ai teatri di Sidney, Oslo, Tokyo, New York, è facilissimo sapere, ché sono visibilissimi e dotati di ogni documentazione. In questo ricco panorama di tempi e di luoghi, l'odierno aspetto frontale dell'Opera di Roma, inevitabilmente criticato e con ragione, forse non è altro che una fase di passaggio, dal teatro tradizionale al teatro

p. 26 | Basamento decorato delle luci del foyer del piano terra.

pp. 28-29 | Ingresso alla sala e accesso ai palchi di platea.

pp. 32, 33 | Scale di accesso al foyer del primo piano.

p. 34 | Panoramica della Sala grigia.

p. 35 | Busto di Giuseppe Verdi nell'ambiente dell'ingresso Presidenziale.

What Facade

Italian-style theatres ringing with classical music and dating to the golden age of opera, the period stretching from the mid eighteenth century to the mid nineteenth, are so beautiful and famous that, at least from the outside, they have no equal. And yet the genre of lyric opera is much older, and also much more recent, than that. It is not easy to know what the seventeenth-centuries theatres were like, whether the fateful San Cassiano of Venice or the legendary San Bartolomeo of Naples, since they were either demolished or somehow altered. Whereas it could be easier to know what the ones from the twentieth century are like, from the Lirico of Cagliari and the new Comunale of Florence to the theatres of Sydney, Oslo, Tokyo and New York, since they are highly visible and fully documented. In this rich panorama of times and places, the current appearance of the facade of the Opera di Roma, inevitably criticised and with reason, might not be anything more than a transitional phase, marking the shift from the traditional theatre to the

p. 26 | Decorated base of the lights at the ground floor foyer.

pp. 28-29 | Entrance to the house and access to the auditorium boxes.

pp. 32, 33 | Access stairs at the first floor foyer.

p. 34 | Overview of the Grey Hall.

p. 35 | Bust of Giuseppe Verdi at the area of the Presidential entrance.

contemporaneo. È una fase intermedia fra queste e tutto sommato poco generosa, povera di riferimenti ulteriori, espressione di un secondo Novecento postbellico non più monumentale, a mo' di tempio della musica, e anzi asciutto, schematico, più che altro funzionale, in fondo adatto a un paese che dopo l'"eloquenza" culturale del ventennio fascista doveva parlare sommesso e giusto, concepire molto ma senza orpelli, lavorare sodo e fare presto, guardare avanti e quindi non voltarsi indietro. Il *boom* economico era appena cominciato, e magari bastava qualche lustro in più perché la nuova facciata dell'Opera di Roma, in un contesto più maturo e ambizioso, fosse più originale, più artistica, più teatrale (ma c'è dell'altro, forse).

Divenne, invece, come la facciata di una stazione ferroviaria, un palazzo di giustizia, una sede di banca, un cinematografo. Del resto il progetto era di quello stesso Marcello Piacentini che nel 1928 aveva fatto costruire la facciata precedente. Perché chiamare ancora lui, quasi ottantenne, così fortunato in epoca di regime e anche accusato, altrove, di drastici sventramenti urbanistici? perché approvare un progetto così disadorno e così poco "lirico" (in tutti i sensi)? perché ammodernare un edificio già ammodernato trent'anni prima? E perché, soprattutto, sentirsi di doverlo assolutamente fare? È possibile che Piacentini fosse ancora indispettito per essersi visto respingere, qualche anno prima del 1928, il progetto di un fiammante Teatro Massimo nella centralissima via Veneto, e anche che volesse spicciarsi guardando di malocchio l'idea, appena ventilata nelle stanze dei bottoni, di un altro nuovo e altrui teatro. Ma è possibile anche dell'altro: le concupite Olimpiadi del 1960, che assorbivano molti interessi e fin troppi fondi, si avvicinavano e dovevano accelerare ogni operazione di *maquillage* urbano, e non è poi detto che non trovassero opportuna una facciata almeno in teoria poco costosa e magari papabile anche come palazzo dello sport. L'aulico melodramma italiano era roba romantica, che i miracoli dell'economia e della ginnastica avrebbero quanto meno faticato

contemporary one. It represents an intermediate, miserly phase, lacking in further references, the expression of a postwar, no longer monumental twentieth century, like a temple of music, and indeed dry, schematic, utilitarian more than anything else. At base, suited to a country that after the cultural "eloquence" of the fascist period needed to speak quietly and correctly, conceive much but without frills, work hard and be quick, look ahead and not turn back. The economic boom had just begun, and perhaps another five years would have been enough for the new facade of the Opera in Rome to be, in a more mature and ambitious context, more original, more artistic, more theatrical (but there is something else, perhaps).

Instead, it became like the facade of a train station, a courthouse, a cinema or the headquarters of a bank. For that matter, it was designed by the same Marcello Piacentini who had done the previous facade in 1928. Why call upon Piacentini again, by that point nearly eighty years old, a man who had been so successful during the fascist period and even accused, elsewhere, of radical urban demolition? Why approve such a spare, unlyrical (in every sense of the term) design? Why update a building that had just been updated thirty years earlier? Most importantly, why feel that it absolutely had to be done? Was Piacentini still annoyed that his project for a new Teatro Massimo in via Veneto had been rejected a few years before or did he want to move quickly, unhappy about the idea recently aired among the powers that be of another new theatre, designed by someone else? There are other possible reasons as well: the coveted 1960s Olympics, absorbing a great many interests and far too much money, were getting closer and all projects for the beautification of the city needed to be speeded up, and so it cannot be ruled out that an at least in theory inexpensive facade, perhaps even one that could pass for a sport centre, might have been seen as opportune. Lofty Italian melodrama was romantic stuff that the economic and athletic miracles would have at best struggled to recognise. Piacentini died in May, the work cost more than

a riconoscere. Piacentini morì nel maggio, i lavori costarono più del previsto e terminarono poco dopo, i giochi si svolsero tra agosto e settembre. Con quale internazionale simpatia per il teatro d'opera non si saprà mai.

La facciata, in un teatro, non è tutto, ma certo è il primo biglietto da visita (il secondo è il foyer, che nella fattispecie fu smantellato anch'esso); e anche questa "intrada", espressione antica che equivale ad apertura o più musicalmente a *ouverture*, ha una funzione, quella di preparare il resto della trattazione e cioè una cronistoria del teatro, una scelta di *premières*, una panoramica sulle voci (dell'Opera e di Roma). Sono tre, anche se non molto rilevati, i livelli di questa facciata in travertino: quello avanti del porticato, quello mediano del corpo centrale, quello indietro delle due ali laterali. Il portico conta otto colonne e quindi sette architravi, reca la grande scritta di Teatro dell'Opera, è sormontato da un terrazzo. Il corpo centrale allarga un po' la visuale, con nove finestroni stretti e alti, in modo che le colonne fittizie che li cadenzano siano dieci. Piuttosto grandi le ali, che voltando sulle due strade formano come delle tozze torri comunque attaccate al corpo centrale, e aperte da finestre in tutti i lati. Una vasta fascia bianca copre tutto l'edifico della facciata, con fregio, e comunque lascia vedere le estremità della sala e del palcoscenico. Il lato destro dell'edificio regge alcune lapidi: a Vittorio Alfieri (che nel villino Strozzi, già in loco e demolito, compose un paio di tragedie), Rudolf Nureyev, Nicola Ugo Stame (il tenore che nel 1939, arrestato mentre provava il Calaf di *Turandot*, fu poi ucciso alle Fosse Ardeatine), Renzo Rossellini.

Dall'alto del cielo, l'aspetto più diretto dell'Opera è quello di un grande parallelepipedo quasi cubico nel quale sono iscritti una sorta di cilindro e di altro cubo (la sala e il palcoscenico); o meglio, cronologicamente, della coppia di un vecchio cilindro e vecchio cubo circondata da un meno vecchio parallelepipedo. Dal basso della cronaca, l'esterno conta ma certo non come l'interno. E comunque ogni parallelepipedo ha quattro facciate, non una sola.

planned and ended shortly after, the games were held between August and September. Whether the opera house was met with international favour we shall never know.

The facade is not all there is to a theatre, of course, but it is certainly its first calling card (the second is the foyer, which in the present case was also taken down). And this "intrada", an old expression meaning opening or, more musically, overture, has a function as well: that of setting the stage for the rest of the volume, which shall comprise a detailed account of the theatre, a selection of premieres and a survey of the voices (of the Theatre and of Rome). This travertine facade has three, fairly unassuming, levels: one that juts out, with a colonnade, one in the middle and one set back, of the two side wings. The portico has eight columns (and so seven architraves), bears the name of the opera house, Teatro dell'Opera, in large lettering and is topped with a terrace. The main body expands the view, with nine tall, narrow windows that create ten "columns" between them. The wings are quite large, like two stumpy towers attached to the main body, with windows on all sides. A vast white band extends across the entire upper portion of the building and reveals the position of the auditorium and the stage. There are a few plaques on the right side of the building, in honour of Vittorio Alfieri (who composed two tragedies at the Villino Strozzi, which preceded the opera house on the site), Rudolf Nureyev, Nicola Ugo Stame (the tenor who was arrested while playing Calaf in *Turandot* in 1939, and later killed in the Ardeatine massacre) and Renzo Rossellini.

From above, the opera house looks like a kind of cylinder and cube (the auditorium and the stage) inserted into an almost cubical parallelepiped. Or, better, thinking about it chronologically, an old cylinder and an old cube surrounded by a more recent parallelepiped. The outside counts, to be sure, but certainly not as much as the inside. And in any case, parallelepipeds always have four facades, not just one.

Dietro front

Tutti i teatri d'opera cambiano faccia, nel tempo, com'è giusto che sia; e quello dell'Opera di Roma, che ha una storia più breve di parecchi altri teatri italiani, l'ha cambiata più di questi, l'ha addirittura voltata: oggi guarda a Sud-Est su Piazza Gigli, alla fondazione guardava a Nord-Ovest, verso l'Hotel Quirinale. Il teatro lo volle il proprietario dell'albergo, l'umbro Domenico Costanzi (1819-1898), negli anni immediatamente successivi all'ascesa di Roma a capitale del regno d'Italia quando la città, dopo secoli e secoli di una dominazione pontificia pressoché ignara di urbanistica, cominciò a vestirsi da festa e prese a ripopolarsi, occupare spazi, costruire un po' dappertutto (per esempio una nuova stazione ferroviaria). Costanzi acquistò il terreno dietro all'albergo e nonostante diverse difficoltà (di risorse, di concorrenza con gli altri numerosi teatri, perfino di morale pubblica), riuscì a fare in modo che i lavori, affidati all'architetto Achille Sfondrini, si svolgessero dal marzo del 1879 all'anno successivo per aprire il suo teatro, il Teatro Costanzi, nel novembre del 1880 con la *Semiramide* di Rossini.

Tra l'albergo e il teatro si aprì una via del Teatro, sulla quale si affacciava il teatro stesso (un passaggio sotterraneo permetteva agli artisti alloggiati nell'albergo di comunicare direttamente con il luogo di lavoro). Di proprietà dunque privata, il nobile edificio di stile neorinascimentale aveva tre piani: uno terreno con grandi porte e un portico per le carrozze, un primo piano a grandi finestre, un secondo piano ritratto quanto bastava per dare spazio a un terrazzo. La sala era parallela alla facciata, nel senso che chi entrava nel teatro vi penetrava non dal fondo (come usualmente) ma dalla sinistra, trovando il palcoscenico ancora a sinistra (se non fosse stato così, non sarebbe mai stato possibile porre una facciata nuova dalla parte opposta, ché l'entrata in teatro avrebbe portato al retro del palcoscenico). Un grande foyer mediava con la platea ma anche con un caffè-ristorante a sua volta in

About-Turn

All opera houses change in appearance over time, and rightly so. And the Opera di Roma, which has a shorter history than a great many other Italian theatres, has changed its appearance more than they; indeed, it even turned itself around: today it faces south-east onto Piazza Gigli, but when it first opened it looked north-west, at the Hotel Quirinale. The theatre was built by the hotel's owner, the Umbrian Domenico Costanzi (1819–1898), in the years immediately following Rome's rise to capital of the kingdom of Italy, when the city, after centuries and centuries of papal rule all but ignorant of city planning, began to dress itself up, fill with people again, occupy spaces and build here, there and everywhere (one example among many: the new train station). Costanzi bought the land behind the hotel and, despite difficulties of various kind (resources, competition with the many other theatres, even public morale), managed to get the work done between March 1879 and the following year: designed by the architect Achille Sfondrini, the Teatro Costanzi opened in November 1880 with Rossini's *Semiramide*.

A street was created between the hotel and the theatre, via del Teatro, onto which the theatre itself faced (and an underground passageway let the artists staying at the hotel move easily between it and their place of work). Privately owned, therefore, the elegant Renaissance Revival building had three floors: a ground floor with large doors and a portico for carriages, a first floor with large windows and a second floor set back to create space for a terrace. The auditorium was parallel to the facade, such that one entered the theatre not from the back (as is usually the case) but from the left, finding the stage still on the left (otherwise it would not have been possible to put a new facade on the opposite side, since the entrance to the theatre would have led to the back of the stage). A large foyer led to the auditorium as well as to a restaurant/café, which in turn led to the boxes.

collegamento con i palchi. A ferro di cavallo, la platea conteneva 1.100 spettatori (600 seduti e 500 in piedi), tre ordini di 108 palchetti, una prima galleria ad anfiteatro con 337 posti e una seconda galleria per posti in piedi. Grande la cupola "depressa" con lucernario, egregiamente affrescata da Annibale Brugnoli e unica reliquia, oggi, dell'antica fabbrica. Notevole il palcoscenico, largo 34, profondo 27 e alto 37 metri, e provvisto, oltre che di camerini e spazi di lavoro, di un elemento nuovo per l'Italia come la buca per l'orchestra (wagnerianamente, il golfo mistico). Oltre la sala per l'opera, nel 1881 si costruì anche una molto benvista sala da concerto: pianta rettangolare, platea e balconata per 1.500 persone, palco per gli esecutori e un grande organo a canne.

Nel giro di pochi anni chiusero diversi teatri, a Roma, antichi come il Capranica e l'Apollo, recenti come l'Alhambra, il Politeama Romano e lo Sferisterio. Il venerabile Apollo già Tor di Nona, fatiscente a ridosso del Tevere come una vecchia casona irregolare, fece comunque in tempo a rappresentare l'ultima opera di Donizetti, l'incompiuto *Duca d'Alba* compiuto da un allievo: era il 1882 e una staffetta ideale con il Costanzi era cosa fatta. Lo stesso anno Wagner rappresentava a Bayreuth quel *Parsifal* che nel 1914 sarebbe penetrato in Italia grazie al Comunale di Bologna e all'Opera di Roma, mentre Verdi aveva appena ridato il suo *Símon Boccanegra* alla Scala.

Così visse il privato Costanzi per quasi quarant'anni, teatro fra anche notevoli teatri di una grande città, di una capitale che non poteva mai aver avuto un teatro regio come la Napoli borbonica e la Torino sabauda. Qualcosa del genere progettò l'architetto romano Marcello Piacentini (1881-1960) nel 1924, un Teatro Massimo di 4.000 posti, mentre progettava anche una ristrutturazione del Costanzi da trasformare in teatro pubblico. Il nuovo non nacque, il vecchio rinacque a cominciare dal 1927. Al Teatro Reale dell'Opera (così logicamente voluto da Mussolini) diventato comunale si chiuse l'entrata a Nord verso

The horseshoe-shaped auditorium could accommodate 1,000 audience members (600 seated, 500 standing), with three tiers of 108 boxes, a lower amphitheatre-like gallery with 337 seats and an upper gallery with standing room only. The immense "depressed" dome with a skylight, beautifully frescoed by Annibale Brugnoli, is all that remains of the old building today. The impressive stage, measuring 34 metres wide, 27 deep and 37 high, included not only dressing rooms and workspaces but also a novelty for Italy: an orchestra pit (or "mystic gulf", to use Wagner's term). The auditorium for opera was joined in 1881 by a very popular concert hall: rectangular plan, auditorium and circle for 1,500 people, stage for the performers and a large pipe organ.

In just a few years, many of Rome's theatres closed: old ones like the Capranica and the Apollo and new ones like the Alhambra, the Politeama Romano and the Sferisterio. The venerable Teatro Apollo, formerly the Tor di Nona, a dilapidated building near the Tiber that looked like a haphazard old house, managed to stay open long enough to stage Donizetti's final opera, the unfinished *Duca d'Alba* completed by a student: it was 1882 and the baton was hence passed, figuratively speaking, to Costanzi. That same year, Wagner staged *Parsifal* in Bayreuth, which would debut in Italy in 1914 thanks to the Comunale of Bologna and the Opera of Rome, while Verdi had just brought his *Símon Boccanegra* back to La Scala.

And so, the private Teatro Costanzi continued for almost forty years, a theatre among even venerable theatres in a big city, a capital that could have never had a royal theatre like in Bourbon Naples and Savoy Turin. The Roman architect Marcello Piacentini (1881–1960) designed something of that kind in 1924, a Teatro Massimo with 4,000 seats, also planning a renovation for the Costanzi that would turn it into a public theatre. The new one never got off the ground; the old one got a new life in 1927. At the Teatro Reale dell'Opera (as Mussolini logically wished it to be called), now public, the north entrance facing the Hotel Quirinale was closed

LIRE 2,50

l'Hotel Quirinale e si aprì una nuova entrata, quella oggi principale, a Sud sull'altrettanto nuova piazza poi intitolata a Beniamino Gigli. All'interno: dietro la nuova entrata e facciata, sorse un fastoso foyer con soffitto a cassettoni in mogano e oro, torcieri in ottone, lunette sovrapporta dipinte da Guido Cadorin; le due gallerie si trasformarono in un quarto ordine di 22 palchetti e una galleria comunque molto capace; il palco reale fu interamente rifatto; si volle un nuovo sipario, un velluto rosso ricamato a oro (bruciato nell'incendio del 1983) con tanto di arlecchino (la frangia superiore e ulteriore); si elaborarono nuove decorazioni a stucco o tappezzeria; si migliorarono gli strumenti tecnici, da ponti mobili nel sottopalco a un nuovo quadro elettrico.

Dulcis in fundo, si concepì un lampadario centrale (ditta Elias Palme) del diametro di circa sei metri con 27.000 gocce di cristallo, probabilmente il maggiore d'Europa e certamente il più bello e originale. Amaro, come dire? in un altro fondo, si smantellò la provvida sala da concerto per accogliere un laboratorio di scenografia effettivamente molto utile (poi adibito a sala-prove per il corpo di ballo). L'inaugurazione ebbe luogo il 27 febbraio del 1928 con lo stesso *Nerone* di Boito che avrebbe reinaugurato 32 anni dopo. Per il teatro rifatto gli anni Trenta furono splendidi anche musicalmente.

Per leggere incorniciando

Sarà per via della capitale di stato che deve rappresentare, o anche perché vuole sempre stare al passo con i numerosi teatri italiani che l'hanno preceduto, ma il giovane Teatro dell'Opera gode di una bibliografia particolarmente ragguardevole. Dalla più ricca monografia al saggio più specifico, tutto è disponibile all'informazione, fino al provvido volume del 2017 che sotto la scorza del libro fotografico, attento soprattutto a spettacoli moderni da riprendere con la massima disinvoltura, nasconde un polposo e anche brillante racconto di oltre 130 anni di storia.

and a new entrance, the main entrance today, was built on the south side, opening onto the equally new piazza, itself later dedicated to the Italian opera singer Beniamino Gigli. Inside: behind the new entrance and facade, a lavish foyer with a mahogany and gold coffered ceiling, brass torch holders and lunettes above the doors painted by Guido Cadorin. The two galleries were transformed into a fourth tier with twenty-two boxes and a gallery of surprisingly decent size. The royal box was entirely redone. A new theatre curtain was needed, red velvet with gold embroidery (destroyed during the fire of 1983), along with the upper band. The walls were freshly decorated with stucco and wallpaper. And the technical equipment was improved, from lifts in the understage to a new control board.

Last, a new chandelier was commissioned from the firm Elias Palme: measuring about six metres in diameter and counting 27,000 crystal drops, it was probably the biggest and certainly the most beautiful and original in Europe. On the downside, the providential concert hall was dismantled to create a set-design workshop that was nevertheless very useful (and later turned into a rehearsal room for the ballet corps). The opera house reopened on 27 February 1928 with a production of Boito's *Nerone*, which it would stage again thirty-two years later. The 1930s were a splendid period, musically as well, for the renovated Theatre.

The Bibliography

Whether because the opera house of the state capital or because it has always sought to keep pace with the countless Italian opera houses that preceded it, the bibliography for the young Teatro dell'Opera is especially lengthy. From the most in-depth monograph to the most narrowly focused essay, everything is at the reader's disposal, up to the timely volume published in 2017, which, beneath the veneer of a photography book, concentrated most of all on a nonchalant look at modern performances, hides a richly informative and even brilliant account of more than 130 years of history.

p. 38 | Accesso alla Sala Presidenziale.

pp. 40-41 | Il Teatro visto dal palcoscenico.

pp. 42-43 | La sala vista dalla balconata.

pp. 44-45 | Panoramica degli ordini.

pp. 46-47 | Il Teatro visto dalla galleria.

p. 48 | Il Palco Reale.

p. 49 | Il palcoscenico chiuso dal sipario visto dal Palco Reale.

pp. 50-51, 52, 54-55 | Decorazioni del Palco Reale.

p. 38 | Access to the Presidential Room.

pp. 40-41 | The Theatre seen from the stage.

pp. 42-43 | The house seen from the circle.

pp. 44-45 | Overvview of the tiers.

p. 48 | The Royal Box.

p. 49 | The stage closed by the curtain seen from the Royal Box.

pp. 50-51, 52, 54-55 | Decorations of the Royal Box.

Il testo più completo, per quanto la completezza cronologica sia compatibile con un organismo vivente e cangiante come il teatro, è senza dubbio *Dal Costanzi all'Opera* di Vittorio Frajese con la collaborazione di Jole Tognelli (Roma, Capitolium, 1977), quattro volumi che, lunghi ottant'anni e grandi, come si suol dire, in "quarto", nella sovraccoperta mostrano l'affresco del soffitto come un chiaro, roseo sole che inconfondibilmente illumina e quasi riscalda quanto sovrasta. L'ultimo consta di cronologia pura e apparato di indici, ma gli altri espongono e commentano tutto il possibile, stagione per stagione, non senza sorprendenti confronti di spesa con altri teatri italiani, elenchi di professori d'orchestra, paralleli con altri teatri cittadini, appunti su personaggi di spicco, immagini d'arte e di cronaca (il *gala* per le nozze di Umberto II di Savoia). La trattazione degli eventi spazia fra personaggi, autori, opere, impresari, cantanti, con immagini di un provvido maestro sostituto quale Teofilo De Angelis, i figurini della prima *Cavalleria rusticana*, il Des Grieux di Caruso, una prova d'orchestra con Mancinelli, e non manca di diffondersi sui progetti Gay e Piacentini fino all'assetto attuale. Interessante la fotografia del primo consiglio d'amministrazione che ebbe la STIn (Società Teatrale Internazionale): il 4 agosto 1908 si radunarono, non a Roma ma a Milano, 14 persone in buona parte ravvisabili (il conte Enrico di San Martino, l'editore Edoardo Sonzogno) e perfino, molto in ombra laggiù, una figurina quasi sicuramente femminile.

Cadendo il mezzo secolo, un'altra pubblicazione, meno cronachistica e più tematica, non a due o quattro ma addirittura a quaranta mani, fu *Cinquant'anni del Teatro dell'Opera* (Roma, Bestetti, 1979), nel cui frontespizio il nome della città sta fra le due date, *1928 - Roma - 1978*. Vi collaborarono venti autori coordinati da Jole Tognetti, distinti in parti dedicate a strutture, aspetti diversi come il recupero di opere dimenticate (Bruno Cagli) e il *parterre* dei cantanti (Franco Soprano), fotografie di spettacoli, libere testimonianze e una nuova cronologia redatta da Carlo Marinelli Roscioni. Liberi e belli i saggi, a firma illustre

The most complete text, insofar as chronological completeness is compatible with an opera house, by nature living and changing, is unquestionably *Dal Costanzi all'Opera* by Vittorio Frajese with Jole Tognelli (Rome, Capitolium, 1977): four volumes covering eighty years and printed in quarto format, decorated with an image of the ceiling fresco on the cover, like a pale, rosy sun that illuminates and almost warms everything beneath it. The fourth volume is devoted to pure chronology and indices, but the others present and discuss everything conceivable, season by season, including surprising comparisons of spending with other Italian theatres, lists of orchestra conductors, parallels with other city theatres, notes about prominent figures, art and newspaper clippings (the gala held for the wedding of Umberto II). The coverage of events includes personalities, authors, operas, impresarios and singers, with illustrations of a savvy assistant conductor, Teofilo De Angelis, the costume designs for the premiere of *Cavalleria rusticana*, Caruso's Des Grieux and an orchestra rehearsal with Mancinelli, as well as discussion of the projects by Gay and Piacentini and the current appearance of the building. There is even an interesting photograph of the Società Teatrale Internazionale's (STIn) first board meeting. Held on 4 August 1908 in Milan rather than Rome, most of the fourteen attendees are recognisable (Count Enrico di San Martino, the publisher Edoardo Sonzogno) and it would seem that there was even a woman in attendance, heavily in shadow towards the bottom of the photo.

A half century later, another volume came out, this time less of a chronicle and more thematic, penned not by one or two authors but twenty: *Cinquant'anni del Teatro dell'Opera: 1928 - Roma - 1978* (Roma, Bestetti, 1979). Edited by Jole Tognetti, the volume is divided into sections focused on structures, subjects like the revival of forgotten operas (Bruno Cagli) and the cadre of singers (Franco Soprano), photographs of performances, personal accounts and a new chronology by Carlo Marinelli Roscioni. And fine essays by such distinguished figures

FERT

p. 56 | Dettaglio della galleria.

pp. 58-59 | Decorazione sopra all'arco scenico con iscrizione facente riferimento al Re Vittorio Emanuele III, a Benito Mussolini, al governatore di Roma Ludovico Spada Veralli Potenziani e alla riapertura del Teatro, dopo i lavori di ristrutturazione, del 1928, quando assunse la nuova denominazione di Teatro Reale dell'Opera.

pp. 60-61, 62-63 | Il grande lampadario centrale creato dalla ditta Elias Palme, del diametro di circa sei metri con 27.000 gocce di cristallo, installato durante i lavori terminati nel 1928.

p. 56 | Detail of the gallery.

pp. 58-59 | Decoration above the scenic arch with an inscription referring to King Vittorio Emanuel III, Benito Mussolini, the governor of Rome Ludovico Spada Veralli Potenziani and the re-opening of the Theatre, after renovations in 1928, when the theatre was re-named Teatro Reale dell'Opera.

pp. 60-61, 62-63 | The large central chandelier created by Elias Palme company, with a diameter of about thirty-six metres and 27.000 crystal drops, was installed during the works completed in 1928.

di Erasmo Valente, Goffredo Petrassi, Fedele D'Amico, Giorgio Vigolo e Gino Tani.

Ma ecco *Il Teatro dell'Opera di Roma 1880-2017* a cura di Carlo Fuortes con un saggio di Claudio Strinati e i lemmi ovvero i testi di Francesco Reggiani (Milano, Electa, 2017), volume tanto originale di grafica quanto schietto di concezione. Datata novembre 2017 dal sovrintendente Fuortes, la premessa riassume ed esulta, perché «i conti sono in equilibrio e le produzioni e le recite sono aumentate di un terzo»; e la cronistoria di Reggiani, curatore dell'Archivio storico, corre liscia come l'olio, senz'ombra di retorica passando in rassegna autori e opere ma anche, senza indulgere affatto alla tentazione della cronologia minuta, qualche caso di circo equestre, spettacolo futurista, proiezione cinematografica, veglione di festa.

Doppia la compagine illustrativa: sono moltissime le fotografie a colori, opache e sghembe, giammai in posa, di luoghi del teatro e di allestimenti; e molte le fotografie in bianco e nero, lucide e grandi come le pagine all'inizio e alla fine del libro. Si comincia con la prosa della "pulitura" dell'immane lampadario e si procede con la poesia di Rudolf Nureyev e Margot Fonteyn, man mano si squadernano i divi sul proscenio o dietro le quinte e si finisce con *La strada* di Rota, non durante lo spettacolo ma alla fine quando Giulietta Masina si sporge dal palco per complimentare Oriella Dorella. Divertente la foto dove Mario Del Monaco, Ilva Ligabue e Tito Gobbi provano *Otello* al pianoforte: il tenore grandeggia e dardeggia di voce e gesto, il soprano guarda quasi intimidito, il baritono sorride e forse amabilmente compatisce. Lunga l'introduzione di Strinati: la tifoseria dell'opera, la centralità milanese della Scala, l'archivio riordinato, un'orchestra fatta stabile solo dopo la seconda guerra, l'acquisizione non pacifica delle Terme di Caracalla sono la cornice di un discorso che verte sulla singolarità dell'Opera di Roma, un teatro a suo tempo percepito come espressione dell'invadente monarchia sabauda e solo molto più tardi considerato come legittimo teatro della capitale di una repubblica (che è anche la più bella città del mondo).

as Erasmo Valente, Goffredo Petrassi, Fedele D'Amico, Giorgio Vigolo and Gino Tani.

But then came *Il Teatro dell'Opera di Roma 1880-2017*, edited by Carlo Fuortes with an essay by Claudio Strinati and texts by Francesco Reggiani (Milan, Electa, 2017), a volume marked by its original graphic design and straightforward conception. Dated November 2017 by the general manager Fuortes, the premise is at once both summary and celebratory, since "the accounts are balanced, and productions and performances are up by a third". The detailed history provided by Reggiani, curator of the historical archive, flows smooth as silk, without so much as a hint of rhetoric, covering authors and operas but also, without indulging in minute chronology, the occasional equestrian circus, futurist spectacle, film projection and all-night party.

Richly illustrated with matt colour photographs of the theatre and sets taken from interesting angles, never posed, the volume also contains a number of large, glossy black-and-white photos, including the pages at the beginning and end of the book. It begins with a straightforward account of the "cleaning" of the enormous chandelier, continues with the poetry of Rudolf Nureyev and Margot Fonteyn, looking at the stars on the stage and behind the scenes one by one, and ends with Rota's *La strada*, not during the performance but at the end, when Giulietta Masina leans out of her box to praise Oriella Dorella. There is an entertaining photo of Mario Del Monaco, Ilva Ligabue and Tito Gobbi rehearsing *Otello* at the piano: the tenor is larger than life in both voice and gesture, the soprano looks on, almost intimidated, the baritone smiles and seems to affectionately sympathise. Strinati's lengthy introduction spans such topics as opera fans, the Milanese centrality of La Scala, the freshly reorganised archive, the orchestra that did not become permanent until after World War II and the unpeaceful takeover of the Terme di Caracalla, concentrating on the singularity of the Opera in Rome, an opera house once seen as an expression of the invading Savoy monarchy and only much later considered a legitimate theatre in the capital of a republic (which is also the most beautiful city in the world).

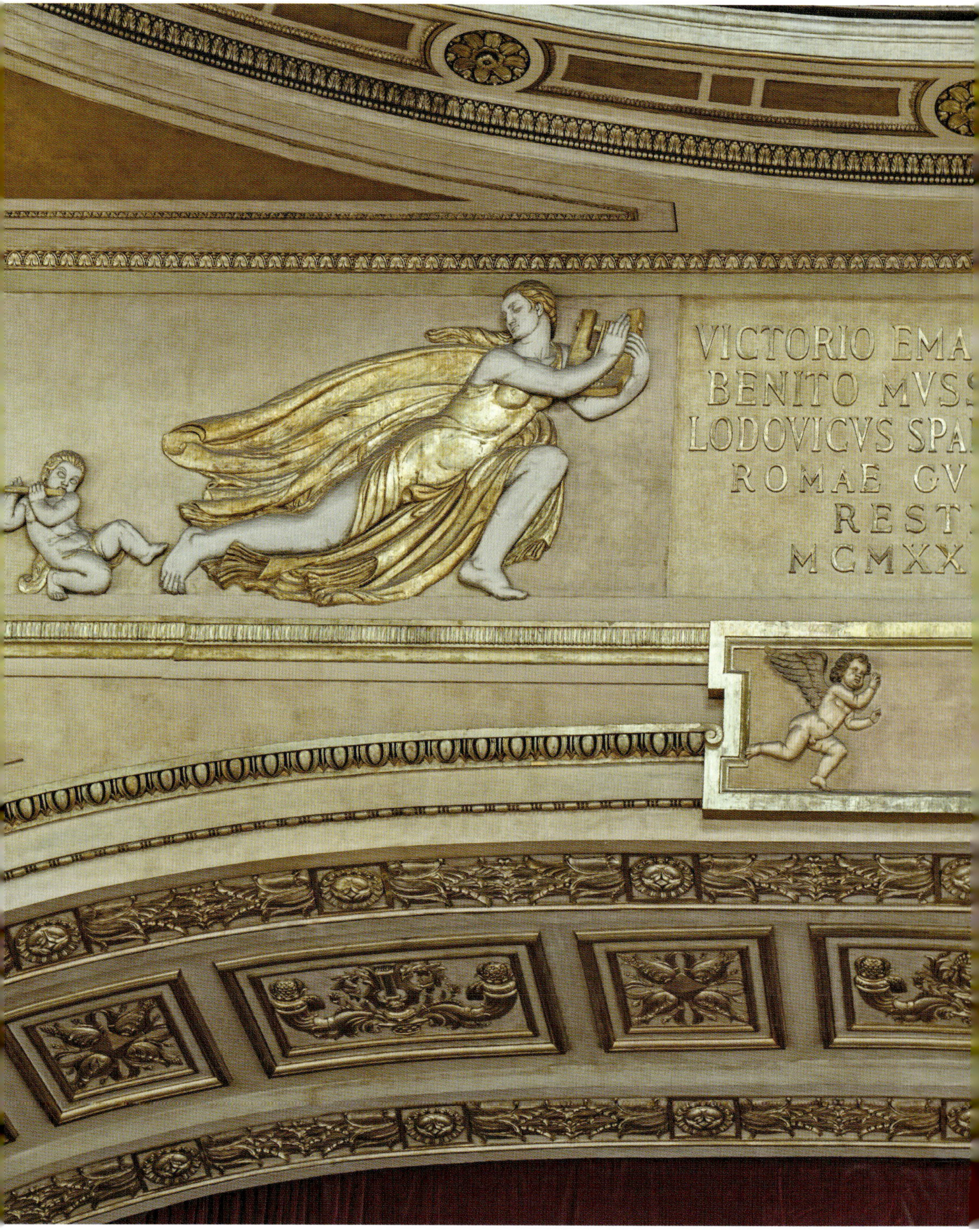
VICTORIO EMA
BENITO MVS
LODOVICVS SPA
ROMAE CV
REST
MCMXX

LE III REGE
NI DVCE
OTENZIANI
NATOR
IT
- VI

A.Brugnoli 1880

E il contesto? Due libri parlano chiaro. Oltre a onorare il titolo, *L'architettura dei teatri di Roma 1513/1981* di Fabrizio Aggarbati, Rino Costacurta, Carla Saggioro e Marina Sennato (Roma, Kappa, 1987, a cura della Sapienza, Dipartimento di Architettura e Analisi della Città) confronta l'attività teatrale con quella cinematografica in Italia e a Roma, tratta delle attrezzature teatrali, sempre dal 1945 al 1981 censisce e localizza luoghi dello spettacolo. Barocco fin dal titolo, *Roma splendidissima e magnifica* (Milano, Electa, 1997) è il catalogo della mostra omonima (Acquario Romano, 1997-98), comprende cinque saggi e un'ampia selezione del mostrato, percorre i luoghi di spettacolo fin dai tempi dell'Umanesimo.

Agile e sintetico ma chiaro e preciso, il volumetto di Stefania Severi circa *I teatri di Roma* (Roma, Newton Compton, 1989) sa di dover contare fino a 200 circa e distingue i teatri dell'antica Roma, i teatri grandi all'italiana e in quattro capitoli gli altri teatri degli ultimi quattro secoli (il Quirino del 1871, l'Eliseo del 1900, il Sistina del 1949). Italianissimi sono il Tordinona poi Apollo del 1670, il Capranica del 1679, l'Alibert poi Dame del 1716-18, il Valle del 1727, l'Argentina del 1732, il Costanzi poi Opera del 1880. Il generoso Apollo, che esibì in prima *Il trovatore* e *Un ballo in maschera* di Verdi, chiuse nel 1888 cioè otto anni dopo l'apertura del Costanzi. Glorioso anche l'Argentina, restaurato nel 1968-71 e capace di 1.149 posti: sebbene malamente, come capolavoro di Rossini vi nacque nel 1816 *Il barbiere di Siviglia*. L'antica facciata si dedica *Alle arti di Melpomene, d'Euterpe e di Tersicore* (nomi sottoposti a due state della Fama, dal brutto plurale di "due Fame"); e sebbene vanti anche le prime verdiane dei *Due Foscari* e della *Battaglia di Legnano*, il Teatro resta, all'esterno, un teatro-casa, un edificio congiunto ad altri a mo' di lungo parapetto di strada (anzi di piazza, piazza di Torre Argentina appunto). Per confermare, in difesa del Teatro dell'Opera contro le accuse di carattere estetico, che i più spettacolari teatri all'italiana non possono rappresentare la regola e che in un teatro lirico a contare

And as for context? Two books that cover it quite neatly. The first is *L'architettura dei teatri di Roma 1513/1981* by Fabrizio Aggarbati, Rino Costacurta, Carla Saggioro and Marina Sennato (Rome, Kappa, 1987, La Sapienza, Dipartimento di Architettura e Analisi della Città), which, in addition to the subject indicated by the title (the architecture of Roman theatres), compares the theatre and film worlds in Italy and Rome, discusses theatre equipment and catalogues performance venues for the period between 1945 and 1981. With a wonderfully baroque title, *Roma splendidissima e magnifica* (Milan, Electa, 1997) is the catalogue for an exhibition by the same name (Acquario Romano, 1997-98) and includes five essays, a broad selection of the material presented in the exhibition and a look back over theatre sites starting with the era of humanism.

Slender and concise but also clear and precise, Stefania Severi's short volume on the theatres of Rome, *I teatri di Roma* (Rome, Newton Compton, 1989), deftly covers and distinguishes about 200 theatres, including those of ancient Rome, the great Italian-style theatres and, in four chapters, the other theatres from the last four centuries (the Quirino founded in 1871, the Eliseo in 1900 and the Sistina in 1949). Among the classically Italian theatres we find the Tor di Nona (later Apollo) founded in 1670, Capranica (1679), the Alibert (later Dame) founded in 1716-18, the Valle (1727), the Argentina (1732) and the Costanzi (later Opera) founded in 1880. The liberal Apollo, which debuted Verdi's *Il trovatore* and *Un ballo in maschera*, closed in 1888, eight years after the Costanzi opened. The Argentina, restored in 1968-71 and with seating for 1,149, was also glorious: although Rossini's premier of *The Barber of Seville* there in 1816 was a disaster. The Theatre's old facade bears the inscription *Alle arti di Melpomene, d'Euterpe e di Tersicore* (to the arts of Melpomene, Euterpe and Terpsichore) above two personifications of Fame. And although it can boast having also premiered Verdi's *Due Foscari* and *Battaglia di Legnano*, on the outside it looks more like a simple house, a building connected to others in a long row, a bit like a street railing (or really, a piazza railing — the piazza di Torre Argentina, or Largo Argentina, of course). To confirm, in defence of the Teatro dell'Opera against accusations of poor aesthetics, the most stunning Italian-style theatres

sarà sempre più l'interno che l'esterno, più il palcoscenico che la platea, più la realtà della musica che il volo, guarda un po', della Fama.

I maggiori di questi teatri romani vantano volumi a sé, accurati e illustrati, anche in più tomi. Curiosa la varietà dei nomi, a volte generici e ben comprensibili, a volte attribuiti a proprietari aristocratici o ecclesiastici o borghesi. Il Tor di Nona era vicino a una torre che era proprietà degli Orsini, prefetti dell'Annona, e fra teatro d'Annona e teatro Tor di Nona la lingua parlata fece presto a sfumare. Il Valle era nei pressi di Sant'Andrea della Valle. E l'Argentina? Nel primo Settecento Giovanni Burcardo era maestro delle cerimonie pontificie ed era nato a Strasburgo (certo con nome e cognome tedesco): siccome la sua città si traduceva in latino come Argentina, quando si costruì una certa torre la chiamò torre Argentina, donde la piazza di Torre Argentina che prospettava; e quando vi si aprì il teatro, peraltro in singolare coincidenza con il Filarmonico di Verona e il Covent Garden di Londra, questo fu il Teatro di Torre Argentina. Ma il Costanzi? Il teatro della nuova capitale d'Italia nacque così, dal borghesissimo cognome del fondatore e proprietario; ma era destino che quel nome lo perdesse, per acquisire il nome più semplice e specifico possibile della sua tipologia: quello inconfondibile di Teatro dell'Opera oppure quello, più breve e pregnante, dell'Opera di Roma.

cannot be considered the rule, and what counts in an opera house is more the inside than the outside, more the stage than the auditorium, more the reality of the music than the flight of Fame.

The greatest of these Roman theatres are the subject of painstaking, illustrated, even multiple volume tomes. It is interesting to note the variety of their names, in some cases generic and easy to understand, in others tied to aristocratic, ecclesiastic or bourgeois owners. The Tor di Nona quarter of Rome was near a tower that was owned by the Orsini family, prefects of the Annona, and spoken Italian made quick work of morphing Torre d'Annona into Tor di Nona, whence the theatre's name. The Valle was near the church of Sant'Andrea della Valle. And the Argentina? In the early eighteenth century, the Strasbourg-born Johann Burchard was papal master of ceremonies: since the Latin name for his city was Argentina, the tower on his residence came to be called Torre Argentina, from whence the name of the piazza that it overlooked. And when the theatre was opened there, in singular coincidence with the Filarmonico of Verona and Covent Garden, London, it was called the Teatro di Torre Argentina. And the Costanzi? The Theatre of Italy's new capital got its original name from the flatly bourgeois surname of its founder and owner. But it was destined to lose that name, adopting the simplest and most specific one reflective of its purpose: the unmistakable Teatro dell'Opera, or the briefer and more potent Opera di Roma.

pp. 66, 67, 68-69, 70-71 | Dettagli delle sette scene della cupola dipinta da Annibale Brugnoli che celebra l'universalità dello spettacolo.

pp. 72-73 | Le nuove poltrone di platea installate nel 2021.

pp. 66, 67, 68-69, 70-71 | Details of the seven scenes of the dome painted by Annibale Brugnoli celebrating the universality of the show.

pp. 72-73 | The new auditorium armchairs installed in 2021.

A volo sui tempi

A Flight Across Time

Costanzi anno uno

Una volta costruito, bello e pronto, un teatro lirico è ancora un corpo senz'anima: sarà la musica, a farlo vivere, a renderlo vivo saranno l'opera, il canto, il suono, i vocalisti e gli strumentisti. Dunque al nascente Costanzi serviva un impresario, un rappresentante di quella famosa e spesso famigerata genia che sapendo mediare fra idea e azione era assolutamente necessaria. Dopo qualche richiesta fallita, si optò per Vincenzo Jacovacci, lo stesso impresario del vecchio Apollo che, romano anzianotto e arcinoto in città come "sor Cencio", era capace e onesto sì ma tirchio anche. Jacovacci era colui che a un Verdi scontento, nell'apollineo *Ballo in maschera* del 1859, della resa di soprano e contralto avrebbe risposto più o meno così: la prossima volta troverò un ottimo soprano e un ottimo contralto (per tirar poi via con quel tenore e quel baritono che al maestro erano piaciuti). Non si può mica avere tutto!

Titolo scelto, la *Semiramide* di Rossini, capolavoro dell'opera classica che sotto i colpi dell'opera romantica stava perdendo quota. Difatti piacque poco, il 27 novembre del 1880 e nelle quattro repliche, a causa di voci modeste e un'orchestra di una quarantina di elementi soltanto (direttore Giovanni Rossi). Ma Jacovacci pensava che l'opera d'apertura

p. 74 | Eugenio Giraldoni, primo interprete di Scarpia nella *Tosca* di Giacomo Puccini, direttore Leopoldo Mugnone. 14, 16, 18, 20, 21, 23, 26, 28, 30, 31 gennaio; 2, 4, 6, 8, 11, 13, 15 febbraio 1900.

Costanzi, Year One

Once it is built, beautiful and ready to go, an opera house is still a body without a soul. What brings it to life is the music, the opera, song, sound, vocalists and instruments. And so, what the nascent Costanzi needed was an impresario, someone with that famous and often infamous genius for mediating between idea and action. After a few rejected invitations, the choice fell to Vincenzo Jacovacci, the impresario of the old Apollo, who, an old Roman and known to all and sundry as "sor Cencio", was capable and honest, but also tight-fisted. When Verdi complained about the performance of the soprano and contralto at the Apollo's production of his *Ballo in maschera* in 1859, Jacovacci replied: next time I will find an excellent soprano and an excellent contralto (and take away the tenor and the baritone that the maestro had liked). One can't have it all, you know!

The opera chosen for the opening was Rossini's *Semiramide*, a classical masterpiece starting to lose ground in favour of romantic opera. And in fact, it was not very well received, neither at the opening on 27 November 1880 nor the four subsequent performances, due to the modest voices and small, forty-piece orchestra (conducted by Giovanni Rossi). But Jacovacci was thinking that the opening opera needed to be grand and high-flown, and he was right,

p. 74 | Eugenio Giraldoni, first interpreter of Scarpia in *Tosca* of Giacomo Puccini, conductor Leopoldo Mugnone. 14, 16, 18, 20, 21, 23, 26, 28, 30, 31 January; 2, 4, 6, 8, 11, 13, 15 February 1900.

dovesse essere grande, ricca, magniloquente, e almeno in teoria aveva ragione. Del resto a interessare era l'evento in sé, l'apertura di un nuovo teatro nella capitale. I sovrani Umberto I e Margherita di Savoia, i principi Borghese, il Circolo della Caccia, la Giunta comunale, nobili e ufficiali, altoborghesi e altri borghesi a non finire vollero partecipare. Il re si congratulò personalmente con il proprietario Costanzi e l'architetto Sfondrini, che prima dell'inizio dello spettacolo il pubblicò aveva chiamato e festeggiato a gran voce. L'opera

at least in theory. For that matter, the event itself, the opening of a new theatre in the capital, was of interest. King Umberto I and Queen Margherita of Savoy, the Borghese princes, the Circolo della Caccia, the town council, nobles, officials and countless members of the upper-middle and middle classes were all eager to attend. The king personally congratulated Costanzi and the architect Sfondrini, the latter having been loudly cheered by the audience before the opera began. The opera ended at one o'clock in the morning, but people were

p. 76 | Achille Sfondrini, progetto per il Teatro Costanzi, sezione da via Firenze, 1880.

p. 77 | Foto storica della sala del Teatro Costanzi vista dal palco, 1880.

p. 76 | Achille Sfondrini, project for the Teatro Costanzi, section from via Firenze, 1880.

p. 77 | Historical photo of the Teatro Costanzi house seen from the stage, 1880.

finì all'una di notte, ma alle tre la gente era ancora nei pressi del teatro per commentare, chiacchierare, forse discorrere anche del diadema di brillanti della regina.

Semiramide era già fuori moda? Deluse anche la successiva, e ben romantica *Norma* di Bellini, e invecchiato «di parecchi secoli» parve anche l'ancora successivo *Otello* di Rossini. Ma perché trascurare Verdi, il vero vanto musicale della nuova Italia? Difatti l'unico successo della breve stagione fu il verdiano *Trovatore*, il 22 dicembre, in un teatro «pieno come un uovo di un pubblico che dall'agiato operaio saliva per tutte le gradazioni sino al principe e al banchiere» (dalla stampa, come anche il seguito). Il giorno prima, nel pomeriggio, s'era avviata anche, come dire? una stagione sinfonico-cameristica, nella grande sala dei concerti che Costanzi

still gathered around the Theatre two hours later, talking about everything down to the queen's diamond tiara.

Was *Semiramide* already outdated? The next opera on the programme, Bellini's romantic *Norma*, was also a disappointment, and the one after that, Rossini's *Otello*, seemed to have aged "hundreds of years". But why ignore Verdi, the real musical pride and joy of the new Italy? In fact, the only success of that short season was Verdi's *Trovatore*, which opened on 22 December to a packed house described in the press as "an audience that started with the well-heeled worker and rose up by degrees all the way to the prince and banker". The day before, in the afternoon, the symphony and chamber music season was kicked off in the large concert hall, which Costanzi had decided to rent out.

aveva deciso di dare in affitto. La Società Orchestrale Romana diretta da Ettore Pinelli aveva eseguito musiche di Mozart, Beethoven, Schubert, Pinelli stesso: presenti la regina, molti aristocratici e diplomatici, diversi alfieri della rinascita strumentale capeggiati da Giovanni Sgambati professore a Santa Cecilia, parecchie «zitelle americane» pazze *fans* di Liszt e l'idolo stesso che aveva strumentato una marcia del suo omonimo Franz (Schubert). Belli i programmi a venire, dal venerabile Bach a quel rivoluzionario di Wagner non senza quel classico contemporaneo che era Brahms. Programmi seriosi? Ma il Costanzi fu lesto teatro anche di funambolici veglioni mascherati, bravissimi a mescolare le carte della nuova gente "sabauda" con l'antica classe pontificia, più brevemente gli "italiani" con i romani.

The Società Orchestrale Romana, conducted by Ettore Pinelli, had played music by Mozart, Beethoven, Schubert and Pinelli himself. In attendance? The queen, numerous aristocrats and diplomats, various standard bearers of the instrumental music revival headed by Giovanni Sgambati, professor at Santa Cecilia, droves of "American spinsters", crazy for Liszt, and their idol himself, who had orchestrated a march by the other Franz (*Schubert*). The programmes that followed were well-chosen, from the venerable Bach and the revolutionary Wagner, as well as the contemporary classic Brahms. Staid programmes? Yes, but the Costanzi was also soon the theatre of opportunistic masquerade balls, deft at mixing the new "Savoy" crowd with the old pontifical class, in short, the "Italians" with the Romans.

Vecchia o nuova?

Come recita una novella di Pirandello, quella che il Costanzi diede nei suoi primi anni di vita è musica che davvero suonava un po' vecchia, alla sensibilità dell'epoca. Ma Jacovacci morì presto e lo scettro dell'impresa passò al signor Boccacci, che il 1° maggio del 1881 aprì la stagione con *L'africana* di Meyerbeer, 15 recite a teatro sempre esaurito, e poi dovette interrompere la seconda recita della verdiana *Forza del destino* per via delle proteste di alcuni solisti e parte delle masse. Senza onorario non si lavora, ecco il problema. Ed ecco il primo inciampo del Costanzi: il sor Domenico aveva speso troppo e doveva vendere, e dopo equivoci, tira e molla, forse cattiverie la vendita sarebbe rimasta inevasa fino al 1908. Intanto, dopo molte recite di un'*Aida* molto apprezzata (e non era certo una novità, a Roma), nelle stagioni successive sopraggiunsero l'*Ernani* di Verdi e *Gli Ugonotti* di Meyerbeer, un donizettiano *Poliuto* che fu il trionfo anche di

Old or New?

As Pirandello put it in one of his novellas, what the Costanzi offered during its first few years was music that really did sound a bit old fashioned to the sensibility of the time. But Jacovacci soon died, and the baton was passed to Boccacci, who opened the 1881 season on 1 May with Meyerbeer's *L'africana*. Fifteen shows at an always sold-out Theatre, and then he needed to interrupt the second performance of Verdi's *Forza del destino*, on account of the protests of a few soloists and part of the audience. No work for no pay was the problem. And that was the Costanzi's first stumbling block. Domenico had spent too much and needed to sell, and after a series of misunderstandings, dithering and perhaps even spite, the sale remained outstanding until 1908. In the meantime, after numerous performances of a well-liked *Aida* (an opera not at all new to Rome), the subsequent seasons welcomed Verdi's *Ernani*, Meyerbeer's *Gli Ugonotti*, a staging of Donizetti's *Poliuto* that was also a tri-

p. 79 | Roberto Stagno è Turiddu nella *Cavalleria rusticana* di Pietro Mascagni, direttore Leopoldo Mugnone. 17, 20, 22, 24, 25, 30, 31 maggio 1890.

p. 79 | Roberto Stagno as Turiddu in *Cavalleria rusticana* of Pietro Mascagni, conductor Leopoldo Mugnone. 17, 20, 22, 24, 25, 30, 31 May 1890.

Enrico Tamagno, sessanta rappresentazioni del *Ballo Excelsior* di Manzotti, molti concerti, parecchi drammi in prosa e sempre meno veglioni carnevaleschi. Per inciso, questo volo sui tempi del Costanzi/Opera di Roma vuole essere solo operistico, onde deve aggirare tutta la parallela, abbondante e certo interessante programmazione in prosa.

Nel 1885 l'impresario scelto da Costanzi era Guglielmo Canori, meno praticone di Jacovacci ma più signore in quanto anche editore e giornalista. La donizettiana *Linda di Chamounix* del giugno fu un successone: opera del 1842, quando a Vienna era piaciuta anche a quell'osso duro del principe Metternich, era del genere semiserio, ormai in disuso, e forse sorprese anche per questo. Vecchio pure *Il barbiere di Siviglia*, e la novità della *Carmen* di Bizet fu un po' messa in crisi dal fatto che era comparsa da poco all'Argentina. Soddisfazione per *La Gioconda* di Ponchielli e delusione per il *Don Giovanni* di Mozart: musica vecchia andrà bene, vecchissima, evidentemente, no. Era da molto che il mondo aspettava l'*Otello*, dopo tanti anni di silenzio da parte del Gran Vecchio, e nel 1887 la penultima opera di Verdi salì trionfante la Scala: Canori lo sapeva bene e dopo quella prima ebbe l'idea di darne una seconda al Costanzi. Concorrenza? Giammai, stessi interpreti e stesso allestimento: i due "treni" di Sant'Ambrogio scaricarono tutto sui sette colli, anzi nella recente stazione Termini lì vicino al teatro, e il 17 aprile del 1887, pochi mesi dopo il battesimo, i romani fecero gran festa al tenore Tamagno, al baritono Maurel, al direttore Faccio, agli orchestrali e ai coristi della Scala anch'essi viaggianti su rotaia.

umph for Enrico Tamagno, sixty performances of Manzotti's *Ballo Excelsior*, numerous concerts, loads of plays and a dwindling number of carnivalesque parties. Incidentally, it should be noted that this trip back through the history of the Costanzi/Opera di Roma is concentrated on opera, and hence sidesteps the Theatre's rich, parallel and certainly interesting programme of plays.

In 1885, Costanzi chose Guglielmo Canori as its new impresario: not the old hand that Jacovacci had been, but more of a gentleman, since also a publisher and journalist. The June staging of Donizetti's *Linda di Chamounix* was a huge success: an opera that had premiered in 1842, when even the hard to please Prince von Metternich applauded it in Vienna, it was serio-comic, a genre by this point no longer staged, and perhaps a surprise partly for that. The *Barber of Seville* was also old, and the novelty of Bizet's *Carmen* was compromised by the fact that it had been performed not long before at the Argentina. Ponchielli's *La Gioconda* was a success and Mozart's *Don Giovanni* a disappointment: old music was OK; very old music, evidently not. The world had been waiting long for *Otello*, after years of silence from Verdi, and the premiere of the composer's penultimate opera in 1887 was a triumph at La Scala: Canori was well aware of this and after that premiere wanted to it to have another one at the Costanzi. Competition? Not at all, same performers, same sets: the two "trains" of Sant'Ambrogio unloaded everything on the seven hills of Rome, actually at the new Termini train station not far from the theatre, and on 17 April 1887, just a few months after the world premiere, the Romans celebrated the tenor Tamagno, the baritone Maurel, the conductor Faccio and the La Scala orchestra and choir, they, too, travelling by rail.

p. 80 | Emma Carelli in *Iris* di Pietro Mascagni, direttore Rodolfo Ferrari.
18, 20, 22, 24, 25, 27, 28, 30, 31 maggio 1899.

p. 80 | Emma Carelli in *Iris* of Pietro Mascagni, conductor Rodolfo Ferrari.
18, 20, 22, 24, 25, 27, 28, 30, 31 May 1899.

La scuderia Sonzogno

Bravo il Canori, tanto da lasciare presto il Costanzi per il fantomatico Teatro Massimo di Roma, una coppia di Apollo (prossimo alla demolizione) e Argentina (testé restaurato) poi mai operante. Bravissimo, sul serio, il successore nel 1888, Edoardo Sonzogno, editore intraprendente e concorrente con Ricordi: per tre anni resse il teatro, mentre Costanzi badava solo ai veglioni, e annunciò subito una stagione fatta di Meyerbeer, Donizetti, Bellini, Rossini, Thomas, Gluck, Berlioz e altri, da aprirsi con gli immancabili *Ugonotti* e alimentarsi con l'eccellente Orchestra Romana che suonava regolarmente all'Argentina e il maestro Edoardo Mascheroni aveva elevato a 96 elementi. No a Verdi, la punta di diamante di Ricordi (ahi!), e sì alle altre opere che aveva pubblicato Ricordi ma erano ormai libere da diritti (non secondo Ricordi, che protestò a lungo e in vano).

Sono due i vanti maggiori di quegli anni: prima la fiammante *Cavalleria rusticana* di Mascagni, poi l'appena fiammato *Falstaff* di Verdi (ma a Sonzogno ormai scaduto). Arcinota, quasi mitica la nascita del capolavoro del ventisettenne Pietro da Livorno, che mai più, in altri 45 anni di carriera, avrebbe trovato in sé quella felicissima vena. Per incoraggiare il nuovo operismo italiano, fermo all'ultimo Verdi e ancora ignaro di Puccini, Sonzogno aveva ideato degli appositi concorsi con la promessa della messinscena; al secondo parteciparono 73 compositori e ne sortirono tre; dopo la *Labília* di Nicola Spinelli e prima del *Rudello* di Vincenzo Ferroni, ecco Cavalleria rusticana, che non fu rappresentata il 13 ma il 17 maggio 1890 (martedì 13 faceva paura alla primadonna) ed ebbe accoglienze a dir poco trionfali. Cantarono Gemma

The Sonzogno Stable

Canori had been good, so much so that he soon left the Costanzi for the elusive Teatro Massimo di Roma, a sketch of the pair Apollo (close to demolition) and Argentina (freshly renovated), that then never came to be. But his successor in 1888, Edoardo Sonzogno, was very good. Sonzogno, an enterprising publisher and rival of Ricordi, ran the theatre for three years, while Costanzi looked after the parties, and immediately announced a season packed with Meyerbeer, Donizetti, Bellini, Rossini, Thomas, Gluck, Berlioz and others, opening with the inevitable *Ugonotti* and supported by the extraordinary Orchestra Romana, which played regularly at the Argentina and had been expanded by the conductor Edoardo Mascheroni to ninety-six pieces. No to Verdi, which was Ricordi's edge (alas!), and yes to other operas that Ricordi had published that were by that point out of copyright (although not according to Ricordi, which protested at length and in vain).

The two biggest glories of those years were Mascagni's brand new *Cavalleria rusticana* and Verdi's *Falstaff*, no longer new but freshly available to Sonzogno. The origin story of the masterpiece of the twenty-seven-year-old Mascagni was known to one and all and almost legendary; never again, in a career that lasted forty-five more years, would the Livorno-born composer pull forth such a success. In order to encourage Italian opera culture, frozen at Verdi's last and still unaware of Puccini, Sonzogno announced a series of special competitions with the promise of production. Seventy-three composers participated in the second competition, and three of them were chosen. After Nicola Spinelli's *Labília* and the premiere of Vincenzo Ferroni's *Rudello*, it was Mascagni's turn with *Cavalleria rusticana*. The opening, originally scheduled for 13 May 1890, but switched to 17 May (the prima donna believed that Tuesday the 13th was unlucky), was, to put it mild-

p. 83 | Giuseppe De Luca, *Rigoletto* di Giuseppe Verdi. 11, 17, 23, 24, 26, 31 gennaio; 18, 23 febbraio 1909.

p. 83 | Giuseppe De Luca, *Rigoletto* of Giuseppe Verdi. 11, 17, 23, 24, 26, 31 January; 18, 23 February 1909.

p. 84 | Szigmund Nowak, Conte Rinaldo ne *Le donne di buon umore* di Domenico Scarlatti e Vincenzo Tommasini. Direttore Ernest Ansermet, coreografia di Léonide Massine, scene e costumi di Léon Bakst. 12, 15, 17 aprile 1917.

p. 86 | Gian Francesco Malipiero e Luigi Pirandello, rispettivamente compositore e librettista per *La Favola del figlio cambiato*. Unica rappresentazione 24 marzo 1934.

p. 84 | Szigmund Nowak, Count Rinaldo in *Le donne di buon umore* of Domenico Scarlatti and Vincenzo Tommasini. Conductor Ernest Ansermet, choreography by Léonide Massine, sets and costumes by Léon Bakst. 12, 15, 17 April 1917.

p. 86 | Gian Francesco Malipiero and Luigi Pirandello, respectively composer and librettist for *La Favola del figlio cambiato*. The only representation 24 March 1934.

Bellincioni (la paurosa), Roberto Stagno e Gaudenzio Salassa, applauditissimi. La critica? Si scrisse di un autore erede dei grandi, di splendide melodie senza "reminiscenze" di melodie altrui, di un'opera vocale all'italiana e strumentale alla forestiera.

Il bis di Mascagni fu, l'anno dopo nel suo Costanzi, *L'amico Fritz*, una commediola, un idillio, un gioco ridente e profumato dal "duetto delle ciliegie" (ma Verdi, interpellato, disse che il libretto era una vera scemenza). Chiuso il triennio di Sonzogno, il biennio 1892/93 toccò a Gino Monaldi, impresario sì ma anche musicografo, che subito impose tre opere di Verdi e una di Rossini, oltre alla ripresa dell'*Amico Fritz* (poco dopo la terza opera di Mascagni, *I Rantzau*, dove l'autore volle prendere il posto del direttore alla faccia del suscettibile direttore designato che era Toscanini). Finalmente, pari pari dalla Scala come l'*Otello*, sbarcarono dal Tevere il *Falstaff* di Verdi (il 15 aprile del 1893) e Giuseppe Verdi in persona (due giorni prima). Al venerando, quasi ottantenne maestro il Campidoglio diede la cittadinanza onoraria e il Quirinale organizzò un incontro con re Umberto, che alla fine di uno spettacolo aperto dalla marcia reale mandò un generale primo aiutante di campo e un tenente colonnello a pregare il maestro di fargli l'onore di salire nel suo palco. Applausi scroscianti ai due sovrani che si affacciano, e viva, viva, viva l'Italia.

Prime su prime

Col *Falstaff* del 1893, l'arte era alle stelle ma la borsa alle stalle. Il Monaldi ci perde di brutto e deve lasciare, onde torna il Canori che per risalire la china chiede aiuto al repertorio di Mascagni, Bellini e Rossini. Anni tristi, questi, in una città prostrata da una strana crisi edilizia e una serie di scandali bancari tra cui quello della Banca Romana; e solo l'imminenza del XXV anniversario di Roma capitale sa svegliare gli animi. Appunto nel 1895 Costanzi abbassa il prezzo dei biglietti e programma *I lombardi alla prima crociata* di Verdi,

ly, a triumph. It was sung by Gemma Bellincioni (the superstitious one), Roberto Stagno and Gaudenzio Salassa, all of whom showered with applause. And the critics? They wrote of a composer who was heir to the greats, of splendid melodies without "reminiscences" of ones by other composers, of Italian singers and of foreign musicians.

Mascagni's encore opened the following year at his Costanzi: *L'amico Fritz*, a playlet, an idyll, a charming game perfumed with the "Cherry Duet" (although Verdi, when asked, said that the libretto was utter nonsense). When Sonzogno's three years were up, it was time for Gino Monaldi's two. Already an impresario but also a musicographer, Monaldi immediately scheduled three operas by Verdi and one by Rossini, as well as a new production of *Amico Fritz* (shortly after Mascagni's third opera, *I Rantzau*, for which the composer wanted be conductor, even though the prickly Toscanini had already been assigned the role). Finally, just as had been the case with *Otello*, La Scala's production of Verdi's *Falstaff* disembarked in Rome on 15 April 1893 (Giuseppe Verdi himself having arrived two days earlier). The Campidoglio made the nearly eighty-year-old maestro an honorary citizen and the Quirinale organised an audience with King Umberto I, who, at the end of a show that had opened with the royal march, sent a general's aide-de-camp and a lieutenant-colonel to ask the maestro to do him the honour of stopping by his box. Thunderous applause for the two kings as they looked out from the box, and long live Italy.

Premiere upon Premiere

With the production of *Falstaff* in 1893, the operatic art was rocketing to the skies, but finances were plummeting. Monaldi was bleeding funds and needed to leave. Canori stepped back in and turned to the repertoire of Mascagni, Bellini and Rossini to get the Theatre back on its feet. These were sad years, in a city exhausted by a strange building crises and a series of banking scandals, including one involving the Banca Romana. It was only the approach of the twenty-fifth anniversary of Rome as capital of Italy that managed to lift spirits. And so, in 1895, Costanzi lowered the price of tickets and scheduled

opera milanese che conta 52 anni di vita ma è assai risorgimentale (perché allora non *La battaglia di Legnano*, romana di anni 46?).

Dopo un 1896 segnato dall'avvento della neonata (a Torino) *Bohème* di Puccini e un 1897 segnato dal sicuro "pieno" della *Gioconda* di Ponchielli, Costanzi affida la stagione 1898 all'impresa Superti-Bolgioni guidata da Vincenzo Morichini e mentre la compagnia di Ciro Scognamiglio spopola con le operette l'opera reagisce con un *Lohengrin* cui assiste anche il presidente del consiglio dei ministri marchese di Rudinì. Bravo il protagonista, il tenore Francisco Viñas, e bravissimo il giovanissimo secondo baritono, l'Araldo, che si chiama Titta Ruffo e presto sostituirà il maggior collega nella donizettiana *Lucia di Lammermoor*. Quindi successo travolgente e carriera assicurata ai massimi livelli per oltre trent'anni. Ma in autunno muore il cavalier Domenico, cui succede, nella gestione di un teatro privato, il figlio Enrico, professore di filosofia onesto come il padre ma senza dubbio di lui meno appassionato di teatro.

In quello scorcio di secolo, mentre a Milano il giovane pugliese Umberto Giordano dà i suoi frutti migliori, *Andrea Chénier* e *Fedora*, a Roma danno nuovi frutti due toscani, ancora Mascagni e Puccini. La settima opera di Pietro è l'*Iris* di Luigi Illica, che viene lanciata con un impegno di pubblicità e di *gossip* forse mai visto (anche perché l'editore non è più Sonzogno ma Ricordi). Deve dirigere Mascheroni, ma Mascagni, sempre prepotentello, non è d'accordo e vuole dirigere lui, per cui Mascheroni risponde solo che se Verdi l'aveva voluto per il *Falstaff* il problema non esisteva. Superato l'inghippo, l'opera va in scena il 22 novembre 1998: grande successo di pubblico, alcune riserve di critica (specie alla volta del libretto), l'ottava opera in arrivo.

Nella *Colonia Libera* di Pietro Floridia, prima assoluta del 7 maggio 1899, canta la ventitreenne Emma Carelli, il soprano che era destinato ad assumere anche l'impresa del teatro con una dedizione quasi viscerale. Brava, tanto che viene richiesta per un'*Iris* di qualche giorno dopo: lo spartito non lo conosce, piuttosto

Verdi's *I lombardi alla prima crociata*, a Milanese opera that had premiered fifty-two years earlier but was quite appropriate to the Risorgimento theme (and so why wasn't it *La battaglia di Legnano*, a forty-six year old Roman opera?).

After an 1896 marked by Puccini's recently premiered (in Turin) *La bohème* and an 1897 distinguished by Ponchielli's sure "hit" *La Gioconda*, Costanzi placed the 1898 season in the hands of Superti-Bolgioni, led by Vincenzo Morichini, and while Ciro Scognamiglio's company was drawing crowds with operettas, opera responded with a production of *Lohengrin*, attended by no less a figure than the premier of Italy, Antonio Starabba, marchese of Rudinì. The lead, tenor Francisco Viñas, was good, and the very young second baritone, Herald, who chose the stage name Titta Ruffo, was very good and would soon replace his great colleague in Donizetti's *Lucia di Lammermoor*. And so, it was a sweeping success and the guarantee of a career that would go on to play out at the loftiest levels for more than thirty years. But Domenico Costanzi died in the autumn and was succeeded in the management of the private Theatre by his son, Enrico, a philosophy professor, honest like his father but clearly less passionate about theatre.

During that brief period at the end of the century, while the young Apulian Umberto Giordano was glittering in Milan with *Andrea Chénier* and *Fedora*, two Tuscans, Mascagni and Puccini, were sparkling in Rome. Mascagni's seventh opera was Luigi Illica's *Iris*, which was launched with a perhaps unprecedented level of publicity and chatter (in part because the publisher was now Ricordi, not Sonzogno). Mascheroni was supposed to conduct but, ever domineering, Mascagni wished to do it himself, to which Mascheroni replied that if Verdi had wanted him for *Falstaff* there was no problem. Overcoming this hurdle, the opera opened on 22 November 1898: the public loved it, the critics had a few reservations (especially with reference to the libretto) and the eighth opera was on its way.

At its world premiere on 7 May 1899, Pietro Floridia's *Colonia Libera* was graced with the voice of the twenty-three-year-old Emma Carelli, the soprano who later took the helm of the Theatre with almost visceral devotion. She was very good, enough so to be requested for an *Iris* to be performed a few days later: she did not know the score, but rather than

che studiare se la passa col maritino Walter Mocchi, la generale è una fredda esecuzione e non un'interpretazione, ma la prima sarà un trionfo. Quindici opere si programmano per la stagione 1899/1900: alcuni operoni francesi, due novità, la prima della quinta opera di un Puccini già celeberrimo autore di *Manon Lescaut* e *Bohème*. È quella *Tosca* che il 14 gennaio 1900, ben cantata da Hariclea Darclée ed Emilio De Marchi, piace sì ma meno del previsto, e per piacere sul serio deve aspettare le repliche. Una prevenzione? Basta con questi settentrionali che colonizzano il meridione (ed era un toscano a Roma)! Un inghippo? Il commissario di pubblica sicurezza avvisa il direttore Leopoldo Mugnone che magari c'è in giro una bomba. Ma no, nel complesso tutto funziona e tre pezzi vengono bissati. Pubblico

study, she had fun with her husband Walter Mocchi. Her performance was more cold execution than interpretation, but the premiere was a triumph. Fifteen operas were scheduled for the 1899/1900 season: a few big French operas, two new ones and the premiere of Puccini's fifth opera, the composer by this point world famous for *Manon Lescaut* and *La bohème*. Premiering on 14 January 1900, *Tosca*, beautifully sung by Hariclea Darclée and Emilio De Marchi, was well liked, but not as much as expected, and would have to wait until the repeat performances to be truly loved. Was it bias? Enough with these northerners colonising the south (and it was just a Tuscan in Rome)! A snag? The police superintendent alerted the conductor Leopoldo Mugnone that a bomb might have been planted in the vicinity. But no, overall everything was fine and three pieces were given an encore. The audience was filled with luminaries, from the direc-

illustrissimo, dal direttore del Conservatorio di Mosca Safonov al sindaco di Roma principe Colonna con un sottosegretario alle poste e telegrafi che di nome fa Edmondo De Amicis. Critica divisa: di qua entusiasmi, anche per le scene e i costumi di Adolf Hohenstein; di là dubbi, fino alle dotte stroncature di Luigi Torchi e Fausto Torrefranca. E c'è anche un erroraccio nel libretto, dove la chiesa di Sant'Andrea della Valle, nel primo atto, vien detta "alla Valle"!

Un anno dopo, ecco un'altra prima mascagnana. Condivisa, tuttavia, perché il 17 gennaio 1901 *Le maschere* ebbero sei culle, il Costanzi ma anche i principali teatri di Milano, Torino, Genova, Venezia e la Filarmonica di Verona (la settima fu il San Carlo di Napoli due giorni dopo, perché due giorni prima il tenore era ammalato). Poco successo in genere, per un'opera tutt'altro che cavalleresca e rusticana, e un successo relativo a Roma: questa la sintesi di una forse eccessiva ambizione dovuta all'incondizionata popolarità di Turiddu e di Pietro.

Due diversi lutti segnano il momento: il 29 luglio 1900 Umberto I viene assassinato a Monza e il 27 gennaio 1901 Giuseppe Verdi muore a Milano. Il Costanzi piange il maestro subito sospendendo le recite, poi ospitando la commemorazione di Enrico Panzacchi, infine dando un *Rigoletto* esattamente cinquant'anni dopo la nascita veneziana. Siccome poi cent'anni prima era nato Bellini era d'obbligo un concerto, che comprese addirittura la sinfonia del *Pirata*.

tor of the Moscow Conservatory Vasily Safonov to the mayor of Rome and prince of Sonnino Prospero Colonna, as well as a Post and Telegraph undersecretary by the name of Edmondo De Amicis. The critics were divided: some were enthusiastic, with praise for even Adolf Hohenstein's sets and costumes, others were undecided and still others issued devastating critiques of Luigi Torchi and Fausto Torrefranca. And there was also a big mistake in the libretto, with the church of Sant'Andrea della Valle being called, in the first act, "alla Valle".

One year later, it was time for another Mascagni premiere. A shared one, however, because on 17 January 1901, *Le maschere* was premiered simultaneously at six opera houses: the Costanzi but also the main theatres in Milan, Turin, Genoa and Venice as well as Verona (there was supposed to be a seventh, the San Carlo of Naples, but the production opened there two days later, because the tenor had been ill two days before). It was not very successful overall, for an opera anything but rustic or chivalric, and a relative success in Rome: the synthesis of what might have been an excess of ambition due to unconditional popularity of Turiddu and Mascagni.

This period was marked by two major deaths: on 29 July 1900, Umberto I was assassinated in Monza, and on 27 January 1901, Giuseppe Verdi died in Milan. The Costanzi mourned the maestro, immediately suspending performances, hosting Enrico Panzacchi's commemoration and staging a *Rigoletto* exactly fifty years after its debut in Venice. And since Bellini had been born 100 years earlier, a concert was obligatory, and had to include the *Il pirata* symphony.

Sipario sul secolo

Pian piano la crisi rientra, Costanzi figlio è più solerte del previsto, Morichini lavora sempre meglio. La stagione 1901/02 comincia con

The Century Draws to a Close

The crisis gradually receded; Costanzi junior was more industrious than expected and Morichini was getting into his stride. The 1901/02

p. 88 | Veduta del complesso archeologico delle Terme di Caracalla, 1938, dall'anno precedente ospitante un teatro all'aperto e destinato a diventare un appuntamento estivo del Teatro Reale dell'Opera di Roma – poi Teatro dell'Opera – immancabile per la cittadinanza e il turismo internazionale.

p. 88 | View of the archaeological complex of the Terme di Caracalla, 1938, from the previous hosting an open-air theatre destined to become a summer event of the Teatro Reale dell'Opera of Rome – later Teatro dell'Opera –, unmissable for the public and international tourism.

i fluviali *Maestri cantori di Norimberga*, un Wagner diverso da quello nibelungico e tristaniano che all'Opera vien dato in versione italiana e addirittura bissato in tre punti (anche l'originale quintetto attorno a Hans, non l'incantevole Lied di Walther). Quella seguente conferma Wagner, con il terzo dramma della tetralogia ovvero *Sigfrido*; acchiappa quella *Germania* di Franchetti che s'era annunciata come la novità del momento; accoglie *Hänsel e Gretel* di Humperdinck (anche l'autore in carne e ossa); di Verdi vuole l'intera trilogia popolare, nel cui *Rigoletto* Caruso spopola come duca di Mantova e tenore-guida del quartetto «Bella figlia dell'amore».

Sono stagioni, queste del secolo incipiente, sempre meno vecchie e più nuove: Rossini segna il passo, se non con l'inossidabile barbiere andaluso; i primi romantici funzionano ma con misura; Verdi, Wagner e Puccini non hanno paura neanche del diavolo (che potrebbe essere, ma non è, quello del *Don Giovanni* di Mozart); Meyerbeer resiste con la *grandeur* francese degli *Ugonotti* (chissà quanti tagli, però) e Ponchielli con quella italiana della *Gioconda*; i giovani o meglio i viventi si chiamano Boito, Mancinelli, Cilea, Mascagni (autore e direttore), Gabriel Dupont e Lorenzo Filiasi (neovincitori del concorso Sonzogno). Un guaio per Puccini, che nel 1904 è in programma con *Madama Butterfly* e *Tosca* ma si vede cancellata la prima opera dal momento che questa nasce alla Scala e vi viene così turpemente contestata da sconsigliare qualsiasi altra esecuzione. Un altro guaio per il teatro, che in apertura della stagione del 1905 non volle ospitare i cronisti del «Giornale d'Italia»: erano prevenuti, bastonavano tutto e tutti, ficcavano il naso anche in questioni non artistiche; ma il collegio dei probiviri dell'Associazione della Stampa protestò e l'ebbe vinta facilmente. E due idee per il teatro e per l'orchestra in particolare.

p. 90 | Beniamino Gigli (Duca di Mantova), *Rigoletto* di Giuseppe Verdi.
19, 21, 28, 31 gennaio; 29 marzo; 1, 3 aprile 1937.

season opened with the abundant *Maestri cantori di Norimberga*, a Wagner quite unlike the *Ring* or *Tristan*, produced at the Theatre in its Italian version, with cries for an encore at three points (including the original quintet around Hans, not Walther's enchanting Lied). The season after that confirmed Wagner, with the third drama of the tetralogy, *Siegfried*; it managed to snatch Franchetti's Germania, announced as the *opera du jour*; it welcomed Humperdinck's *Hänsel e Gretel* (as well as the composer himself); it produced Verdi's entire "popular trilogy", the staging of *Rigoletto* graced with a Caruso that drew crowds as the duke of Mantua and lead tenor of the "Bella figlia dell'amore" quartet.

The first seasons of the century were thus steadily casting off the old and embracing the new: Rossini was at a standstill, except for the evergreen Andalusian Barber; the first romantics were fine, but in moderation; Verdi, Wagner and Puccini were fearless even in the face of the devil (which could have been, but wasn't, Mozart's *Don Giovanni*); Meyerbeer was holding on with the French grandeur of the *Ugonotti* (who knows how many cuts, however), as was Ponchielli with the Italian grandeur of the *Gioconda*; the young ones or, better put, the living composers were Boito, Mancinelli, Cilea, Mascagni (composer and conductor), Gabriel Dupont and Lorenzo Filiasi (recent winners of the Sonzogno competition). Puccini was in trouble: he was on the playbill in 1904 with *Madama Butterfly* and *Tosca*, but the former was cancelled because it had premiered at La Scala and was therefore so vilely contested that it was better to avoid trying to stage it. More trouble came for the theatre with the opening of the 1905 season, because it wanted to ban journalists from the *Giornale d'Italia*: they were biased, berated everyone and everything and butted in everywhere, even in the case of non-artistic matters. But the College of Arbitrators of the Press Association protested and easily won their case. And then, there were two ideas for the theatre and for the orchestra in particular.

p. 90 | Beniamino Gigli (Duca di Mantova), *Rigoletto* of Giuseppe Verdi.
19, 21, 28, 31 January; 29 March; 1, 3 April 1937.

Le formulò nel 1905 il conte Enrico di Sanmartino, che era assessore all'Istruzione e alle Belle Arti. Non bastavano più gli impresari, ci voleva un'articolata società che si occupasse di tutto, dalle scritture alle scenografie, dal rapporto con gli editori alla ricerca dei giovani talenti. E gli strumentisti non andavano recuperati qua e là di volta in volta, ma attinti dalla Banda municipale, in modo che una nuova Orchestra Municipale di almeno cento elementi eseguisse, in teatro, tanto le opere scelte da Morichini quanto i suoi soliti concerti popolari.

Il primo progetto parve troppo ambizioso e non passò, anche perché Costanzi poteva, anzi gradiva vendere ma certo non affittare. Il secondo passò ma per la sola stagione 1905/06, che aprì con l'ammirata *Dannazione di Faust* di Berlioz e tra Verdi, Giordano, Catalani inserì un *Oro del Reno* di Wagner ascoltato con tanta devozione da non esser interrotto con applausi e bis (l'opera complessa consigliò una conferenza introduttiva di Guido Podrecca). Invece *Il crepuscolo degli dei* del 26 dicembre 1906 (giorno ormai fisso per l'inaugurazione, e non solo a Roma) ebbe la ripetizione della formidabile marcia funebre, meglio detta "epicedio di Sigfrido".

Il 24 giugno 1907 manca Enrico Costanzi, che lascia eredi la sorella Maria e la moglie Maria Bianchi che a loro volta interpellano il conte di Sanmartino al fine, una buona volta, di vendere il teatro. Undici titoli prevede la stagione 1907/08, fra cui la *Gloria* di Cilea che delude, la *Salome* di Strauss che entusiasma grazie all'impegno e alla versatilità della Bellincioni (non ci credeva neanche l'autore), la sospirata *Madama Butterfly* di Puccini che nella nuova versione bresciana piace il giusto. Puccini viene a Roma, assiste allo spettacolo, partecipa a un banchetto in suo onore e secondo il suo solito non spiccica parola (almeno pubblicamente).

p. 95 | Beniamino Gigli, Enzo Grimaldo ne *La Gioconda* di Amilcare Ponchielli.
30 giugno; 2, 7, 14 luglio 1938. Terme di Caracalla.

These were the brainchildren of the count Enrico di Sanmartino, who was councillor in charge of education and the fine arts at the time. Impresarios were no longer sufficient; what was needed was a well-organised company that could handle everything from the writing to the sets and from the relationship with publishers to the search for new talent. And the musicians were no longer to be gathered together from here and there for each production, but instead drawn from the city band, so that a new City Orchestra composed of at least 100 musicians could perform, in the theatre, the operas selected by Morichini as well as his usual popular concerts.

The first project seemed too ambitious and was not approved, in part because Costanzi could sell, and indeed welcomed it, but certainly not rent. The second was approved, but only for the 1905/06 season, which opened with Berlioz's applauded *Dannazione di Faust* and included, in and amongst Verdi, Giordano and Catalani, Wagner's *Oro del Reno* (*Das Rheingold*), the audience so rapt that it was interrupted by neither applause nor encores (the complex opera even required an introductory talk by Guido Podrecca). Whereas there was an encore of the formidable funeral march, better known as "Siegfried's epicede", during the performance of Il crepuscolo degli dei (*Götterdämmerung*) on 26 December 1906 (by this point, the traditional date for the opening of the opera season, and not just in Rome).

Enrico Costanzi died on 24 June 1907, leaving everything to his sister Maria and his wife Maria Bianchi, who in turn approached the count of Sanmartino to discuss selling the Theatre. There were eleven productions in the 1907/08 season, including Cilea's *Gloria*, which was a disappointment, Strauss's *Salome*, which was applauded thanks to the hard work and versatility of Bellincioni (not even the composer could believe it), and Puccini's longed for *Madama Butterfly*, the new, Brescian version of which was just right. Puccini came to Rome, saw the performance, attended a banquet in his honour and, as was his wont, spoke not a word (at least not publicly).

p. 95 | Beniamino Gigli as Enzo Grimaldo in *La Gioconda* of Amilcare Ponchielli.
30 June; 2, 7, 14 July 1938. Terme di Caracalla.

Sanmartino s'ingegnava a risolvere il problema di un Teatro importante ma ancora privato e troppo pesante per le signore Costanzi, quando l'occasione venne dall'estero. Da tempo la Carelli non cantava più in Italia, e perché? Perché il marito Walter Mocchi, torinese del 1871, militava nell'Avanguardia Socialista e nel 1904 aveva organizzato con un paio di compagni uno sciopero generale di più giorni, il primo in Italia. La Carelli doveva inaugurare il Lirico di Milano, il direttore del teatro e l'editore Sonzogno le consigliarono di rinunciare, lei tentò il suicidio, l'allarmato Mocchi smorzò l'impegno politico e si rivolse al mondo del teatro e dell'impresa, l'estero divenne la meta dei due fin troppo chiacchierati. Lei aveva successo al Teatro Colón e là, a Buenos Aires nel 1907, lui fondò con tal Charles Séguin una Società Teatrale Italo Argentina, siglata come STIA, che si prendeva cura dei teatri argentini, brasiliani e cileni dandovi opere di scuola e di provenienza italiana. Perché dunque non fondare una Società Teatrale Internazionale a Roma, con il conte di Sanmartino, il teatro Costanzi e l'opportuno nugolo di amici d'arte, commercio e industria? Così nata nel 1908, la STIn si beccò la gestione dei teatri di Torino, Genova, Parma, Bari e comperò il Costanzi.

In tempus belli

In triste cammino temporale verso la guerra. Nel 1908 dirige il Costanzi il maestro Giacomo Orefice, che per l'apertura del 26 dicembre sceglie la sempre benaccetta *Walkíria* di Wagner e prosegue fra l'altro con un'Aida come si disse «a scartamento ridotto», la novità di un capolavoro come il *Pelléas et Mélisande* di Debussy accolto a fischi più sonori della musica (ci vuol poco, del resto, a sopraffare tante *nuances*), una *Gioconda* contrastata anch'essa (con i fischietti rimasti in tasca alla gente, secondo un critico spiritoso). Dunque la STIn pericola e Mocchi, che fa la spola fra l'Italia e il Sudamerica, congeda Orefice e invoca Mascagni. Dopo alcune

Sanmartino was racking his brains to solve the problem of an important, but still private theatre that was too much of a burden for the Costanzi heirs, when a solution came from abroad. It had been a long time since Carelli sang in Italy – but why? Because her husband, Walter Mocchi, who had been born in Turin in 1871, was an active supporter of the Socialist Avant-Garde and had co-organised a multiple-day general strike in 1904, Italy's first. Carelli was supposed to sing at the opening of the Lirico of Milan, the theatre director and the publisher Sonzogno advised her to bow out, she attempted suicide, an alarmed Mocchi eased up on his political activity, turning to the world of theatre and business, and husband and wife, the subject of far too much gossip, headed abroad. She found success at the Teatro Colón in Buenos Aires, and it was in that city that he founded the Italian Argentine Theatre Society (known as STIA) with Charles Séguin in 1907, an organisation that looked after Argentine, Brazilian and Chilean theatres, providing them with Italian works. And so, why not found an International Theatre Society in Rome, with the count of Sanmartino, the Teatro Costanzi and an opportune mix of culture lovers, business and industry? Founded in 1908, STIn took over management of the theatres in Turin, Genoa, Parma and Bari, and bought the Costanzi.

In Times of War

The world was marching sadly towards war. In 1908, the maestro Giacomo Orefice was running the Costanzi and chose Wagner's always welcome *Die Walküre* for the opening on 26 December, followed by a stripped-down *Aida*, Debussy's new *Pelléas et Mélisande*, which was met with hisses more melodious than the music itself (it doesn't take much, for that matter, to drown out so much nuance), and an also poorly-received *Gioconda* (although the whistles stayed in people's pockets, according to one facetious critic). And so, STIn was in danger and Mocchi, commuting between Italy and South America, saw out Orefice and called in

operette i cui personaggi mimano Giovanni Giolitti e Gabriele D'Annunzio presenti in sala (il primo, presidente del consiglio dei ministri, ben più sportivo del secondo), la stagione 1909/10 comincia con il Tristano e Isotta diretto da Mascagni, il dramma più romantico del mondo concertato dal musicista più verista del mondo: diffidenze prima, entusiasmi poi. Ma il concertatore fa presto a gettare la spugna: s'avvicina il 1911, Roma intende celebrare il 50° dell'Unità e prende in affitto il Costanzi senza considerarlo, lui fa le valigie. Disagi anche per la STIA, che Mocchi scioglie inventandosi la "Teatral". La STIn? Evidentemente male anch'essa, e Mocchi, comperando altre azioni e diventando l'azionista maggioritario, non la scioglie ma la costringe a lasciar intervenire la "Teatral" società per il triennio 1912-14.

La decisa Esposizione 1911 ha un *coté* musicale che Roma suddivide fra i suoi spazi scenici e accademici, a sorpresa abbondando di rarità sei-settecentesche. Il Costanzi fa il suo dovere: esclude autori stranieri, fa dirigere Mancinelli e Toscanini, rappresenta tutti i grandi da Rossini a Puccini, solo nel caso della danza lascia passare lo straniero con i Balletti Russi di Diaghilev che non incontrano granché. Tutto bene tranne il *deficit*, per cui bisogna cominciare a risparmiare e il resto dell'anno viene affidato a un'impresa di più basso profilo. Però *Il cavaliere della rosa* di Strauss, appena nato a Dresda e disceso ma anche incompreso a Milano, al Costanzi piace molto. Strauss torna nel 1912, con un'Elektra che trionfa, anche grazie all'interpretazione della Carelli che all'ultima recita riceve 35 *corbeilles* di fiori e decide di ritirarsi, attiva in teatro come direttrice ma come cantante mai più (o quasi). Difatti rinuncia anche alla *Fedra* di Pizzetti, deludendo un librettista

Mascagni. After a few operettas during which the characters mimed Giovanni Giolitti and Gabriele D'Annunzio, who were present in the auditorium (the former, the Prime Minister, far more sporting than the latter), the 1909/10 season began with a *Tristano e Isotta* conducted by Mascagni, the most romantic story in the world conducted by the most verist musician in the world: at first it was met with diffidence, then enthusiasm. But it was not long before the conductor threw in the towel: 1911 was fast approaching, Rome was planning on celebrating the 50th anniversary of Italian Unity and renting the Costanzi without considering him, he packed his bags. Things were also going poorly for STIA, which Mocchi broke up, forming the Teatral. And STIN? It was evidently ailing too, but Mocchi, buying more shares and becoming the majority shareholder, did not break it up, instead forcing it to allow the Teatral to step in for the three-year period between 1912 and 1914.

In Rome, the musical aspect of the 1911 Exposition was divided between picturesque and academic venues, and the music itself was unexpectedly packed with seventeenth- and eighteenth-century rarities. The Costanzi did its duty: it excluded foreign composers, brought in Mancinelli and Toscanini to conduct, produced all the greats from Rossini to Puccini, and only in the case of dance let in an element of the foreign: Diaghilev's Ballets Russes, which wasn't met with much. Everything was fine except for the deficit, and so the theatre needed to start saving and the rest of the year had a far lower profile. However, Strauss's *Der Rosenkavalier*, which had just debuted in Dresden and come to Milan, where it was misunderstood, was a success at the Costanzi. Strauss returned in 1912, with an *Elektra* that triumphed, in part thanks to Carelli, who received thirty-five baskets of flowers at the final performance and decided to

pp. 96-97 | *Tosca* di Giacomo Puccini. Direttore Giuseppe Morelli, regia di Carlo Acli Azzolini, scene di Camillo Parravicini.
Maria Caniglia (Tosca) e Mario Del Monaco (Cavaradossi).
31 luglio; 6, 21 agosto 1952. Terme di Caracalla.

pp. 96-97 | *Tosca* of Giacomo Puccini. Conductor Giuseppe Morelli, direction by Carlo Acli Azzolini, sets by Camillo Parravicini.
Maria Caniglia (Tosca) and Mario Del Monaco (Cavaradossi).
31 July; 6, 21 August 1952. Terme di Caracalla.

come D'Annunzio che le aveva mandato un biglietto tutto gioie, palpiti e ardori.

La stagione 1912/13 è fatta da pappagalli: per onorare Wagner, nato nel 1813, nove teatri italiani aprono nel suo nome, sette con *La Walkiria*, il Costanzi anch'esso con Brunilde e le cavalcanti sorelle. A rimorchio di una crisi economica scoppiata in Sudamerica, nel 1913 la "Teatral" vacilla, ma Mocchi salva capra e cavoli: là scova i finanziamenti di sempre, qua stacca il teatro dalla società e fonda l'Impresa del Teatro Costanzi, dal 1° dicembre per cinque anni (quelli della guerra). Per cominciare, il miracolo della prima o meglio seconda italiana del *Parsifal* di Wagner allo scadere del veto d'autore. Il 1° gennaio del 1914 l'opera va in scena a Bologna e a Roma, al Comunale e al Costanzi, alle ore 15 là e alle ore 16 qua. Grande successo e anche grande commozione, davanti a tanta arte. Da 13 anni vedova e da 13 anni più vista in teatro, Margherita di Savoia, ormai regina madre, assiste alla terza recita. Data al 1914 il progetto di una ristrutturazione profonda del teatro da parte dell'architetto Gay, che purtroppo non fu approvato ma almeno servì a tener desto un problema (lo stesso di ogni teatro, comunque).

E venne la guerra, tragicamente mondiale. Si sopravvisse, nei ranghi della vita civile, e anzi poté sembrare che la quotidianità non ne scapitasse tanto: errore, perché ad onta delle apparenze il mondo mutò radicalmente, l'Italia che vinse il conflitto ne uscì stravolta, la cultura subì decise battute d'arresto, e la lirica nostrana, nel suo piccolo (rispetto alla gravità dell'assieme), cominciò a cambiare programmi e repertori fino ad assumere i tranquilli aspetti omologati, fra un teatro e l'altro, che non avrebbe più perduto. Nel corso del nuovo secolo, insomma, se la Scala si distinse nel terzo e nel sesto decennio, grazie prima a Toscanini e poi a

retire, remaining active in theatre as a director but never (or almost never) again a singer. In fact, she even turned down Pizzetti's Fedra, disappointing the librettist D'Annunzio, who had sent her an excited, passionate, love-filled note.

The 1912/13 season was launched with copycat performances: in celebration of Wagner's centenary in 1913, nine Italian opera houses opened with the German composer, seven with Brünnhilde and her horseback riding sisters in *La Walkiria* (*Die Walküre*), including the Costanzi. Amid an economic crisis in South America, the Teatral wavered in 1913, but Mocchi saved the farm: he hunted down the usual financing, separated the theatre from the society and founded the Teatro Costanzi company, to run for five years (those of the war) starting on 1 December. First up was the miracle of the almost simultaneous Italian premiere of Wagner's *Parsifal* upon the expiration of the composer's veto. On 1 January 1914, it was staged at the Comunale in Bologna and the Costanzi in Rome, at three o'clock PM there and four o'clock PM here. It was a huge success and created a lot of commotion in the face of so much art. A more frequent presence at the theatre since she had become a widow thirteen years before, Margherita of Savoy, by this point queen mother, attended the third performance. In 1914, a project for the major renovation of the theatre by the architect Gay was presented; unfortunately, it was not approved, but at least it kept the issue on the table (it was the same for all theatres, however).

And then came the, tragically world, war. Civilian life continued and indeed it might have seemed as though everyday life was not going to be terribly affected, but this was a mistake, since, in spite of appearances, life changed radically. The Italy that won the war came out of it shattered. Culture suffered critical standstills and Italian opera, in its own small way (by comparison to the gravity of the situation overall), started changing programmes and repertoires until it achieved a certain calm, standardised from one opera house to the next, that it then never

p. 99 | Antonietta Stella (Mathilde, Principessa degli Asburgo) e Mario Filippeschi (Arnold Melcthal, congiurato svizzero) nel *Guglielmo Tell* di Gioachino Rossini. 28 giugno; 1, 4, 8 luglio 1953. Terme di Caracalla.

p. 99 | Antonietta Stella (Mathilde, Habsburg princess) and Mario Filippeschi (Arnold Melcthal, Swiss conspirator) in *Guglielmo Tell* of Gioachino Rossini. 28 June; 1, 4, 8 July 1953. Terme di Caracalla.

p. 100 | Herbert Von Karajan dirige il *Don Giovanni* di Wolfgang Amadeus Mozart.
12, 15, 20, 22 dicembre 1953.

pp. 102-103 | Giulio Neri (Ferrando), Maria Callas (Leonora), il Maestro Nicola Rucci, Giacomo Lauri Volpi (Manrico) e Paolo Silveri (Il Conte di Luna). *Il trovatore* di Giuseppe Verdi.
16, 19, 23, 27, 30 dicembre 1953; 9, 16 gennaio 1954.

p. 100 | Herbert Von Karajan conducting *Don Giovanni* of Wolfgang Amadeus Mozart.
12, 15, 20, 22 December 1953.

pp. 102-103 | Giulio Neri (Ferrando), Maria Callas (Leonora), Conductor Nicola Rucci, Giacomo Lauri Volpi (Manrico) and Paolo Silveri (Il Conte di Luna). *Il trovatore* of Giuseppe Verdi.
16, 19, 23, 27, 30 December 1953; 9, 16 January 1954.

Ghiringhelli, l'Opera di Roma già Costanzi si doveva distinguere in particolare per la quantità e contiguità delle opere nuove commissionate e rappresentate.

Durante la guerra le stagioni liriche romane continuarono con il repertorio recente, più pucciniano e mascagnano che rossiniano e verdiano (wagneriano no, ché il nemico era tale anche sul palcoscenico). Furono ascoltati con interesse Musorgskij e Charpentier, il fluviale Mascagni diede la *Lodoletta* e con essa la quinta *première* capitolina (con 21 chiamate finali), da Montecarlo e Bologna venne la nuova Rondine di Puccini e direttamente da New York venne anche, di Puccini, il trittico (autore presente e successo completo). Ma era l'11 gennaio 1919 e la guerra era finita, e anzi nel 1920 anche il melodramma celebrò il cinquantenario della "breccia di Porta Pia". La stagione 1920/21 iniziò con il recuperato Wagner di *Tristano e Isotta* e continuò con l'ennesima novità di Mascagni, *Il piccolo Marat* (tutto esaurito, prezzi alle stelle). La stagione 1921/22 comprese 18 opere, fra cui la nuovissima *Isabella Orsini* di Renato Brogi.

lost. In brief, during the new century, while La Scala stood out in the third and sixth decade, thanks first to Toscanini and then to Ghiringhelli, the Opera in Rome, formerly the Costanzi, needed to distinguish itself through the quantity and contiguity of the new operas it commissioned and produced.

During the war, the opera seasons in Rome continued with the recent repertoire, more Puccini and Mascagni and less Rossini and Verdi (Wagner, no, since Germany was the enemy on the stage as well). Mussorgsky and Charpentier were listened to with interest, the copious Mascagni put on *Lodoletta* and with it his fifth Roman premiere (with twenty-one curtain calls), Puccini's *Rondine* came from Montecarlo and Bologna and his trilogy (with the composer present and a total success) came straight from New York. But it was 11 January 1919 and the war was over, and opera even celebrated the fiftieth anniversary of the "Capture of Rome" in 1920. The 1920/21 season opened with Wagner's rehabilitated Tristan und Isolde and continued with the umpteenth new opera by Mascagni, *Il piccolo Marat* (sold out, prices through the roof). The 1921/22 season counted eighteen operas, including Renato Brogi's hot-off-the-press *Isabella Orsini*.

Comincia il ventennio

Il 1922 segna anche l'avvento del Fascismo (verrebbe da dire il sinistro avvento, ma non è il caso), con ovvie conseguenze anche sulle attività musicali del paese e della capitale in particolare. Alla luce del sole, difatti, il Costanzi divenne Reale Teatro dell'Opera e cominciò a fare seria concorrenza alla Scala. Nell'ombra degli uffici e delle scartoffie di tutt'Italia (nelle camere appunto) capitò invece che grazie all'amichevole mediazione dei gerarchi molte canterine mezze cartucce facessero quella carriera che a cantori anche valenti era negata per oneste ragioni ideologiche.

Il 22 dicembre 1923 il Costanzi aprì con il *Sigfrido* di Wagner, dove la direzione eccellente di Otto Klemperer suscitò il problema se le opere tedesche andassero affidate a maestri di là o di qua dalle Alpi; e prevalse, obbiettivamente, la prima opinione. Nuove alcune opere

The Twenty Years of Fascism Begin

1922 also marked the advent of the fascist period (one might say the ominous advent, but there is no need), with obvious consequences for music in Italy and the capital in particular. The Costanzi became the Reale Teatro dell'Opera and was on its way to becoming serious competition for La Scala. Whereas, behind the scenes in the offices and other bureaucratic spaces all over Italy (which is to say the chambers), the friendly mediation of fascist party leaders ensured that many feeble warblers enjoyed the kind of career that even gifted singers were denied for honest ideological reasons.

On 22 December 1923, the Costanzi opened with Wagner's *Siegfried*, the superlative conducting of Otto Klemperer raising the issue of whether German operas should be conducted by maestros from this or that side of the Alps; the latter opinion, objectively, prevailed.

italiane, come *La Grazia* di Vincenzo Michetti e *I Compagnacci* di Primo Riccitelli, ma quando visitarono Roma Giorgio VI ed Elisabetta d'Inghilterra, allora fu bene mettere in scena il sempreverde *Barbiere di Siviglia* di Rossini. Gran bell'idea quella dell'apertura 1923/24: fu scelta l'antica, augusta, neoclassica *Vestale* di Spontini, seguita da parecchie opere di repertorio e ancora una volta qualche novità (come la coraggiosa *Anna Karenina* di Igino Robbiani).

Tre i fatti speciali del periodo: la chiusura di quasi sei mesi per via di orchestrali che non erano mai paghi degli onorari; il progetto, da parte di Marcello Piacentini, di un faraonico Teatro Massimo, una sorta di altro Colosseo poi mai realizzato; la commemorazione di Puccini, morto a Bruxelles il 29 novembre del 1924, mediante la prima e ultima opera sua, *Le villi* e *Gianni Schicchi* (*Turandot* era incompiuta, ma arrivò, completata da Franco Alfano, il 29 aprile del 1926 quattro giorni dopo la prima scaligera). Ben più che speciale un altro fatto: il Costanzi cantava e suonava egregiamente, ma altrettanto facilmente s'indebitava e non poteva più restare proprietà esclusiva della STIn con l'impresa della Carelli. Dunque? Lo comperasse il Governatorato, alla buon ora, e diventasse, restaurato ad arte, un nuovo, vero e grande Teatro Nazionale. Emma versò tutte le amare lacrime di Iris e di Floria, ma il 1° ottobre 1926 i giochi erano fatti.

Il governatore di Roma principe Ludovico Spada Potenziani assunse la presidenza della STIn, nel giro di nove mesi si riuscì a restaurare il teatro (migliorando l'acustica della sala, abbellendo le sale d'accesso e intrattenimento, trasformando molti locali, soprattutto spostando l'entrata da via del teatro a via del Viminale), il nuovo teatro fu retto dalla STRO (Società del Teatro Reale dell'Opera), si ingaggiò l'impresa Scotto-Consoli. La stagione 1928 fu pronta e partì il 27 febbraio con il sempre maestoso *Nerone* di Boito, proseguendo con novità e repertorio, premiando il giovane soprano Claudia Muzio che tornava dall'America onusta di gloria e la non giovane *étoile* Anna Pavlova alla fine di una *tournée* italiana, purtroppo anche piangendo la povera Carelli vittima di un fatale incidente automobilistico.

There were a few new Italian operas, including Vincenzo Michetti's *La Grazia* and Primo Riccitelli's *I Compagnacci*, but when George VI and Elizabeth of England visited Rome, it was deemed opportune to stage Rossini's timeless *Barber of Seville*. The idea for the 1923/24 opening was brilliant: Spontini's old, august Neoclassical *Vestale*, followed by lots of operas from the repertoire as well as a few new ones (like Igino Robbiani's bold *Anna Karenina*).

This period was marked by three notable episodes: the theatre was closed for nearly six months because the orchestra players had not been paid; Marcello Piacentini presented his design for a magnificent Teatro Massimo, like a new Colosseum, which was never built; Puccini, who had died in Brussels on 29 November 1924, was commemorated with his first and last operas, *Le villi* and *Gianni Schicchi* (*Turandot* was incomplete, but it arrived, finished by Franco Alfano, on 29 April 1926, four days after its La Scala premiere). But then, while the Costanzi sang and played music beautifully, it just as easily built-up debt, and it could no longer remain the exclusive property of STIn with Carelli's company. And so? The governorship bought it, finally, and, especially renovated, it became a new, true, great National Theatre. Emma spilt all the bitter tears of Iris and Floria combined, but on 1 October 1926 it was a done deal.

The governor of Rome, the prince Ludovico Spada Potenziani, became head of STIN and, in the span of nine months, the theatre was renovated (acoustics in the auditorium improved, the entry and space designated for entertainment beautified and many of the rooms transformed, in particular the entrance moved from via del Teatro to via del Viminale), the new theatre was supported by STRO (Royal Opera House Company) and Scotto-Consoli was brought on board. The 1928 season was ready and kicked off on 27 February with Boito's unfailingly majestic *Nerone*, continuing with new and repertory operas, rewarding the young soprano Claudia Muzio, who was returning from America bathed in glory, and the no-longer young star Anna Pavlova, at the end of an Italian tour, unfortunately also mourning the loss of Carelli, who had died in a car accident.

Fasti di novità

Gli anni Trenta, almeno tre quarti, furono generosi con il Reale (Regio fosse quello di Torino, quello di Parma), generosi e omogenei: i programmi comprendevano opere di repertorio in vecchi allestimenti, opere di repertorio in nuovi allestimenti, opere nuove per Roma, opere nuovissime ovvero prime assolute. Di Rossini, Bellini e Donizetti restavano soprattutto *Il barbiere di Siviglia*, *La sonnambula* e *L'elisir d'amore*. Verdi e Wagner si confermavano, l'uno con la trilogia popolare e la "trilogia" ultima ma anche con *Macbeth*, l'altro con le opere comprese fra *Lohengrin* e *L'anello del Nibelungo*. La Giovane Scuola spopolava mentre i maestri dell'Ottanta, ormai cinquantenni e passa, erano Malipiero, Pizzetti, Respighi, Casella, con Alfano, Zandonai, Montemezzi. Altri italiani furono Giuseppe Mulè, Felice Lattuada, Adriano Lualdi, Riccardo Pick-Mangiagalli, Ermanno Wolf Ferrari, Mario Persico, Franco Casavola, Franco Vittadini, Lodovico Rocca. Tra gli stranieri, ecco Honegger, Rimskij-Korsakov, Dukas, Strauss, Musorgskij con il *Boris Godunov* di Fëdor Šaljapin, Berg con il *Wozzeck* di Tito Gobbi, Mozart e Beethoven.

Nel 1932 *La donna serpente* di Casella sollevò critiche e nel 1934 *La fiamma* di Respighi consensi, nello stesso 1934 *La favola del figlio cambiato* di Malipiero dispiacque anche se il testo era di Pirandello e la *Cecilia* di Licinio Refice ebbe successo, nel 1937 la *Ginevra degli Almieri* di Peragallo passò tranquilla. Direttori e concertatori: Gino Marinuzzi, Antonio Guarnieri, Gabriele Santini, Tullio Serafin, a volte gli autori stessi. Registi (ante litteram): Giovacchino Forzano e Lothar Wallerstein. Scenografi: Nicola Benois era il più tradizionale! Cantanti? Tutti i maggiori, spesso in compagnie affiatate che facevano miracoli. Sorprese? La *Lucrezia Borgia* di Donizetti riesumata e sublimata da Gigli; o anche *Il barbiere di Siviglia* che il giovane ma già armatissimo Fedele D'Amico trovò maltrattato, con recitativi mezzo inventati, ritmi rallentati, scollamenti fra voci e orchestra.

Glorious New Operas

The 1930s, at least three-quarters of them, were generous to the Reale (Regio, another term for "royal", in Turin and Parma), generous and filled with harmony: the programmes included repertory operas with sets old and new, new operas for Rome and world premieres. Rossini, Bellini and Donizetti continued to be represented most of all by the *Barber of Seville*, *La sonnambula* and *L'elisir d'amore*. Verdi and Wagner were upheld, the former with the popular trilogy and the last "trilogy" but also *Macbeth*; the latter with *Lohengrin* and the *Ring* cycle. The Young School was drawing crowds, while the masters of the 1880s, by now in their fifties and beyond, were Malipiero, Pizzetti, Respighi and Casella, and Alfano, Zandonai and Montemezzi. Other Italians included Giuseppe Mulè, Felice Lattuada, Adriano Lualdi, Riccardo Pick-Mangiagalli, Ermanno Wolf-Ferrari, Mario Persico, Franco Casavola, Franco Vittadini and Lodovico Rocca. Among the non-Italians, we find Honegger, Rimsky-Korsakov, Dukas, Strauss and Mussorgsky with Fëdor Šaljapin's *Boris Godunov*, Berg with Tito Gobbi's *Wozzeck*, Mozart and Beethoven.

In 1932, Casella's *La donna serpente* was criticised, in 1934, Respighi's *La fiamma*, applauded. Malipiero's *La favola del figlio cambiato*, also in 1934, was a disappointment, even though the libretto was by Pirandello, and Licinio Refice's *Cecilia* was a success. In 1937, Peragallo's *Ginevra degli Almieri* was well received. Conductors and rehearsal conductors: Gino Marinuzzi, Antonio Guarnieri, Gabriele Santini, Tullio Serafin, sometimes the composers themselves. Directors (before their time): Giovacchino Forzano and Lothar Wallerstein. Set designers: Nicola Benois was the most traditional! Singers? All the biggest names, often in ensembles that worked miracles. Surprises? Donizetti's *Lucrezia Borgia* resurrected and elevated by Gigli and even the *Barber of Seville*, which the young but already extremely well-armed Fedele D'Amico found mistreated, with half-invented recitatives, checked rhythms and disconnects between voices and orchestra.

A fianco della musica, i provvedimenti: nel 1929 la STRO licenzia l'impresa e poco dopo il Governatorato di Roma licenzia la STRO diventando padrone del teatro; nel 1936, più in generale, si disciplinano i teatri come enti lirici e si nominano dei sovrintendenti a Genova, Milano, Firenze, Palermo, Verona e Roma, qui il vice-governatore marchese Francesco Dentice d'Accadia, senza direttori ma con consulenti artistici (spesso direttori concertatori); nel 1936/37 il cartellone squaderna ben 27 opere e due balletti; nel 1937 si aprono al Reale le vastissime Terme di Caracalla, che presto passeranno a ospitare ventimila spettatori (intanto l'Accademia di Santa Cecilia, come si sa, sfrutta la basilica di Massenzio). Mentre poi si istituiscono una scuola di canto e un reparto scenografico, si registra qualche lutto: nella primavera dello stesso 1936 muoiono in Roma, a distanza di poche settimane, Ottorino Respighi e Claudia Muzio, lui a 57 e lei a 47 anni, lui bolognese e lei pavese, entrambi molti attivi e ammirati a Roma.

Nella stagione 1940/41 il Reale ricordò il 40° anniversario della morte di Verdi con quattro opere e nel 1942 il 150° anniversario della nascita di Rossini con cinque opere fra cui *La gazza ladra*, mai rappresentata a Roma. Si tennero anche degli scambi con l'alleata Germania, il Teatro di Berlino a Roma e quello di Roma a Berlino (pure bombardata) con opere delle rispettive tradizioni. Fondamentale il 1942, quando il già Costanzi diventa Ente Autonomo del Teatro Reale dell'Opera, sovrintendente il già commissario marchese. In pieno *tempore belli* le stagioni continuano, fra l'altro con la nuova *Beatrice Cenci* di Guido Pannain e la vecchissima *Incoronazione di Poppea* di Monteverdi; e se quella 1943/44 comprende venti opere e dieci balletti, la 1944/45 scema di poco con diciassette opere e sette balletti. La compromessa amministrazione del teatro è sciolta e ne nasce un'altra che cambia i nomi ma non le cariche né le funzioni. Muore Mascagni,

p. 106 | *Medea* di Luigi Cherubini.
Fedora Barbieri (Neris) e Maria Callas (Medea).
22, 25, 27, 30 gennaio 1955.

Alongside the music, a slew of decisive actions. In 1929, STRO dismissed Scotto-Consoli and shortly after the governorship dismissed STRO, taking full control of the theatre. In 1936, more generally, the theatres became opera institutions and general directors were appointed in Genoa, Milan, Florence, Palermo, Verona and Rome. In the latter, it was the deputy governor and marchese Francesco Dentice di Accadia, without directors but rather artistic consultants (often director conductors). In 1936/37, the programme included twenty-seven operas and two ballets. In 1937, the Reale began staging operas at the immense Terme di Caracalla, which soon came to host twenty thousand spectators (in the meantime, the Accademia di Santa Cecilia was of course using the Basilica of Maxentius). A voice school and set department were founded. But there were also deaths: in the spring of 1936, Ottorino Respighi and Claudia Muzio died just weeks apart; he, fifty-seven and from Bologna, she forty-seven and from Pavia, both very active and well-loved in Rome.

For the 1940/41 season, the Reale commemorated the fortieth anniversary of the death of Verdi with four operas and, in 1942, the 150th anniversary of the birth of Rossini with five, including *La gazza ladra*, a first for Rome. There were also exchanges with allied Germany, the Berlin opera house in Rome and the Rome opera house in (bombarded) Berlin, with operas from their respective traditions. 1942 was a decisive year, when the former Costanzi became a self-governing body of the Teatro Reale dell'Opera, the commissioner marchese becoming general manager. At the height of war, the seasons continued, with, among others, Guido Pannain's new *Beatrice Cenci* and Monteverdi's ancient *Incoronazione di Poppea*. And while the 1943/1944 season counted twenty operas and ten ballets, the 1944/45 season had nearly as many, with seventeen operas and seven ballets. The compromised theatre administration was dissolved and a new one formed with new names but all the same posts and roles.

p. 106 | *Medea* of Luigi Cherubini.
Fedora Barbieri (Neris) and Maria Callas (Medea).
22, 25, 27, 30 January 1955.

proprio a Roma nel 1945, e ai funerali, se le nuove autorità latitano, la gente comune partecipa e lamenta. Finiti regime e guerra, la faticosa corsa alla ricostruzione premerà anche il pedale del melodramma.

Chi fe' quelle pitture?

È dal 14 gennaio 1900 al Costanzi, nella *Tosca* di Puccini, che lo chiede l'astuto Scarpia al terrorizzato Sagrestano. Mille e poi mille altre volte un baritono l'ha chiesto a un basso nella fortunatissima cronaca dell'opera, ma a Roma la domanda poteva anche smettere di essere una finzione teatrale, perché il suo teatro esaltava la prassi della scenografia ricorrendo a grandi pittori e temendo la sola concorrenza del Maggio Musicale. Il festival fiorentino nasce nel 1931, con legittime ambizioni d'arte e d'intelletto, e lo stesso fa Roma negli anni Trenta, grazie al giusto progetto di dare respiro nazionale e oltre al teatro della capitale. La regia, si sa, è fenomeno abbastanza recente, ben fiorito a metà Novecento, ma la scenografia, volere o volare, è vecchia, cioè bella come l'opera in musica stessa.

Quasi coetaneo del Costanzi è il romano Duilio Cambellotti (1876-1960), che nel 1928 accompagna il Costanzi nella real metamorfosi con il massiccio, tetro, petroso *Nerone* di Boito e tornerà con il *Dafni* di Mulè, la *Cassandra* di Gnecchi, il *Macbeth* di Verdi. Poi tocca all'allievo Enrico Prampolini che gli premuore: ma il grande futurista nato a Modena nel 1984 e mancato a Roma nel 1956 all'Opera ha lasciato segni indelebili dal 1930 al 1953, fra l'altro con *I capricci di Callot* di Malipiero e una scena tutta storta, come terremotata, ma provvidamente vuota nel mezzo per lo svolgimento del soggetto. Molto lavora anche il romano Cipriano Efisio Oppo (1891-1962), che alterna il repertorio ottocentesco

p. 109 | Renata Tebaldi in *Tosca* di Giacomo Puccini.
19, 22, 26, 29 aprile; 10 maggio 1956.

Mascagni died, in Rome, in 1945, and, although the new authorities were absent from the funeral, ordinary people came and mourned. When the regime and war ended, the arduous race for reconstruction included opera.

Who painted this portrait?

The shrewd Scarpia has been asking that question of the terrorised Sacristan in Puccini's *Tosca* since its premiere at the Costanzi on 14 January 1900. A baritone has asked it of a bass thousands upon thousands of times, in the wildly successful history of the opera, but in Rome the question could have also been more than theatrical fiction, since its theatre elevated the quality of its sets, turning to great painters and fearing competition from only the Maggio Musicale. The Florentine festival had been founded in 1931 with legitimate artistic and intellectual ambitions, and Rome did the same in the 1930s, thanks to an opportune plan for giving national and international breadth to the capital's theatre. Directing is of course a fairly recent phenomenon and blossomed in the mid twentieth century, but set design, like it or not, is old, that is to say beautiful as the work in music itself.

Born just a few years before the Costanzi was founded, the Roman artist Duilio Cambellotti (1876-1960) contributed to the Theatre's metamorphosis, designing the sets for its 1928 production of Boito's ponderous, bleak, stony *Nerone*, then returning for Mulè's *Dafni*, Gnecchi's *Cassandra* and Verdi's *Macbeth*. Next came his student, Enrico Prampolini, who predeceased him (born in Modena in 1884; died in Rome in 1956): but the great futurist left his indelible mark on the opera house between 1930 and 1953, one example being his design for Malipiero's *I capricci di Callot*, with a crooked set, as if there had been an earthquake, but providently left empty where the action was to take place. The Roman Cipriano Efisio Oppo (1891–

p. 109 | Renata Tebaldi in *Tosca* of Giacomo Puccini.
19, 22, 26, 29 April; 10 May 1956.

con le grandi novità del quarto decennio del secolo: *La donna serpente* di Casella immerge le figure in una ridda di ansiosi segni ricurvi con tante stelline che sembrano ricordare la natura fiabesca dell'opera; e la dannunziana *Nave* di Montemezzi lascia grandeggiare minacciosa la nera imbarcazione, quasi un aereo pronto al decollo con lunghi remi affilati come spade. Intanto il russo Nicola Benois (1901-1988) punteggia l'attività scaligera con tradizionali allestimenti romani: nella *Lucia di Lammermoor* di Donizetti il salone è tutto un lampadario, *Il re* di Giordano gronda di morbidi tendaggi, *Il crepuscolo degli dei* di Wagner è quanto mai arcaico tra legno e ferro, *La fiamma* di Respighi è un miracoloso mosaico di ravennate verosimiglianza.

Meno lavorano per Roma Felice Casorati, Giorgio De Chirico, Primo Conti, Giacomo Manzù, Emilio Greco, Corrado Cagli, che comunque firmano, rispettivamente, l'*Ecuba* di Malipiero, *Le sacre du printemps* di Stravinskij (quanti fiori, e un teschio che spunta), il *Parsifal* di Wagner, l'*Oedipus rex* di Stravinskij, *Il matrimonio segreto* di Cimarosa, il *Bacco e Arianna* di Roussel. Romano, Giorgio Quaroni (1911-1987) schizza un *Pelléas et Mélisande* con poco cielo, senza luna, con un corso d'acqua che potrebbe sembrare una strada, e l'altrettanto romano Veniero Colasanti (1910-1996) osa disegnare una *Turandot* addirittura povera. Evviva Renato Guttuso, siciliano del 1911 scomparso a Roma nel 1987 che per un quindicennio ha fatto regolari comparse con Stravinskij, Bizet, Rota: formidabile il *Pulcinella* di Igor con le due classiche stradine e molte casette dai tetti addirittura volanti. Niente repertorio per il romano Toti Scialoja (1914-1998), ma il ballettistico *Hungarica* di Bartók è bianco sopra e nero sotto, dal bianco facendo scendere righe sottili a mo' di innocenti tentacoli. Rari, infine, gli abboccamenti di Gianfranco Baruchello, Arnaldo Pomodoro, Ugo Nespolo e Jean-

1962) also did a lot of work at the Theatre, alternating the nineteenth-century repertoire with the great new operas of the 1930s: Casella's *La donna serpente* immersed the performers in a whirl of agitated curved symbols and endless small stars, conjuring the fairy-tale nature of the opera, while Montemezzi's *La nave* (based on D'Annunzio's play) featured a towering, threatening black ship, almost like an aeroplane ready for take-off, with long, sword-like oars. In the meantime, the Russian Nicola Benois (1901–1988) was punctuating the La Scala productions with traditional Roman sets: for Donizetti's *Lucia di Lammermoor*, the hall was like a huge chandelier; Giordano's Il re was streaming with soft curtains; Wagner's Götterdämmerung was achingly archaic, all wood and iron; Respighi's La fiamma was like a wondrous Ravenna mosaic.

Felice Casorati, Giorgio De Chirico, Primo Conti, Giacomo Manzù, Emilio Greco and Corrado Cagli did not work as frequently for the Rome opera, although they did design the sets for Malipiero's *Ecuba*, Stravinsky's *Le sacre du printemps* (so many flowers, and a skull that popped out), Wagner's *Parsifal*, Stravinsky's *Oedipus rex*, Cimarosa's *Il matrimonio segreto* and Roussel's *Bacco e Arianna*. The Roman Giorgio Quaroni (1911-1987) dreamed up a *Pelléas et Mélisande* with hardly any sky, no moon at all and a river that looked like a street and the also Roman Veniero Colasanti (1910-1996) dared to conceive a spare *Turandot*. Long live Renato Guttuso, born in Sicily in 1911, died in Rome in 1987, who made regular appearances over a period of fifteen years, designing for operas by Stravinsky, Bizet and Rota: his sets for Igor's *Pulcinella* were formidable, with the two classic roads and little houses with flying roofs. Nothing from the repertoire for the Roman Toti Scialoja (1914-1998), but his set for Bartók's ballet-like *Hungarica* was white above and black below, with slender, tentacle-like lines coming down from the white. Lastly, the contributions of Gianfranco Baruchello, Arnaldo Pomodoro,

p. 110 | Giangiacomo Guelfi è Lazaro di Roio ne *La figlia di Iorio* di Ildebrando Pizzetti.
2, 7, 8, 12 maggio 1956.

p. 110 | Giangiacomo Guelfi as Lazaro di Roio in *La figlia di Iorio* of Ildebrando Pizzetti.
2, 7, 8, 12 May 1956.

Pierre Ponnelle: ma belli, rispettivamente, Il coccodrillo di Bucchi, la *Semiramide* di Rossini, il *Don Quichotte* di Massenet, il *Boulevard Solitude* di Henze.

Ugo Nespolo and Jean-Pierre Ponnelle were rare, but their work on Bucchi's *Il coccodrillo*, Rossini's Semiramide, Massenet's *Don Quichotte* and Henze's *Boulevard Solitude* was exquisite.

Quasi un trentennio

È la modernità, per così dire, che parte alla fine della guerra e può durare una trentennio per trasformarsi in una comoda postmodernità: questa con pari dignità con gli altri teatri italiani, quella con dignità sempre notevole ma ancora diversa. Intanto si cominciano a disciplinare sempre meglio le funzioni e le responsabilità. Dal 1934 era stato direttore artistico Tullio Serafin, che nel 1944 fu sostituito da Oliviero De Fabritiis a sua volta sostituito, nel 1946, da Gabriele Santini. Ma in un real teatro che perdeva l'aggettivo gli smaliziati direttori d'orchestra dovevano rimanere tali, le cariche organizzative passando ad altri. Nello stesso 1946 sovrintendente fu Agostino D'Adamo, che diede impulso alle scuole di canto e ballo, agli allestimenti, alla stampa. Nel 1948, un anno dopo che Adriano Belli ebbe fondato quel Teatro lirico sperimentale di Spoleto che con il corso di canto lirico tanto avrebbe alimentato le compagnie dell'Opera, la sovrintendenza passò a Paolo Salvucci e poco dopo a Costantino Parisi, coadiuvato alla direzione artistica da Guido Sampaoli con il suo interesse per le *tournée* e il balletto (leggi in particolare Aurelio Milloss). Così trascorsero gli anni Cinquanta; agitati i primi anni Sessanta, fino a che, nel 1963, non assunsero la sovrintendenza e la direzione due romani, Ennio Palmitessa (1927-1992) e Massimo Bogianckino (1922-2009). Fu un periodo di bei melodrammi "riesumati" e di buone opere nuove, pepato da ottimi registi e confermato dalla successiva direzione artistica di Mario Zafred da Trieste (1922-1987).

Almost Thirty Years

It was modernity, so to speak, that set off at the end of the war and kept going for about thirty years before transforming into a convenient post-modernity: the latter with dignity equal to that of the other Italian theatres; the former with dignity just as considerable, but still different. Meanwhile, roles and responsibilities were becoming increasingly organised. Tullio Serafin had been artistic director since 1934; he was replaced in 1944 by Oliviero De Fabritiis, who was in turn replaced in 1946 by Gabriele Santini. But at a royal theatre that was losing the adjective, the experienced conductors needed to remain in their posts and the organisational positions needed to pass to others. In 1946, the general manager was Agostino D'Adamo, who gave a boost to the voice and dance schools, sets and press relations. In 1948, a year after Adriano Belli founded the Teatro Lirico Sperimentale of Spoleto, the opera voice course of which provided the Opera di Roma with so many singers, general management of the theatre passed to Paolo Salvucci, who was replaced shortly after by Costantino Parisi, with the support of the artistic direction of Guido Sampaoli, who had a keen interest in tours and ballet (read, in particular: Aurelio Milloss). Thus went the 1950s. The early 1960s were troubled, a situation remedied by the arrival of two Romans as general manager and director, respectively Ennio Palmitessa (1927-1992) and Massimo Bogianckino (1922-2009): it was a period of glorious "revivals" and good new operas, peppered with excellent directors, and continued under the artistic direction of the Trieste-born Mario Zafred (1922-1987).

p. 113 | Maria Callas in *Norma* di Vincenzo Bellini, Atto I. 2 gennaio 1958.

p. 113 | Maria Callas in *Norma* of Vincenzo Bellini, Act I. 2 January 1958.

Ecco, di un abbondante trentennio compreso fra il 1945 e il 1978 un prospetto numerico. L'Opera presentò un'opera nuova di ben 59 compositori, per nuova intendendo un'opera mai rappresentata perché appena composta o mai rappresentata a Roma. Sono 27 gli autori presenti con due novità e otto quelli presenti con tre. Singolare il quattro, per il vecchio Alfano e il nuovo Hindemith. Corposo il cinque, da Bellini (autore, si sa, di sole dieci opere) a Menotti. Singolare anche la coppia sei-sette: sei opere del vecchissimo (ma imperituro) Mozart e sette dell'indimenticato Mascagni. Nove le opere di Pizzetti, non giovane ma sempre operoso. Dieci quelle di Donizetti e di Puccini, il che significa un settimo di Gaetano e quasi tutto Giacomo. Pari i due poli del Classicismo italiano e del Romanticismo tedesco: undici i titoli tanto di Rossini quanto di Wagner. Prevedibilmente vittorioso Verdi, onnipresente con 22 opere ovvero due terzi dell'intero catalogo. Impossibile citare tutto e tanto: bastino la prima assoluta del *Wallenstein* di Zafred, *Le nozze di Figaro* con la regia di Visconti, la *Alzira* di Verdi finalmente tratta dall'oblio, la *Maria Stuarda* di Donizetti con De Lullo e Caballé, *Il prigioniero* di Dallapiccola con la regia di Squarzina, il remoto *Otello* di Rossini avvalorato da Sandro Sequi e Giorgio De Chirico.

Negli anni Sessanta l'orchestra e il coro dell'Opera di Roma parteciparono anche a parecchie registrazioni discografiche (in prevalenza Columbia-EMI): il *Don Carlo* di Santini è il primo inciso e fa pompa di Christoff; *La traviata* di Serafin si ingentilisce con la De los Ángeles; l'*Aida* di Solti brilla con le voci di Price e Vickers (Decca); l'*Andrea Chénier* di Santini si fonda su Corelli e Stella; *La bohème* di Schippers esibisce la giovane Freni; *Il trovatore* di Schippers saluta una Simionato in fine di carriera. Ma non era una grossa novità, perché già prima e durante la guerra erano nati i primi casi di *Tosca*, *Ballo in maschera* e *Aida* con la premiata ditta Caniglia-Gigli. Parecchio anche dal vivo, fino a quella *Norma* del 1958 dove la Cerquetti subentrò a una Callas indisposta

Here is a look at the long thirty years between 1945 and 1978 in numbers: The Opera di Roma produced new works by no fewer than fifty-nine composers, new meaning either one that had just been written or one that had never been performed in Rome. Twenty-seven of the composers had two operas; eight had three. Two were on the programme with four: the old Alfano and the new Hindemith. Five by Bellini (who, as we know, only wrote ten operas) and Menotti. Six by the very old (but evergreen) Mozart; seven by the unforgotten Mascagni. Nine of the operas were by the no longer young, but always productive Pizzetti. Ten each by Donizetti and Puccini, meaning a tenth of those written by Gaetano and almost all the ones by Giacomo. The two poles of Italian classicism and German romanticism were perfectly balanced: eleven operas by Rossini and eleven by Wagner. Verdi was the predictable winner, omnipresent with twenty-two operas, two-thirds of his entire catalogue. It would be impossible to cite everything, there was so much: it shall be enough to note the world premiere of Zafred's *Wallenstein*, *The Marriage of Figaro* directed by Visconti, Verdi's *Alzira*, finally rescued from oblivion, Donizetti's *Maria Stuarda* with De Lullo and Caballé, Dallapiccola's *Il prigioniero* directed by Squarzina and Rossini's fading *Otello*, invigorated by Sandro Sequi and Giorgio De Chirico.

In the 1960s, the orchestra and choir of the Opera di Roma also made countless recordings (mostly Columbia-EMI): Santini's *Don Carlo* was the first cut and flaunted Christoff; Serafin's *La traviata* was refined by De los Ángeles; Solti's *Aida* shone with the voices of Price and Vickers (Decca); Santini's *Andrea Chénier* rested on Corelli and Stella; Schippers' *La bohème* showed off the young Freni and his *Il trovatore* honoured Simionato at the end of her career. But this was not really new, since *Tosca*, *Ballo in maschera* and *Aida* had already been recorded by the award-winning team Caniglia and Gigli in the period before and during the war. A great many were also recorded live, up to the 1958 production of *Norma*, when Cerquetti took over for an indisposed Callas (with an af-

(con strascichi in tribunale): non alla prima recita, che s'interruppe irritando gente della melomania e presidente della repubblica (2 gennaio) bensì alla seconda (4 gennaio).

Pari opportunità

Nel dicembre del 1977 l'Opera rappresenta il *Tancredi* di Rossini, e grazie prima di tutti a Marilyn Horne, poi a Margherita Rinaldi, Renzo Casellato, Gabriele Ferro e Filippo Sanjust coglie un grande successo, a suo modo iniziando il mondo dell'opera al Rossini dimenticato (chiamalo minore!) e fungendo da nobile prolegomeno all'imminente Rossini Opera Festival di Pesaro (1980). Il fatto è che dal 1976 alla sovrintendenza dell'Opera siede Luca di Schiena e alla direzione artistica Gioachino Lanza Tomasi: senza nulla togliere agli anni precedenti, per il teatro si prepara una limpida e lustra serie di stagioni che s'appannerà nei primi anni Novanta e poi si riprenderà, man mano mantenendosi alla stessa quota dignitosa dei maggiori teatri italiani in una sorta di comunanza operativa. Fra i nomi dei responsabili successivi, alla sovrintendenza si ricordano Roman Vlad (1919-2013) nel periodo 1980-1982, Giampaolo Cresci (1930-1999) nel 1991-1993, Giorgio Vidusso (1926-2016) nel 1994-1996, Francesco Ernani (1937) nel 1999-2009, e alla direzione artistica Giancarlo Menotti (1911-2007) nel 1992/93 e Mauro Trombetta (1951) nel 2004-2008.

Nei lunghi decenni che precedono l'avvento di Riccardo Muti alla direzione musicale e di Carlo Fuortes alla sovrintendenza, il Teatro dell'Opera non può non assistere a un fenomeno di generale interesse per la lirica mondiale. Si tratta di un ricambio generazionale che a cantanti di grande valore fa succedere nomi spesso di effimera presenza, quindi poca notorietà, e a registi-scenografi di vario orientamento tradizionale sostituisce nomi di ambizioni, come dire? avanguardistiche, varie anch'esse sul piano dei risultati. A fianco, il livello della direzione d'orchestra (maestri principali Bartoletti, Ferro, Oren,

termath that played out in court): not the first performance, which was interrupted to the irritation of music lovers and the prime minister (2 January), but the second (4 January).

Equal Opportunity

In December 1977, Rossini's *Tancredi* opened at the Opera di Roma and, thanks first and foremost to Marilyn Horne, but also Margherita Rinaldi, Renzo Casellato, Gabriele Ferro and Filippo Sanjust, it was a huge success, introducing the opera world to a forgotten Rossini (call him a minor composer!) and serving as a worthy prelude to the imminent Rossini Opera Festival in Pesaro (1980). Luca Di Schiena and Gioacchino Lanza Tomasi had been, respectively general manager and artistic director at the Opera di Roma since 1976: without detracting anything from the previous years, the theatre was preparing for a glittering, lustrous series of seasons that would dim in the early 1990s but then recover, keeping itself at the same dignified level as the other great Italian theatres in a kind of operational commonality. Standing out among the subsequent general managers, we find Roman Vlad (1980-1982), Giampaolo Cresci (1991-1993), Giorgio Vidusso (1994-1996) and Francesco Ernani (1999-2009) and, among the artistic directors, Giancarlo Menotti (1992/93) and Mauro Trombetta (2004-2008).

In the long decades preceding the arrival of Riccardo Muti as music director and Carlo Fuortes as general manager, the Teatro dell'Opera was bound to be part of a phenomenon of general interest for the opera world. Namely, there was a generational shift that saw great singers succeeded by fleeting names of little fame and director/set designers with varied traditional orientations replaced by figures with, how shall we put it, avant-garde ambitions, these, too, varied, in terms of results. Whereas the level of orchestra conducting (the principal maestros were Bartoletti, Ferro, Oren, Sinopoli and

Sinopoli, Gelmetti) e di coro rimane invece notevole e costante (Conca, Parodi, Vero, Seminara, Gabbiani, Lazzari presente più volte nel giro di trent'anni). Costante anche la girandola dei titoli, che ben poco gira verso il barocco-classico e verso il contemporaneo: onnipresente Puccini, specie quello di *Tosca* (sarà l'orgoglio della prima assoluta), ma latitanti un Monteverdi, un Händel, un Pergolesi come un Berio, un Manzoni, un Bussotti.

Bastino alcuni casi ordinati in decenni. Dagli anni Ottanta: nella stagione 1980/81 cantano la *Manon* di Massenet Kabaivanska e Kraus, con la regia di Fassini, e *I due Foscari* di Verdi Bergonzi e Bruson con De Lullo regista (nemmeno un'edizione discografica poteva tanto); nel 1982-1983-1984 la *Semiramide* di Rossini e *La battaglia di Legnano* di Verdi s'avvalgono della regia di Guicciardini e Pizzi, direttore sempre Ferro; nel 1985/86 desta gran sorpresa il *Démophoon* di Cherubini con l'anziano Taddei e l'eterna Caballé con la regia di Ronconi; nel 1986/87 spicca un verdiano *Macbeth* cui dà forte impronta Pressburger; nel 1989/90 compare un'opera del Novecento, *Il principe felice* di Mannino, direttore l'autore e regista Sandro Sequi; e tra l'80 e l'89 anni nascono ben tre prime di Ferrero, *Marilyn*, *Salvatore Giuliano* e *Charlotte Corday*.

Chissà se il 1990/91 possa ritenersi uno spartiacque. I "tre tenori" spopolano, forse perché, similari di repertorio e *battage*, Carreras, Domingo e Pavarotti sono diversi di personalità; ma la *Tosca* di Oren e Bolognini che ancora allinea Kabaivanska, Pavarotti e Wixell sembra proprio l'ultima propaggine di una virtù canora che ha fatto storia. Dagli anni Novanta: *La bohème* e l'*Aida* di Zeffirelli, il Macbeth di Brockhaus, il Simon Boccanegra di Puecher, un'altra Aida firmata da Bolognini. Dai primi anni Duemila: dopo la *Semiramide* di Rossini diretta da Gelmetti e inscenata da Pizzi, nel 2005 *La fille du régiment* di Donizetti diretta da Campanella e inscenata da Crivelli comincia davvero a

Gelmetti) and choir directing remained noteworthy and constant (Conca, Parodi, Vero, Seminara, Gabbiani, Lazzari appeared multiple times over a thirty-year period). The roster of titles was also constant, with little attention to the classical/Baroque or the contemporary: Puccini was omnipresent, especially *Tosca* (perhaps out of pride over the world premiere), but Monteverdi, Händel, Pergolesi, as well as Berio, Manzoni and Bussotti were fugitive.

A few examples, ordered by decade, shall suffice. From the 1980s: during the 1980/81 season, Kabaivanska and Kraus sang Massenet's *Manon*, directed by Fassini, and Bergonzi and Bruson sang Verdi's *I due Foscari*, directed by De Lullo (not even a recording could have achieved so much); in 1982-1983-1984, Rossini's *Semiramide* and Verdi's *La battaglia di Legnano* were directed by Guicciardini and Pizzi, with Ferro conducting; in 1985/86, Cherubini's *Démophoon* was a huge surprise, with an old Taddei and the eternal Caballé, directed by Ronconi; in 1986/87, the production of Verdi's *Macbeth* bore Pressburger's distinctive mark; in 1989/90 a twentieth-century opera was on the programme, Mannino's *Il principe felice*, directed by the writer and director Sandro Sequi; and between 1980 and 1989, the theatre premiered no fewer than three operas by Ferrero: *Marilyn*, *Salvatore Giuliano* and *Charlotte Corday*.

The 1990/91 season could possibly be considered a watershed. The "three tenors" drew crowds, perhaps because, while similar in terms of repertoire and hype, Carreras, Domingo and Pavarotti had such different personalities. But Oren and Bolognini's *Tosca*, sung by Kabaivanska, Pavarotti and Wixell, seems to have been the latest progeny of a history-making faculty for singing. From the 1990s: Zeffirelli's La bohème and Aida, Brockhaus's Macbeth, Puecher's *Simon Boccanegra* and another *Aida*, this time directed by Bolognini. From the early aughts: after Rossini's *Semiramide* conducted by Gelmetti and with sets by Pizzi, the 2005 production of Donizetti's *La fille du régiment*, conducted by Campanella and with sets by

p. 116 | Tito Gobbi (Il Cantastorie) ed Elena Rizzieri (Mariuccia) ne *Il Tesoro* di Jacopo Napoli.
26 febbraio; 2, 7 marzo 1958.

p. 116 | Tito Gobbi (Il Cantastorie) and Elena Rizzieri (Mariuccia) in *Il Tesoro* of Jacopo Napoli.
26 February; 2, 7 March 1958.

chiudere un'epoca, bisognosa per certi aspetti della disciplina musicale di Muti e per altri della disciplina operativa di Fuortes. Intanto, nel 2002 si è aperto l'immenso e quanto mai polivalente Parco della Musica.

Caracalla e Pantanella

Per atterrare, prima di finire un volo lungo e invadente il terzo millennio, ecco alcune *news* su due "spettacoli" d'opera che meritano le virgolette: le Terme di Caracalla e l'ex-pastificio Pantanella, da intendersi come sinceri aiutanti del Teatro dell'Opera. Nel 1993 la legge Ronchey chiude l'accesso dell'Opera alle Terme di Caracalla (aperte fin dal 1937), nella maniera clamorosa che si deve sempre a quel formidabile scenario. Perché? Perché la lavorazione e lo svolgimento delle recite mancano di rispetto a un edificio che per quanto, alla lettera, rovinato dall'*en plein air*, risale al III secolo e va salvaguardato come un luogo museale. Per la musica, l'opera, la gente, i turisti così fatti tristi la quarantena termina nel 2001 con una soluzione logistica che sposta il palcoscenico dalla cornice monumentale stessa ma lascia intatta la spettacolarità dell'assieme.

Più o meno negli stessi anni della prima apertura delle terme il Reale Teatro, avvertendo la necessità di ulteriori spazi di servizio, cominciò a servirsi dell'ex-pastificio Pantanella di via dei Cerchi, nel pieno centro di Roma di fronte al tempio di Vesta, vicino a S. Maria in Cosmedin, addirittura sopra i resti del Mitreo del Circo Massimo. Volto a custodire scenografia e costumistica, l'edificio industriale dell'architetto Clemente Busiri Vici conta un piano-terra, tre piani, un terrazzo come altro piano: nell'uno c'è la falegnameria, con tavoli di lavoro, attrezzi, legname, statue e mascheroni in vetroresina, modelli in polistirolo, una apposita coloreria per le stoffe; negli altri si conservano i circa 60.000 costumi che hanno fatto la storia del teatro e sono oggi autentici materiali da mostra; dall'ultimo, ben sopraelevato sugli edifici circostanti, si

Crivelli, seemed to mark the end of an age, the opera house now in need, in some respects, of Muti's musical discipline and Fuortes's managerial skill. In the meantime, the vast, astonishingly multipurpose Parco della Musica opened in 2002.

Caracalla and Pantanella

Before concluding this long flight stretching to the third millennium, a mention of two opera "spectacles" that merit their scare quotes: the Terme di Caracalla and the old Pantanella pasta factory, each in their own way helpers of the Teatro dell'Opera. In 1993, the Ronchey law cut off the Opera di Roma's access to the Terme di Caracalla (open since 1937), with all the sensationalism proper to that formidable site. Why? Because the performances were disrespectful of a building that although, literally, ruined by *en plein air*, dated to the third century and needed to be protected as a museum space. The quarantine ended for the music, opera, despondent opera lovers and tourists in 2001, thanks to a logistical solution that moved the stage away from the monumental frame while maintaining the spectacular overall effect.

More or less during the same period as the first performance at the Terme, the Reale Teatro, in need of more workshop and storage space, began to use the old Pantanella pasta factory in via dei Cerchi, right in the middle of Rome, opposite the Temple of Vesta, near S. Maria in Cosmedin and literally on top of the ruins of the Mithraeum of the Circus Maximus. Used for storing sets and costumes, the industrial building designed by Clemente Busiri Vici comprises four floors and a terrace. The carpentry shop is on the ground floor, filled with worktables, equipment, wood, fibreglass statues and masks, polystyrene models and a space for dying fabric. The other floors are home to 60,000 costumes that tell the story of the theatre and are now exhibition material. From the terrace, far above the surrounding buildings, one can admire the Eternal City

ammira la città eterna, in particolare sul Circo Massimo e verso il Palatino.

with stunning views of the Circus Maximus and towards the Palatine Hill.

Muti concerta e dirige

Dal 2009 al 2014 il direttore principale dell'Opera è Riccardo Muti (1941), che oltre a curare l'orchestra e il coro con la consueta dedizione sarà un abile "suggeritore" di alcune scelte repertoriali e interpretative. Ecco alcuni casi, soprattutto numerici (e comprensivi dell'estate a Caracalla), di quelle feconde stagioni appena segnate da una certa polemica nel '12 (con l'Accademia di Santa Cecilia) e una risoluta rinuncia finale. Otto opere per una cinquantina di recite si registrano nel 2008, con un solo nuovo allestimento e ben sei coproduzioni intelligenti e lungimiranti (come l'*Amica* di Mascagni con Montecarlo e *Der Rosenkavalier* di Strauss con Tolosa): in apertura la *Tosca* di Puccini per la regia di Zeffirelli e in chiusura l'*Otello* di Verdi per la direzione di Muti in arrivo da Salisburgo (bel "pretesto" per evocare e poi trattenere a Roma il maestro).

Sarà *Aida* ad avviare il 2009, direttore Oren e regista Bob Wilson, prima di sette opere per 53 recite: *Le grand macabre* di Ligeti spetta a Peskó, allestimento della Fura dels Baus; e dall'artistico cappello a quattro punte di Muti sorte la benvenuta *Iphigénie en Aulide* di Gluck (le altre punte sono, notoriamente, Mozart, Bellini e Verdi oltre alla scuola napoletana in genere). A lato dell'Opera, il recuperato Teatro Nazionale mette in scena quattro opere nuove di Peter Greenaway, Luca Lombardi, Michael Berkeley e Wolfgang Rihm: buona idea, questa di coltivare il contemporaneo nell'ambito di un progetto preciso e di dedicargli uno spazio a sé, non tradizionalmente deputato. Nel 2011 di "Roma capitale" l'Opera dà otto opere per 49 recite, impegna Muti nel prediletto *Nabucco* e nella concittadina *Battaglia di Legano* (Argentina, 1849), mette in scena *A View from the Bridge* di William Bolcom (il libretto

Muti Plans and Conducts

From 2009 to 2014, Riccardo Muti (1941) was the principal conductor of the Opera di Roma, not only leading the orchestra and choir with his customary dedication but also weighing in as an able "prompter" on repertorial and interpretative matters. Here are a few cases, numeric most of all (and including summer at the Terme di Caracalla), of the fruitful seasons only barely marked by a certain polemic in 2012 (with the Accademia di Santa Cecilia) and a resolute final renunciation. Eight operas and about fifty performances in 2008, with just one new set and no fewer than six smart, visionary co-productions (including Mascagni's *Amica* with Montecarlo and Strauss's *Der Rosenkavalier* with Tolouse): the season opened with Puccini's *Tosca*, directed by Zeffirelli, and closed with Verdi's *Otello* conducted by Muti, who was coming from Salzburg (an excellent "pretext" for bringing the maestro to Rome and then keeping him there).

2009 opened with *Aida*, conducted by Oren and directed by Bob Wilson, the first of seven operas and fifty-three performances: Ligeti's *Le grand macabre* was conducted by Peskó and staged by Fura dels Baus, while Muti conducted the welcome *Iphigénie en Aulide* by one of his four signature composers, Gluck (the other three were, famously, Mozart, Bellini and Verdi, besides the Neapolitan school in general). Next to the Opera, the revived Teatro Nazionale staged new works by Peter Greenaway, Luca Lombardi, Michael Berkeley and Wolfgang Rihm: it was a good idea, that of cultivating the contemporary in the framework of a specific project and giving it a space of its own, itself a rarity. In 2011, the year it was decided to form "Roma capitale", the Opera di Roma produced eight operas, with forty-nine performances, engaging Muti in the beloved Nabucco and its fellow *Battaglia di Legnano* (Argentina, 1849), and staging William Bolcom's *A View from the*

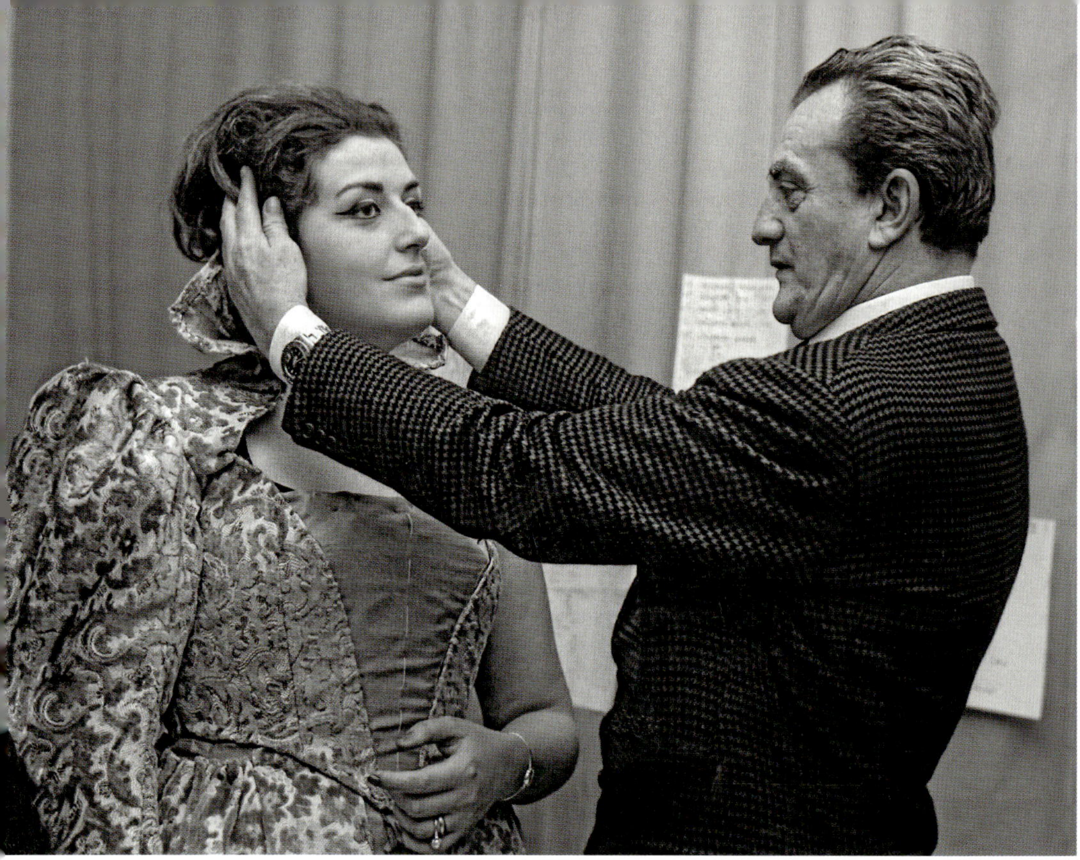

di Arnold Weinstein non fa che adattare l'omonimo dramma di Arthur Miller, lo stesso *Sguardo dal ponte* di Rossellini inscenato nel 1961).

Dunque il contratto con l'Opera prevede due opere e due concerti all'anno, e così sarà grazie soprattutto all'altra, alla principale punta del repertorio rappresentata in città, spesso nelle occasioni inaugurali, e portata in *tournée* di successo a San Pietroburgo, Salisburgo e a Tokyo: sette in tutto le opere di Verdi, dalle prime alle ultime con un ritorno a casa dei *Due Foscari* (Argentina, 1844). Ma non manca la puntata rossiniana di *Moïse et Pharaon*, né la bella sorpresa di *Manon Lescaut* (essendo Puccini un autore poco mutiano). Nominato direttore onorario a vita nel 2011, alla fine deluso da alcune frange, come dire? burocratiche dell'esperienza, dopo cinque anni Muti lascia il teatro con la soddisfazione, fra l'altro, di avervi portato la Chicago

Bridge (the libretto by Arnold Weinstein was an adaptation of the play by the same name by Arthur Miller, the same *Sguardo dal ponte* by Rossellini staged in 1961).

His contract with the Opera stipulated two operas and two concerts per year, and so it was thanks most of all to the glory of the city's repertoire, Verdi's operas, often brought out for openings and paraded in successful tours in St Petersburg, Salzburg and Tokyo: seven operas by Verdi in all, from the first to the last, and the homecoming of *Due Foscari* (Argentina, 1844). But there was also Rossini's *Moïse et Pharaon* and, for a lovely surprise, Puccini's *Manon Lescaut* (Puccini not having been one of Muti's preferred composers). Named honorary conductor for life in 2011, in the end disillusioned by a few, how shall we put it, bureaucratic embellishments of the experience, Muti left the theatre after five years with the satisfaction, among other things, of having brought the Chicago Symphony Orchestra to Rome in April 2012.

Symphony Orchestra nell'aprile del 2012.

Piccola appendice a tanto impegno verdiano, ecco i manifesti essenziali, quasi elementari che Mimmo Paladino ha disegnato per l'*Attila* del 2011/12 e l'Ernani del 2013/14. L'uno, su fondo rosso, mostra una faccia di profilo e una freccia che significherà quanto meno l'aggressività del barbaro. E l'altro ha un profilo similare a destra e a sinistra lo stesso capovolto, forse per dare l'idea di un nobile spagnolo costretto a fare il bandito, e comunque su fondo bianco getta una pennellata verde sopra e una pennellata rossa sotto. Non sarà il coro «Si ridesti il leon di Castiglia» che già allora alludeva alla riscossa d'Italia?

As a small appendix to so much Verdi, we should note the spare, almost elementary posters that Mimmo Paladino designed for the production of *Attila* in 2011/12 and that of *Ernani* in 2013/14. The former, on a red ground, depicted a face in profile and an arrow representing the barbarian's aggressiveness. The latter had a similar face in profile on the right and, on the left, the same profile but upside down, perhaps to express the idea of a noble Spaniard forced to become a bandit, but whatever the case, Paladino completed the image with a green brushstroke above and a red brushstroke below, against a white background. Was it not the chorus "Si ridesti il leon di Castiglia" (Let the Lion of Castille reawaken!) that was alluding, already at that time, to the redemption of Italy?

Fuortes concerta e provvede

Son due i crepuscoli del giorno, dice Wagner: l'alba e il tramonto, il sorgere e il declinare del sole (e sono aspetti poetici e musicali alla stessa maniera). Il secondo crepuscolo di Riccardo Muti coincide con il primo crepuscolo di Carlo Fuortes. Romano del 1959, Fuortes approda al lido dell'Opera dai mari dell'Auditorium Parco della Musica, delle Scuderie del Quirinale e del Palazzo delle Esposizioni, dove ha operato come manager ed economista culturale. Economista, davvero quanto occorreva a sanare la lunghissima piaga del teatro (come, peraltro, di tutti i teatri lirici del paese): il cosiddetto debito strutturale, ovverosia quell'accumulo di debiti che ogni amministrazione attribuisce all'amministrazione precedente e alla fine, senza troppo parere, spesso alimenta da par suo.

Donde il quadrifoglio del pensiero e dell'azione di Fuortes: controllare i conti e quindi puntare al pareggio di bilancio (merce rara, di cui si favella ancora a proposito di Federico II di Prussia, bravo e "bachiano" flautista); poi aumentare la produzione e praticare la coproduzione, per ragioni tanto d'arte quanto, ed è giusto, di soldo; quindi confidare nel teatro di

Fuortes Plans and Provides

As observed by Wagner, there are two liminal moments during the day: dawn and dusk, the rising and setting of the sun (and they are poetic and musical aspects in the same way). Riccardo Muti's dusk coincided with Carlo Fuortes's dawn. Born in Rome in 1959, Fuortes landed on the Opera's shores from the seas of the Auditorium Parco della Musica, the Scuderie del Quirinale and the Palazzo delle Esposizioni, where he served as manager and cultural economist. And an economist was just what was needed to cure the theatre's long-standing plague (suffered, for that matter, by all of Italy's opera houses): "structural debt", which is to say the accumulation of debts that every administration attributes to the one before it and in the end, without much counsel, often increases itself.

Whence Fuortes's four-point thinking and plan: monitor the accounts and aim towards breaking even (a rare commodity, much like Frederick II of Prussia, who was incidentally also a fine and "Bachian" flautist); then, increase production and favour co-production, as much for art as money; next, trust in director's opera, the kind that interprets the spirit of the melodrama rather than rendering it literally (a free, double-edged phenomenon, as much a harbinger of good as of

p. 120 | Carlo Maria Giulini, direttore, Franco Zeffirelli, regia, coreografia, scene e costumi per *Falstaff* di Giuseppe Verdi.
26, 29 dicembre 1963; 2, 5, 11 gennaio 1964.

p. 121 | *Otello, ossia il moro di Venezia* di Gioachino Rossini: Giorgio De Chirico (scene e costumi) davanti ad un sipario dell'allestimento.
12, 15, 17, 20 dicembre 1964.

p. 122 | *Don Carlo* di Giuseppe Verdi: Mirella Parutto (La Principessa d'Eboli) insieme al regista Luchino Visconti (regia, scene e costumi).
20, 24, 28 novembre; 1, 4, 7 dicembre 1965.

pp. 124-125 | *I Due Foscari* di Giuseppe Verdi. Direttore Daniel Oren, regia di Giorgio De Lullo, scene e costumi di Pier Luigi Pizzi.
Renato Bruson è Francesco Foscari.
2, 7, 10, 13, 16, 20 dicembre 1980.

p. 120 | Carlo Maria Giulini, conductor, and Franco Zeffirelli, direction, choreography, sets and costumes for *Falstaff* of Giuseppe Verdi.
26, 29 December 1963; 2, 5, 11 January 1964.

p. 121 | *Otello, ossia il moro di Venezia* of Gioachino Rossini: Giorgio De Chirico (sets and costumes) in front of a stage curtain.
12, 15, 17, 20 December 1964.

p. 122 | *Don Carlo* of Giuseppe Verdi: Mirella Parutto (La Principessa d'Eboli) with the director Luchino Visconti (direction, sets and costumes).
20, 24, 28 November; 1, 4, 7 December 1965.

pp. 124-125 | *I Due Foscari* of Giuseppe Verdi. Conductor Daniel Oren, direction by Giorgio De Lullo, sets and costumes by Pier Luigi Pizzi.
Renato Bruson as Francesco Foscari.
2, 7, 10, 13, 16, 20 December 1980.

pp. 126-127 | *Manon* di Jules Massenet. Direttore Daniel Oren, regia di Alberto Fassini, scene e costumi di Pier Luigi Samaritani.
Alfredo Kraus (Le Chevalier de Grieux) e Raina Kabaivanska (Manon).
26, 29 aprile; 3, 6, 9, 17, 19, 22 maggio 1981.

p. 130 | June Anderson in *Semiramide* di Gioachino Rossini. Direttore Gabriele Ferro, scene e costumi di Arnaldo Pomodoro.
27, 30 novembre; 2, 4, 7, 10, 12, 15, dicembre 1982.

p. 131 | *Démophoon* di Luigi Cherubini: Montserrat Caballé è Dircé. Direttore Gianluigi Gelmetti, regia di Luigi Ronconi.
10, 14, 17, 19, 21, 23 novembre 1985.

pp. 126-127 | *Manon* of Jules Massenet. Conductor Daniel Oren, direction by Alberto Fassini, sets and costumes by Pier Luigi Samaritani.
Alfredo Kraus (Le Chevalier de Grieux) and Raina Kabaivanska (Manon).
26, 29 April; 3, 6, 9, 17, 19, 22 May 1981.

p. 130 | June Anderson in *Semiramide* of Gioachino Rossini. Conductor Gabriele Ferro, sets and costumes by Arnaldo Pomodoro.
27, 30 November; 2, 4, 7, 10, 12, 15, December 1982.

p. 131 | *Démophoon* of Luigi Cherubini: Montserrat Caballé as Dircé. Conductor Gianluigi Gelmetti, direction by Luigi Ronconi.
10, 14, 17, 19, 21, 23 November 1985.

regia, quel teatro, anche operistico, che interpreta il melodramma non alla lettera ma secondo lo spirito (fenomeno libero, ancipite, foriero tanto di beni quanto di mali a seconda del tasso di gusto e cultura del regista stesso); infine sviluppare la comunicazione, cioè non solo fare e dire ma anche riferire con sapienza, immediatezza, originalità e perché no? simpatia (donde l'impegno di un artista come Gianluigi Toccafondo) dai manifesti ai programmi di sala non senza il sempre più necessario sito internet. Corollario a tutto ciò è stata forse la creazione della "fabbrica" *Young Artist Program*, un vero laboratorio, un luogo dove si lavora, dove lavorano coloro che investono l'inclinazione, la passione, l'ambizione della loro gioventù e dal piccolo capitale contano di ricevere i giusti interessi diventando cantanti, registi, scenografi, costumisti, insomma teatranti di valore e a vario titolo.

Nell'articolato organigramma del Teatro, non può non spiccare il nome del romano Alessio Vlad (1955), direttore artistico di grande cognome, bravura ed esperienza fin dal 2010: può illustrare il suo lavoro, in piena comunione d'intenti con Fuortes, l'occhiata alle ultime stagioni che segue, appena condita da qualche nome (nomi ricorrenti sono il soprano Jessica Pratt, il tenore John Osborne, i maestri López Cobos, Conlon, Gatti e Roberto Abbado). Nel 2014/15 Denis Krief ha firmato la *Rusalka* di Dvořák e Willy Decker il *Werther* di Massenet (protagonista Meli), mentre *Lucia di Lammermoor* s'è avvalsa di un progetto di Ronconi e *Le nozze di Figaro* dell'inossidabile regia di Strehler (scene di Frigerio, costumi di Squarciapino). Fra i 45 spettacoli del 2015/16, balletti e tanto d'altro, vanno menzionati i quattro che seguono con i loro registi: il *Benvenuto Cellini* di Berlioz e Terry Gilliam; la *Linda di Chamounix* di Donizetti ed Emilio Sagi; il *Dido and Aeneas* di Purcell e Sasha Waltz, con personaggi divaricati ciascuno fra un cantante e un ballerino (o più); *Un ballo in maschera* di Verdi e Leo Muscato. Quattro anche nel 2016/17: il complesso *Tristan und Isolde* di Wagner e Pierre Audi; la nobile *Maria Stuarda* di Donizetti e De Rosa; l'originale *Andrea Chénier* di Giordano e Bellocchio; il vecchio *Fra Diavolo* di Auber e la

bad, depending on the director's level of taste and culture); finally, develop communication, which is to say go beyond doing and saying to also report, with skill, immediacy, originality and, why not, charm (whence the selection of an artist like Gianluigi Toccafondo), from the posters to the programme and the increasingly crucial website. The corollary of all of this was perhaps the creation of the Young Artist Program, a place for young people to invest all their talent, passion and ambition, receiving a good return on that investment, becoming singers, directors, set designers, costume designers – in short, first-class theatre professionals of various stripe.

In the Theatre's complex organisation chart, the name Alessio Vlad (1955) cannot help but stand out: a Roman with a lofty surname, he has been bringing his immense skill and abundant experience to his role as artistic director since 2010. His work at the theatre, in perfect harmony with Fuortes's aims, is well-illustrated by the most recent seasons he has overseen, lightly embellished with a few special names (among the recurrent ones we find the soprano Jessica Pratt, the tenor John Osborne and the conductors López Cobos, Conlon, Gatti and Roberto Abbado). For the 2014/15 season, Denis Krief directed Dvořák's *Rusalka* and Willy Decker directed Massenet's *Werther* (with Meli as the lead), while *Lucia di Lammermoor* was directed by Ronconi and *Le nozze di Figaro* by the timeless Strehler (sets by Frigerio, costumes by Squarciapino). Out of the 2015/16 season's forty-five performances, ballets and (much) more, the following four productions are in need of mention: Berlioz's *Benvenuto Cellini* directed by Terry Gilliam; Donizetti's *Linda di Chamounix* directed by Emilio Sagi; Purcell's *Dido and Aeneas* directed by Sasha Waltz, with dancing singers and singing dancers, and Verdi's *Un ballo in maschera* directed by Leo Muscato. And four from the 2016/17 season, as well: Wagner's complex *Tristan und Isolde* directed by Pierre Audi; Donizetti's noble *Maria Stuarda* directed by De Rosa; Giordano's original *Andrea Chénier* directed by Bellocchio and Auber's old *Fra Diavolo* freshly seen through the eyes of director

nuova visione di Barberio Corsetti («quell'uom dal fiero aspetto» avrà ingentilito la sua faccia da paura?). Idem nel 2017/18: *La damnation de Faust* di Berlioz è diventata quella di Damiano Michieletto, con mille critiche e polemiche; *I masnadieri* di Verdi hanno sentito la buona mano scenica di Massimo Popolizio; il *Billy Budd* di Britten ha coinvolto Deborah Warner e *La sonnambula* di Bellini ha richiamato Barberio Corsetti, protagoniste sul palcoscenico la Pratt e in buca Speranza Scappucci.

Costanzi anno centoquaranta

Tredici opere e sei balletti ha annunciato la stagione 2018/19, di cui nove e tre in nuovo allestimento. Ha aperto in dicembre *Rigoletto*, esattamente inquadrato dal direttore principale Daniele Gatti con la regia di Daniele Abbado; tra dicembre e gennaio riecco la vetusta e magnifica *Tosca* di Hohenstein appositamente ricostruita; a gennaio altro *evergreen* è stato *La traviata* con i costumi di Valentino. A seguire, molto ben accolta nel febbraio, una donizettiana *Anna Bolena* lunga, integrale, godibile nella sua articolazione drammaturgica, condotta in porto dalla dedizione di Riccardo Frizza concertatore, di Roberto Gabbiani maestro del coro, di Andrea De Rosa regista semplice, asciutto, sempre capace di far tesoro della tanta prosa praticata. Due soprani, come all'epoca, e cioè Maria Agresta e Carmela Remigio; e in mezzo a loro un interprete di classe come Alex Esposito nei panni di Enrico, un malvagio certo più volpino che leonino. A Vincenzo Grisostomi Travaglini, sensibile recensore della stagione sul mensile «L'Opera», lo spettacolo di Luigi Ferrigno sembrava ispirato a Le Corbusier, con qualche elemento, addirittura, alla Rembrandt.

Marzo ha portato *Orfeo ed Euridice*, in saggia coproduzione con Champs Élysées, Versailles e l'Opera Canadese. Robert Carsen ha reso la scabra drammaticità di Gluck come un rifiuto di ogni cortigianeria e decorativismo (il che è più giusto in musica che non in scena)

Barberio Corsetti (has "that man with a savage appearance" civilised his terrifying face?). And again for 2017/18: Berlioz's *La damnation de Faust* in an interpretation by Damiano Michieletto that garnered endless criticism and controversy; Verdi's *I masnadieri* benefited from the theatrical expertise of Massimo Popolizio; Britten's *Billy Budd* was taken on by Deborah Warner and Bellini's *La sonnambula* was brought back Barberio Corsetti, with Pratt as lead soprano and Speranza Scappucci conducting.

Costanzi at 140

Thirteen operas and six ballets for the 2018/19 season, nine and three of which, respectively, new productions. It opened in December with *Rigoletto*, defined with precision by the principal conductor Daniele Gatti, with Daniele Abbado as director; between December and January, the *Tosca* with sets and costumes by Hohenstein made its return, specially reconstructed, and the month of January also welcomed another timeless opera, *La traviata* with costumes by Valentino. This was followed by a far better received production of Donizetti's *Anna Bolena*, long, complete and enjoyable and seen through thanks to the dedication of conductor Riccardo Frizza, chorus master Roberto Gabbiani and director Andrea De Rosa, the latter working in a simple, lean vein and always able to build on such a wealth of prose. Two sopranos, as back in the day, and so Maria Agresta and Carmela Remigio. And between them, the world class Alex Esposito as Enrico, a more fox-like than leonine villain. In his sensitive review of the season in *L'Opera*, Vincenzo Grisostomi Travaglini wrote that Luigi Ferrigno's set seemed to have been inspired by Le Corbusier, with a few nods to Rembrandt.

March brought *Orfeo ed Euridice* in a well-advised co-production with the Champs Élysées, Versailles and the Canadian Opera. Robert Carsen rendered the stringent dramatic force of Gluck as a rejection of everything courtly and

pp. 132-133 | Cecilia Bartoli (Rosina) e Angelo Romero (Figaro) ne *Il barbiere di Siviglia* di Gioachino Rossini. 27, 29, 31 maggio 1987. Berlino, Städtische Oper: 9, 10 giugno 1987.

pp. 136-137 | *I tre Tenori*: José Carreras, Placido Domingo e Luciano Pavarotti. Direttore Zubin Metha. 7 luglio 1990. Terme di Caracalla.

pp. 132-133 | Cecilia Bartoli (Rosina) and Angelo Romero (Figaro) in *Il barbiere di Siviglia* of Gioachino Rossini. 27, 29, 31 May 1987. Berlin, St.dtische Oper: 9, 10 J une 1987.

pp. 136-137 | *I tre Tenori*: Jos. Carreras, Placido Domingo and Luciano Pavarotti. Conductor Zubin Metha. 7 July 1990. Terme di Caracalla.

e con l'allestimento di Tobias Hoheisel ha costruito uno spettacolo scuro, brullo, quasi lavico, su cui ha immesso personaggi neri, in abiti moderni e magari incravattati. Dirigendo Gianluca Capuano, Orfeo era Carlo Vistoli, un controtenore di buona musicalità e altrettanta solerzia vocale, secondo una prassi odierna di rendere il canto da castrato allora voluto da Gluck per il contralto Gaetano Guadagni. Ma la soluzione è impossibile, e se il consueto contralto femminile non fa figura come personaggio, il nuovo controtenore non può non faticare un bel po' come cantante.

Die lustige Witwe? Una sbrigativa *Vedova allegra* ha voluto Michieletto come titolo dello spettacolo andato in scena ad aprile con la ridda di elementi e riferimenti a lui sempre cara. Dove il Pontevedro non è il fantomatico paese dell'Est musicato da Lehár ma, come si legge a caratteri cubitali sul fondo, una modesta *Pontevedro Bank* degli anni Cinquanta, il cui direttore (non ambasciatore) si serve di un impiegato (non sfaccendato) per conquistare una vedova (finalmente) e il suo indiscutibile patrimonio. In evidente sodalizio con il regista, firmavano le scene Paolo Fantin e i costumi Carla Teti. Divertimento assicurato, cantanti tutti foresti anzi tedeschi e ben affiatati sotto la bacchetta di Constantin Trinks.

Troppo raramente rappresentato, il disperato *Angelo di fuoco* di Prokofiev è comparso in maggio con la regia di Emma Dante, che ha dato seguito al suo precetto di un teatro ipersimbolico sospeso tra cristianesimo e paganesimo. L'opera, non per nulla sempre vietata da Stalin & Company, si presta perfettamente, e se nell'orgia delle suore la visione della Dante si cala bene, nell'immagine finale della trafittissima Madonna dei Sette Dolori che trafigge l'Angelo demoniaco l'espediente sembra più cervellotico che espressionistico. La Dante è poi tornata in giugno con una strana *Cenerentola* di Rossini, dichiaratamente ispirata al fumetto Dark Horse Comics e al Pop Surrealismo: sta di fatto che certi personaggi sono anch'essi, come dire? trafitti, da una grossa chiave sulla schiena ovviamente caricata come un giocattolo; fittissima poi la rete di allusioni,

ornamental (something more suited to the music than the sets) and, with Tobias Hoheisel's stage design, created a dark, bleak, almost lava production, populated by black-clad performers dressed in modern, perhaps formal clothing. In *Orfeo*, Gianluca Capuano conducted Carlo Vistoli, a countertenor possessed of strong musicality and equal vocal zeal, following a modern practice for approximating the castrato voice Gluck sought in the contralto Gaetano Guadagni. But this is impossible to achieve, and while the customary female contralto falls short as a character, the new countertenor cannot help but struggle quite a lot as a singer.

Die lustige Witwe? Michieletto's wanted a brisk *Merry Widow* for the production staged in April with the whirl of elements and references he famously favours. Where Pontevedro is not the mysterious city in the East set to music by Lehár but, as we read in big block letters in the background, a modest *Pontevedro Bank* from the 1950s, the director (not ambassador) of which uses an employee (not a layabout) to win over a widow (finally) and her undeniable wealth. Working in clear fellowship with the director, the sets were by Paolo Fantin and the costumes Carla Teti. Entertainment guaranteed, singers all from abroad, indeed German, and well conducted by Constantin Trinks.

Far too rarely staged, Prokofiev's desperate *Fiery Angel* appeared in May, directed by Emma Dante, in a production reflective of her precept of hyper-symbolic theatre suspended between Christianity and paganism. The opera, for obvious reasons always banned by Stalin & Company, is perfectly suited to her approach, and while Dante's vision works well in the frenzy of the nuns, in the final image of the wounded Madonna of the Seven Sorrows piercing the demonic Angel, the device seems more harebrained than expressionistic. Dante returned in June with a strange production of Rossini's *Cenerentola*, openly inspired by Dark Horse Comics and Pop Surrealism. Here, the characters are also, how should we put it, pierced, this time by a large key stuck into their backs like a wind-up toy. The network of allusions is extremely dense and not easy to interpret. An ex-

certo non facilmente interpretabili. Buono il cast: Teresa Jervolino, Maxim Mironov, Vito Priante e Carlo Lepore hanno cantato senza negligere un grammo del libretto di Jacopo Ferretti, diretti da un violinista come Stefano Montanari capace di mettersi a tastare il fortepiano nei tanti recitativi. Romanissima l'opera, che nacque al Valle nel 1817 e al Costanzi-Opera è comparsa numerose volte fino al 1916 di questo eccentrico spettacolo.

Per finire l'anno 2019 e la stagione 2018/19, ecco in settembre il *Don Giovanni* di Mozart, con la regia di Graham Vick, secondo tassello della trilogia dapontiana retrograda (nel senso che è cominciata dal *Così fan tutte* del 1790 e terminerà con *Le nozze di Figaro* del 1786). Ancora Mozart in novembre con il mai abbastanza esaltato *Idomeneo, re di Creta*, diretto da Michele Mariotti che esordisce in città e guidato dall'esperto tenore rossiniano Charles Workman nell'allestimento fiammante di Robert Carsen. Per finire sul serio e per il momento, ecco le attese novità assolute: *Waiting for the Sibyl* di William Kentridge, secondo tassello di un dittico con *Work in Progress* di Alexander Calder (risalente al 1968), e *Un romano a Marte* di Giuliano Compagno librettista e Vittorio Montaldi musicista, l'opera vincitrice del concorso 2013/14 del Teatro. E poi si ricomincerà, secondo «la solita storia del pastore» (come canta *L'Arlesiana* di Cilea), la gloriosa storia di un grosso gregge detto melodramma a volte costretto, come in queste pagine che finiscono, a lasciar sacrificare fratelli di teatro come ballo, sinfonica e prosa.

Due soli i codicilli alla vecchia fine prima del nuovo inizio: i premi "Abbiati" di fresca vittoria e l'urbanissima *tournée* al Circo Massimo. Questa, vissuta durante la mala stagione dell'anno Covid-19, ha richiamato a sé i riflettori di mezzo mondo aprendo la scena del *Rigoletto* di Verdi su quello spazio immenso: strenuo il lavoro delle maestranze e delle masse, esemplare la lettura del direttore Daniele Gatti, nuovissima la visione del regista Damiano Michieletto che dagli spunti dell'opera ha tratto un godibilissimo spettacolo a sé.

Intanto giungevano puntuali i premi, anno dopo anno durante la sovrintendenza Fuortes (per eventi a volte già citati): *The Bassarids* di Henze come miglior spettacolo (2015), il *Benvenuto Cellini*

cellent cast: Teresa Jervolino, Maxim Mironov, Vito Priante and Carlo Lepore sang without neglecting so much as a smidgen of Jacopo Ferretti's libretto, conducted by the violinist Stefano Montanari, who also took a seat at the fortepiano during the production's countless recitatives. A profoundly Roman opera, which premiered at the Valle in 1817 and was staged numerous times at the Costanzi-Opera up to this eccentric production in 2019.

Winding down 2019 and the 2018/19 season, we find Mozart's *Don Giovanni* directed by Graham Vick, the second in the Da Ponte trilogy (which began with *Così fan tutte* in 1790 and ended with *The Marriage of Figaro* in 1786). Mozart was back in November, with the always under-appreciated *Idomeneo, re di Creta*, in a new production by Robert Carsen, conducted by Michele Mariotti, in his Rome debut and starring the expert Rossinian tenor Charles Workman. To finish in earnest, if only for the moment, these are the eagerly awaited new productions: William Kentridge's *Waiting for the Sibyl*, the pendant to Alexander Calder's *Work in Progress* (dating to 1968), and Vittorio Montaldi's *Un romano a Marte*, winner of the theatre's competition in 2013/14, with a libretto by Giuliano Compagno. And then we shall recommence, in keeping with the "usual tale of the shepherd" (as sung in Cilea's *L'Arlesiana*), the glorious story of a vast herd known as melodrama, which is at times forced, as in these pages as they draw to a close, to sacrifice its theatre siblings: dance, symphony and prose.

Just two codicils to the old ending before the new beginning: the latest Abbiati Prizes and the utterly Roman tour at the Circus Maximus. The latter, which took place during the Covid-19 pandemic season, turned the spotlight on itself, presenting no less than Verdi's *Rigoletto* in that immense space: the work of the employees and masses was tireless, the interpretation by the conductor Daniele Gatti exemplary, the vision of the director Damiano Michieletto entirely new, drawing on the opera's cues to create a highly enjoyable show.

In the meantime, the prizes streamed in, year after year during Fuortes's general managership (including for productions already cited above): Best Production for Henze's *The Bassarids* (2015),

di Berlioz per il miglior cantante che era il tenore John Osborne in un contesto premiato per "scene, costumi, luci e video" (2016), *La damnation de Faust* di Berlioz come miglior spettacolo (2017), il *Billy Budd* di Britten per la miglior regia di Deborah Warner (2018), l'*Idomeneo, re di Creta* di Mozart e l'*Orfeo ed Euridice* di Gluck per la miglior regia di Robert Carsen (2019).

Il Teatro dell'Opera e la sfida della contemporaneità

Negli ultimi anni il Teatro dell'Opera di Roma ha intrapreso un percorso di rinnovamento progressivo, rafforzando il profilo artistico e ridefinendo il proprio ruolo nella vita culturale della capitale e nel panorama internazionale. Un cammino segnato da una costante tensione fra tradizione e innovazione, che ha trovato un primo impulso sotto la guida di Carlo Fuortes e ha conosciuto un momento di svolta nel dicembre 2021, con l'arrivo di Francesco Giambrone alla Sovrintendenza. Da allora, l'Istituzione ha sviluppato una visione più ampia e inclusiva, fondata sull'eccellenza artistica, sull'apertura ai nuovi linguaggi della scena contemporanea e su un dialogo sempre più stretto con la città e i suoi territori. La stagione 2021/22 ha aperto simbolicamente questa nuova fase con una prima assoluta, *Julius Caesar* di Giorgio Battistelli, commissionata dal Teatro e affidata a una regia di forte impatto visivo firmata da Robert Carsen. Accanto a questo evento inaugurale, il Costanzi ha riaffermato il legame identitario con la propria storia attraverso la riproposizione di Tosca nella ricostruzione dello storico allestimento originale, e ha accolto titoli mai rappresentati prima a Roma, come *Káťa Kabanová* di Janáček.

Nuove letture del repertorio italiano, come *Luisa Miller* di Verdi, e una *Turandot* di Puccini affidata all'immaginario di Ai Weiwei hanno ulteriormente definito una stagione segnata dall'equilibrio tra tradizione, sperimentazione e coproduzione internazionale.La stagione 2022/23, inaugurata con *Dialogues des Carmélites*

Best Singer for tenor John Osborne in Berlioz's *Benvenuto Cellini*, which was also acclaimed for "sets, costumes, lighting and video" (2016), Best Production for Berlioz's *La damnation de Faust* (2017), Best Director went to Deborah Warner for Britten's *Billy Budd* (2018), Best Director to Robert Carsen for Mozart's *Idomeneo, re di Creta* and Gluck's *Orfeo ed Euridice* (2019).

The Teatro dell'Opera in Rome and the Contemporary Challenge

Over the past few years, the Teatro dell'Opera in Rome has embarked on a path of progressive renewal, strengthening its artistic profile and redefining its role in the cultural life of the capital and on the international scene. This journey has been marked by a constant tension between tradition and innovation, which found its first impetus under the guidance of Carlo Fuortes and reached a turning point in December 2021 with the arrival of Francesco Giambrone as Superintendent. Since then, the institution has developed a broader and more inclusive vision, based on artistic excellence, openness to new languages of the contemporary scene and an increasingly close dialogue with the city and its territories. The 2021/22 season symbolically opened this new phase with a world premiere, *Julius Caesar* by Giorgio Battistelli, commissioned by the Theatre and entrusted to a visually striking production by Robert Carsen. Alongside this inaugural event, the Costanzi reaffirmed its connection with its own history by staging Tosca in a reconstruction of the original historic production, and welcomed titles never before performed in Rome, such as Janáček's *Káťa Kabanová*.

New interpretations of the Italian repertoire, such as Verdi's *Luisa Miller* and Puccini's *Turandot*, entrusted to the imagination of Ai Weiwei, further defined a season marked by a balance between tradition and innovation. New interpretations of the Italian repertoire, such as Verdi's *Luisa Miller* and Puccini's *Turandot*, entrusted to the imagination of Ai Weiwei, further defined a season

di Poulenc con la direzione di Michele Mariotti e la regia di Emma Dante, ha consolidato questa linea, distinguendosi per l'alto numero di nuove produzioni e per una forte apertura verso artisti al loro debutto in Italia e a Roma. La prima messa in scena al Costanzi di Da una casa di morti di Janáček, firmata da Krzystof Warlikowski, ha segnato un passaggio significativo nella valorizzazione del repertorio novecentesco. Accanto a questi titoli, prime esecuzioni italiane e progetti capaci di intrecciare musica, teatro e danza hanno consolidato il profilo dell'Istituzione come luogo di dialogo tra linguaggi e discipline.

Con la stagione 2023/24, il Teatro dell'Opera di Roma ha compiuto un ulteriore passo nella direzione dell'internazionalizzazione e del rinnovamento della scena. Accanto al ritorno di registi già profondamente legati al Costanzi, hanno fatto il loro debutto in Italia e a Roma nuove personalità della regia europea. La programmazione ha alternato opere del grande repertorio a titoli meno frequentati, come *Salome* di Strauss (regia di Barrie Koskie), *Jenůfa* di Janáček (regia di Claus Guth) e *Peter Grimes* di Britten (regia di Deborah Warner). La stagione si è distinta anche per una prima assoluta, *L'ultimo viaggio di Sindbad* di Silvia Colasanti, confermando l'impegno nella produzione di nuove opere e nel dialogo con la drammaturgia contemporanea.

La stagione 2024/25 ha ulteriormente ampliato il respiro internazionale dell'Istituzione. Accanto ai debutti romani di registi di primo piano, la programmazione ha attraversato epoche e linguaggi diversi: dal grande repertorio italiano e francese alla riscoperta barocca, con *Alcina* di Händel, firmato da Pierre Audi, per la prima volta a Roma, fino al Novecento e al contemporaneo, con titoli come *Il prigioniero* di Dallapiccola nella visione di Calixto Bieito, *The Turn of the Screw* di Britten con la regia di Deborah Warner e la prima rappresentazione in Italia di Adriana Mater di Kaija Saariaho, con la regia di Peter Sellars.

Con la stagione 2025/26 il percorso è proseguito con una programmazione di ampio respiro, capace di abbracciare tre secoli di storia musicale: dal barocco di Händel ai linguaggi contemporanei, passando per Wagner, Strauss e la grande tradizione italiana.

marked by a balance between tradition, experimentation and international co-production.

The 2022/23 season, which opened with Poulenc's *Dialogues des Carmélites* conducted by Michele Mariotti and directed by Emma Dante, consolidated this approach, standing out for its high number of new productions and its strong openness towards artists making their debut in Italy and Rome. The first staging at the Costanzi of Janáček's *From the House of the Dead*, directed by Krzystof Warlikowski, marked a significant step forward in the promotion of the 20th-century repertoire. Alongside these titles, Italian premieres and projects combining music, theatre and dance consolidated the institution's profile as a place of dialogue between languages and disciplines.

With the 2023/24 season, the Teatro dell'Opera in Rome has taken a further step towards internationalisation and renewal of the stage. Alongside the return of directors already deeply connected to the Costanzi, new personalities from the European directing scene made their debut in Italy and Rome. The programme alternated works from the great repertoire with lesser-known titles, such as Strauss' *Salome* (directed by Barrie Koskie), Janáček's *Jenůfa* (directed by Claus Guth) and Britten's *Peter Grimes* (directed by Deborah Warner). The season also featured a world premiere, Silvia Colasanti's *L'ultimo viaggio di Sindbad*, confirming the theatre's commitment to producing new works and engaging with contemporary drama.

The 2024/25 season further expanded the institution's international reach. Alongside the Roman debuts of leading directors, the programme spanned different eras and languages: from the great Italian and French repertoire to the rediscovery of Baroque, with Händel's *Alcina*, directed by Pierre Audi, for the first time in Rome, to the 20th century and the contemporary, with titles such as Dallapiccola's *Il prigioniero* in Calixto Bieito's vision, Britten's *The Turn of the Screw* directed by Deborah Warner and the Italian premiere of Kaija Saariaho's *Adriana Mater*, directed by Peter Sellars.

The 2025/26 season continued this journey with a wide-ranging programme spanning three centuries of musical history: from Händel's Baroque to contemporary languages, via Wagner, Strauss and the great Italian tradition.

Accanto all'opera inaugurale, *Lohengrin* nella visione di Damiano Michieletto, la stagione ha proposto titoli mai rappresentati prima al Costanzi, nuove produzioni che hanno ulteriormente ampliato l'orizzonte artistico dell'Istituzione e prime assolute come la versione italiana di *Inferno* di Lucia Ronchetti.

In questo articolato percorso ha avuto un ruolo centrale la direzione musicale di Michele Mariotti, che negli ultimi anni ha garantito continuità, profondità interpretativa e una forte identità sonora, guidando produzioni operistiche e concertistiche e contribuendo in modo determinante alla coesione artistica delle stagioni. Anche la danza ha trovato una linea riconoscibile sotto la direzione di Eleonora Abbagnato, che ha rafforzato il profilo del Corpo di Ballo attraverso un repertorio capace di tenere insieme i grandi classici e le esperienze del Novecento e della contemporaneità, valorizzando interpreti e ospiti di rilievo internazionale.

Parallelamente, il Teatro dell'Opera di Roma ha intensificato la propria presenza nella città attraverso progetti come "OperaCamion", "Linea Opera" e "Una notte a teatro", che hanno portato la musica e lo spettacolo dal vivo nei quartieri, nelle scuole e tra le nuove generazioni. Le tournée all'estero hanno consolidato il ruolo dell'Istituzione come ambasciatrice culturale dell'Italia nel mondo, mentre eventi come la recita straordinaria di *Tosca*, a conclusione delle celebrazioni per i 125 anni del capolavoro pucciniano, alla presenza del Capo dello Stato, hanno ribadito il legame profondo con la propria storia.

Emerge così l'immagine di un Teatro capace di rinnovarsi senza rinnegare le proprie radici, di aprirsi alla contemporaneità e di dialogare con il mondo, restando profondamente ancorato alla città. Un'Istituzione che, stagione dopo stagione, ha saputo affermarsi come luogo di eccellenza, di sperimentazione e di comunità, confermandosi oggi come una delle realtà più vive e autorevoli del panorama lirico europeo.

Alongside the inaugural opera, *Lohengrin* as envisioned by Damiano Michieletto, the season featured titles never before performed at the Costanzi, new productions that further expanded the institution's artistic horizons, and world premieres such as the Italian version of *Inferno* by Lucia Ronchetti.

Michele Mariotti's musical direction has played a central role in this complex journey. In recent years, he has ensured continuity, interpretative depth and a strong musical identity, guiding opera and concert productions and contributing significantly to the artistic cohesion of the seasons. Dance has also found a recognisable direction under the leadership of Eleonora Abbagnato, who has strengthened the profile of the Corps de Ballet through a repertoire that brings together the great classics and the experiences of the 20th century and the contemporary world, promoting performers and guests of international renown.

At the same time, the Teatro dell'Opera in Rome has intensified its presence in the city through projects such as "OperaCamion", "Linea Opera" and "Una notte a teatro", which have brought music and live entertainment to neighbourhoods, schools and the younger generations. Foreign tours have consolidated the institution's role as Italy's cultural ambassador to the world, while events such as the extraordinary performance of *Tosca*, at the conclusion of the celebrations for the 125th anniversary of Puccini's masterpiece, in the presence of the Head of State, have reaffirmed its deep connection with its own history.

The image that emerges is that of a theatre capable of renewing itself without denying its roots, of opening up to contemporary culture and engaging in dialogue with the world, while remaining deeply anchored to the city. An institution that, season after season, has established itself as a place of excellence, experimentation and community, confirming its status today as one of the most vibrant and influential institutions on the European opera scene.

p. 141 | Mirella Freni è Mimì.

p. 141 | Mirella Freni as Mimì.

Il nuovo secolo

The New Century

pp. 142-143 | *Moïse et Pharaon* di Gioachino Rossini. Direttore Riccardo Muti, regia, scene e costumi di Pier'Alli, coreografia di Shen Wei.
30 novembre; 2, 5, 7, 9, 11 dicembre 2010.

pp. 144-145 | Franco Zeffirelli sul palcoscenico al termine di *Don Giovanni* nel 2006 con il Maestro Soudant Hubert.

pp. 146-147 | *Don Giovanni* di Wolfgang Amadeus Mozart. Direttori Soudant Hubert, Silvano Corsi, regia e scene di Franco Zeffirelli.
18, 19, 20, 21, 22, 24 gennaio 2006.

pp. 148-149 | *Moïse et Pharaon* di Gioachino Rossini. Direttore Riccardo Muti, regia, scene e costumi di Pier'Alli.
2, 5, 7, 9, 11, 12 dicembre 2010.

pp. 150-151 | *Macbeth* di Giuseppe Verdi. Direttore Riccardo Muti, regia di Peter Stein, scene di Ferdinand Wogerbauer, costumi di Heinreich Annemarie.
Dario Solari (Macbeth) e le tre streghe.
27, 29 novembre 2011; 1, 3, 6, 9, 11 dicembre 2011.

pp. 152-153 | Concerto della Chicago Symphony Orchestra diretta dal Maestro Riccardo Muti.
23 aprile 2012.

pp. 142-143 | *Moïse et Pharaon* of Gioachino Rossini. Conductor Riccardo Muti, direction, sets and costumes by Pier'Alli, choreography Shen Wei.
30 November; 2, 5, 7, 9, 11 December 2010.

pp. 144-145 | Franco Zeffirelli on the stage at the end of the *Don Juan* in 2006 with the Maestro Soudant Hubert.

pp. 146-147 | *Don Giovanni* of Wolfgang Amadeus Mozart. Conductors Soudant Hubert and Silvano Corsi, direction and sets by Franco Zeffirelli.
18, 19, 20, 21, 22, 24 January 2006.

pp. 148-149 | *Moïse et Pharaon* of Gioachino Rossini. Conductor Riccardo Muti, direction, sets and costumes by Pier'Alli.
2, 5, 7, 9, 11, 12 December 2010.

pp. 150-151 | *Macbeth* of Giuseppe Verdi. Conductor Riccardo Muti, direction by Peter Stein, sets by Ferdinand Wogerbauer, costumes by Heinreich Annemarie.
Dario Solari (Macbeth) and the three witches.
27, 29 November 2011; 1, 3, 6, 9, 11 December 2011.

pp. 152-153 | Concert of the Chicago Symphony Orchestra conducted by Maestro Riccardo Muti.
23 April 2012.

pp. 154-155 | *Attila* di Giuseppe Verdi. Direttore Riccardo Muti, regia, scene e costumi di Pier Luigi Pizzi.
Tatiana Serjan è Odabella.
25, 27, 29, 31 maggio; 3, 5 giugno 2012.

p. 156 | *Manon Lescaut* di Giacomo Puccini. Direttore Riccardo Muti, regia di Chiara Muti, scene di Carlo Centolavigna, costumi di Alessandro Lai.
Anna Netrebko è Manon Lescaut.
27 febbraio; 2, 4, 6, 8 marzo 2014.

p. 157 | *Benvenuto Cellini* di Hector Berlioz. Direttore Roberto Abbado, regia e scene di Terry Gilliam.
Marco Spotti è Papa Clemente VIII.
22, 24, 226, 29, 31 marzo; 3 aprile 2016.

pp. 158-159 | *The Bassarids* di Hans Werner Henze. Direttore Stefan Soltész, regia di Mario Martone, scene di Sergio Tremonti, costumi di Ursula Patzak.
Ladislav Elgr è Dionysus.
27, 29 novembre; 1, 3, 5, 10 dicembre 2015.

pp. 154-155 | *Attila* of Giuseppe Verdi. Conductor Riccardo Muti, direction, sets and costumes by Pier Luigi Pizzi. Tatiana Serjan as Odabella.
25, 27, 29, 31 May; 3, 5 June 2012.

p. 156 | *Manon Lescaut* of Giacomo Puccini. Conductor Riccardo Muti, direction by Chiara Muti, sets by Carlo Centolavigna, costumes by Alessandro Lai.
Anna Netrebko as Manon Lescaut.
27 February; 2, 4, 6, 8 March 2014.

p. 157 | *Benvenuto Cellini* of Hector Berlioz. Conductor Roberto Abbado, direction and sets by Terry Gilliam. Marco Spotti as Pope Clemente VIII.
22, 24, 226, 29, 31 March; 3 April 2016.

pp. 158-159 | *The Bassarids* of Hans Werner Henze. Conductor Stefan Soltész, direction by Mario Martone, sets by Sergio Tremonti, costumes by Ursula Patzak. Ladislav Elgr as Dionysus.
27, 29 November; 1, 3, 5, 10 December 2015.

pp. 160-161 | *Tristan und Isolde* di Richard Wagner. Direttore Daniele Gatti, regia di Pierre Audi, scene e costumi di Christof Hetzer.
27, 30 novembre; 3, 6, 9, 11 dicembre 2016.

pp. 162-163 | *Andrea Chénier* di Umberto Giordano. Direttore Roberto Abbado (Pietro Rizzo il 2 maggio), regia di Marco Bellocchio, scene e luci di Gianluca Carluccio, costumi di Daria Calvelli.
Maria José Siri (Maddalena di Coigny) e Gregory Kunde (Andrea Chénier).
21, 23, 26, 28, 30 aprile; 2 maggio 2017.

pp. 164-165 | *La Damnation de Faust* di Hector Berlioz. Direttore Daniele Gatti, regia di Damiano Michieletto, scene di Paolo Fantin, costumi di Carla Teti.
12, 14, 17, 19, 21, 23 dicembre 2017.

p. 166 | *Anna Bolena* di Gaetano Donizetti. Direttore Riccardo Frizza, regia di Andrea De Rosa, scene di Luigi Ferrigno da un'idea di Sergio Tramonti, costumi di Ursula Patzak.
Maria Agresta (Anna Bolena), Alex Esposito (Enrico VIII).
20, 22, 24, 26, 28 febbraio; 1 marzo 2019.

pp. 160-161 | *Tristan und Isolde* of Richard Wagner. Conductor Daniele Gatti, direction by Pierre Audi, sets and costumes by Christof Hetzer.
27, 30 November; 3, 6, 9, 11 December 2016.

pp. 162-163 | *Andrea Chénier* of Umberto Giordano. Conductor Roberto Abbado (Pietro Rizzo on the 2nd May), direction by Marco Bellocchio, sets and lights by Gianluca Carluccio, costumes by Daria Calvelli.
Maria José Siri (Maddalena of Coigny) and Gregory Kunde (Andrea Chénier).
21, 23, 26, 28, 30 April; 2 May 2017.

pp. 164-165 | *La Damnation de Faust* of Hector Berlioz. Conductor Daniele Gatti, direction by Damiano Michieletto, sets by Paolo Fantin, costumes by Carla Teti.
12, 14, 17, 19, 21, 23 December 2017.

p. 166 | *Anna Bolena* of Gaetano Donizetti. Conductor Riccardo Frizza, direction by Andrea De Rosa, sets by Luigi Ferrigno from an idea by Sergio Tramonti, costumes by Ursula Patzak.
Maria Agresta (Anna Bolena), Alex Esposito (Enrico VIII).
20, 22, 24, 26, 28 February; 1 March 2019.

p. 167 | *La vedova allegra* di Franz Lehár. Direttore Constantin Trinks, regia di Damiano Michieletto, scene di Paolo Fantin, costumi di Carla Teti.
14, 16, 17, 18, 19, 20 aprile 2019.

p. 167 | *La vedova allegra* of Franz Lehár. Conductor Constantin Trinks, direction by Damiano Michieletto, sets by Paolo Fantin, costumes by Carla Teti.
14, 16, 17, 18, 19, 20 April 2019.

pp. 168-169 | *L'angelo di fuoco* di Sergej Prokof'ev. Direttore Alejo Pérez, regia di Emma Dante, scene di Carmine Maringola, costumi di Vanessa Sannino.
Alis Bianca (Madiel), Ewa Vesin (Renata), Leigh Melrose (Ruprecht).
23, 26, 28, 30 maggio; 1 giugno 2019.

pp. 170-171 | *La traviata* di Giuseppe Verdi. Direttore Manlio Benzi, regia di Lorenzo Mariani, scene di Alessandro Camera, costumi di Silvia Aymonino, movimenti coreografici di Luciano Cannito, luci di Roberto Venturi, video di Fabio Iaquone, Luca Attilii.
19, 23, 27 luglio; 2, 8 agosto 2019. Terme di Caracalla.

pp. 172-173 | *Il Barbiere di Siviglia* di Gioachino Rossini. Direttore Daniele Gatti, installazione e regia di Mario Martone.
5, 31 dicembre 2020.

pp. 168-169 | *L'angelo di fuoco* of Sergei Prokofiev. Conductor Alejo Pérez, direction by Emma Dante, sets by Carmine Maringola, costumes by Vanessa Sannino.
Alis Bianca (Madiel), Ewa Vesin (Renata), Leigh Melrose (Ruprecht).
23, 26, 28, 30 May; 1 June 2019.

pp. 170-171 | *La traviata* of Giuseppe Verdi. Conductor Manlio Benzi, direction by Lorenzo Mariani, sets by Alessandro Camera, costumes by Silvia Aymonino, choreographic movements by Luciano Cannito, lights by Roberto Venturi, video by Fabio Iaquone and Luca Attilii.
19, 23, 27 July; 2, 8 August 2019. Terme di Caracalla.

pp. 172-173 | *Il Barbiere di Siviglia* of Gioachino Rossini. Conductor Daniele Gatti, installation and direction by Mario Martone.
5, 31 December 2020.

caffè
Mod
ERITIVO
BARO

Cocktails
APER

pp. 174-175 | *Dialogues des Carmélites* di Francis Poulenc tratto dalla pièce di Georges Bernanos. Direttore Michele Mariotti, regia di Emma Dante, maestro del coro Ciro Visco, scene di Carmine Maringola, costumi di Vanessa Sannino, luci di Cristian Zucaro, movimenti coreografici di Sandro Campagna.
27, 29 novembre; 2, 4, 6 dicembre 2022.

pp. 176-177 | *Turandot* di Giacomo Puccini. Direttore Oksana Lyniv, regia, scene e costumi Ai Weiwei, disegno luci Peter van Praet. Nuovo allestimento del Teatro dell'Opera di Roma. Atto I.
22, 24, 25, 26, 27, 28, 30, 31 marzo 2022.

pp. 178-179 | *Da una casa di morti (Z mrtvého domu)* di Leoš Janáček.
Direttore Dmitry Matvienko, regia Krysztof Warlikowsky, scene e costumi Malgorzata Szczesniak, disegno luci Felice Ross. Julian Hubbard (Skuratov), Pascal Charbonneau (Aljeja, un giovane tartaro), Štefan Margita (Luka Kuzmič/Filka Morozov).
23, 25, 27, 28, 30 maggio 2023.

pp. 174-175 | *Dialogues des Carmélites* of Francis Poulenc based on the play by Georges Bernanos. Conductor Michele Mariotti, director Emma Dante, choirmaster Ciro Visco, sets by Carmine Maringola, costumes by Vanessa Sannino, lights by Cristian Zucaro, choreographic movements by Sandro Campagna.
27, 29 November; 2, 4, 6 December 2022.

pp. 176-177 | *Turandot* by Giacomo Puccini. Conductor Oksana Lyniv, direction, sets and costumes Ai Weiwei, lighting design Peter van Praet. New production by the Teatro dell'Opera in Rome. Act I.
22, 24, 25, 26, 27, 28, 30, 31 March 2022.

pp. 178-179 | *From the House of the Dead (Z mrtvého domu)* by Leoš Janáček.
Conductor Dmitry Matvienko, director Krysztof Warlikowsky, set and costume design Malgorzata Szczesniak, lighting design Felice Ross. Julian Hubbard (Skuratov), Pascal Charbonneau (Aljeja, a young Tartar), Štefan Margita (Luka Kuzmič/Filka Morozov).
23, 25, 27, 28, 30 May 2023.

p. 180 | *Salome* di Richard Strauss.
Direttore Marc Albrecht, regia Barrie Kosnky, scene e costumi Katrin Lea Tang, disegno luci Joachim Klein. Lise Lindstrom (Salome).
7, 10, 12, 14, 16 marzo 2024.

p. 181 | *Jenůfa* Direttore Juraj Valcuha, regia Claus Guth, scene Michael Levine, costumi Gesine Völlom, disegno luci James Farncombe. Karita Mattila (La Sagrestana Buryjovka), Cornelia Bestow (Jenůfa).
2, 4, 5, 7, 9 maggio 2024.

pp. 182-183 | *Peter Grimes* di Benjamin Britten.
Direttore Michele Mariotti, regia Deborah Warner, coreografia Kim Brandstrup, scene Michael Levine, costumi Luis Carvalho, disegno luci Peter Mumford.
11, 13, 15, 17, 19 ottobre 2024.

pp. 184-185 | *Alcina* di Georg Friedrich Händel.
Direttore Rinaldo Alessandrini, regia Pierre Audi, scene e costumi Patrick Kinmonth, disegno luci Matthew Richardson. Atto I.
18, 21, 23, 25, 26 marzo 2025.

p. 180 | *Salome* by Richard Strauss.
Conductor Marc Albrecht, director Barrie Kosnky, set and costume design Katrin Lea Tang, lighting design Joachim Klein. Lise Lindstrom (Salome).
7, 10, 12, 14, 16 March 2024.

p. 181 | *Jenůfa* Conductor Juraj Valcuha, director Claus Guth, set design Michael Levine, costume design Gesine Völlom, lighting design James Farncombe. Karita Mattila (The Sacristan Buryjovka), Cornelia Bestow (Jenůfa).
2, 4, 5, 7, 9 May 2024.

pp. 182-183 | *Peter Grimes* by Benjamin Britten.
Conductor Michele Mariotti, director Deborah Warner, choreography Kim Brandstrup, set design Michael Levine, costume design Luis Carvalho, lighting design Peter Mumford.
11, 13, 15, 17, 19 October 2024.

pp. 184-185 | *Alcina* by Georg Friedrich Händel.
Conductor Rinaldo Alessandrini, director Pierre Audi, set and costume design Patrick Kinmonth, lighting design Matthew Richardson. Act I.
18, 21, 23, 25, 26 March 2025.

pp. 186-187 | *Il Prigioniero* di Luigi Dallapiccola. Direttore Michele Mariotti, regia Calixto Bieto, scene Anna Kirsch, costumi Ingo Krügler, disegno luci Michael Bauer. John Daszak (il carceriere), Mattia Olivieri (il prigioniero).
23, 24, 26, 27, 29 aprile, 2 maggio 2025.

pp. 188-189 | *Suor Angelica* di Giacomo Puccini. Direttore Michele Mariotti, regia Calixto Bieto, scene Anna Kirsch, costumi Ingo Krügler, disegno luci Michael Bauer. Corinne Winters (Suor Angelica).
23, 24, 26, 27, 29 aprile, 2 maggio 2025.

pp. 190-191 | *The Turn of the Screw* di Benjamin Britten. Direttore Ben Glassberg, regia Deborah Warner, scene Justin Nardella, costumi Luca Castigliolo, disegno luci Jean Kalman, movimenti di scena Joanna O'Keeffe. Ian Bostridge (Peter Quint).
17, 19, 23, 25, 27, 28 settembre 2025.

pp. 186-187 | *Il Prigioniero (The Prisoner)* by Luigi Dallapiccola. Conductor Michele Mariotti, director Calixto Bieto, set design Anna Kirsch, costume design Ingo Krügler, lighting design Michael Bauer. John Daszak (the jailer), Mattia Olivieri (the prisoner).
23, 24, 26, 27, 29 April, 2 May 2025.

pp. 188-189 | *Suor Angelica* by Giacomo Puccini. Conductor Michele Mariotti, director Calixto Bieto, set design Anna Kirsch, costume design Ingo Krügler, lighting design Michael Bauer. Corinne Winters (Suor Angelica).
23, 24, 26, 27, 29 April, 2 May 2025.

pp. 190-191 | *The Turn of the Screw* by Benjamin Britten. Conductor Ben Glassberg, director Deborah Warner, set design Justin Nardella, costume design Luca Castigliolo, lighting design Jean Kalman, stage movements Joanna O'Keeffe. Ian Bostridge (Peter Quint).
17, 19, 23, 25, 27, 28 September 2025.

pp. 192-193 | *Adriana Mater* di Kaija Saariaho.
Direttore Ernest Martínez Izquierdo, regia Peter Sellars, costumi Camille Assaf, luci Ben Zamora, sound designer Timo Kurkikangas.
Axelle Fanyo (Refka).
9, 11, 12, 14, 16 ottobre 2025.

pp. 194-195 | *Lohengrin* di Richard Wagner.
Direttore Michele Mariotti, regia Damiano Michieletto, scene Paolo Fantin, costumi Carla Teti, luci Alessandro Carletti.
22, 27, 30 novembre, 2, 5, 7 dicembre 2025.

pp. 196-197 | *Inferno* di Lucia Ronchetti.
Libretto da *Inferno* di Dante con un epilogo di Tiziano Scarpa. Direttore Tito Ceccherini, regia David Hermann, scene Jo Schramm, costumi Maria Grazia Chiuri, luci Fabrice Kebour.
19, 22, 28 febbraio; 3, 7 marzo 2026.

pp. 192-193 | *Adriana Mater* by Kaija Saariaho.
Conductor Ernest Martínez Izquierdo, director Peter Sellars, costumes Camille Assaf, lighting Ben Zamora, sound designer Timo Kurkikangas.
Axelle Fanyo (Refka).
9, 11, 12, 14, 16 October 2025.

pp. 194-195 | *Lohengrin* by Richard Wagner.
Conductor Michele Mariotti, director Damiano Michieletto, set design Paolo Fantin, costume design Carla Teti, lighting design Alessandro Carletti.
22, 27, 30 November, 2, 5, 7 December 2025.

pp. 196-197 | *Inferno* by Lucia Ronchetti.
Libretto based on Dante's *Inferno*, with an epilogue by Tiziano Scarpa.
Conductor Tito Ceccherini, direction by David Hermann, sets by Jo Schramm, costumes by Maria Grazia Chiuri, lights Fabrice Kebour.
19, 22, 28 February; 3, 7 March 2026.

Il Corpo di Ballo

The Corps de Ballet

Il Teatro Costanzi inaugura la propria attività il 27 novembre 1880 e, fin dagli esordi, accoglie la danza accanto alla grande tradizione lirica. Solo pochi mesi più tardi, nel maggio successivo, il palcoscenico ospita *La fille mal gardée* con Virginia Zucchi, prima significativa testimonianza dell'interesse romano per il balletto. Nel primo Novecento il teatro diventa un crocevia delle avanguardie: i *Ballets Russes* di Djagilev, per la prima volta in Italia, vi si esibiscono nel 1911 con circa novanta elementi e vi tornano per altre tre stagioni — 1917, 1920 e 1921 — lasciando un'impronta indelebile nella sensibilità del pubblico e imponendo una nuova idea di spettacolo totale. In questa fase fertile e cosmopolita si inseriscono anche le due serate di Isadora Duncan nell'aprile 1912, che ampliano l'immaginario della danza e aprono la scena romana alle più avanzate esperienze artistiche europee.

Il 1928 segna una svolta decisiva: il Comune di Roma acquista e ristruttura il teatro, che diventa Teatro Reale dell'Opera, e istituisce la Scuola di Ballo, destinata non solo a formare giovani danzatori ma a costituire un vero Corpo di Ballo stabile, introducendo, prima scuola nel paese, classi professionali maschili. Nella locandina dell'inaugurazione con *Nerone* di Boito compare infatti la dicitura "Corpo di Ballo della Scuola del Teatro". I primi direttori sono Ileana Leonidoff per le allieve e Dmitri Rostov per gli

p. 198 | *Bolero* di Maurice Ravel.
Direttore Nino Stinco, coreografia di Aurel Miholy Milloss ripresa da Attilia Radice.
Attilia Radice (La Donna).
15, 19, 24 novembre 1945.

The Teatro Costanzi opened its doors on 27 November 1880 and, from the outset, welcomed dance alongside the great operatic tradition. Just a few months later, in May of the following year, the stage hosted *La fille mal gardée* with Virginia Zucchi, the first significant evidence of Rome's interest in ballet. In the early 20th century, the theatre became a crossroads for the avant-garde: Diaghilev's *Ballets Russes* performed there for the first time in Italy in 1911 with about ninety members and returned for three more seasons — 1917, 1920 and 1921 — leaving an indelible mark on the sensibilities of the public and imposing a new idea of total spectacle. This fertile and cosmopolitan phase also included two evenings with Isadora Duncan in April 1912, which broadened the imagination of dance and opened the Roman scene to the most advanced European artistic experiences.

1928 marked a decisive turning point: the Municipality of Rome purchased and renovated the theatre, which became the Teatro Reale dell'Opera, and established the Ballet School, intended not only to train young dancers but also to form a permanent ballet company, introducing professional classes for men for the first time in the country. The poster for the inauguration with Boito's *Nerone* featured the words "Corpo di Ballo della Scuola del Teatro" (Ballet Company of the Theatre School). The first directors were Ileana Leonidov for the female students and Dmitri Rostov for the male

p. 198 | *Bolero* by Maurice Ravel.
Conductor Nino Stinco, choreography by Aurel Miholy Milloss revived by Attilia Radice.
Attilia Radice (The Woman).
15, 19, 24 November 1945.

allievi; nel 1931 subentra Nicola Guerra e, l'anno successivo, la direzione passa a Ettore Caorsi e Mara Dousse, figure formate nella migliore tradizione italiana che contribuiscono a definire il profilo tecnico della compagnia nascente.

Nella stagione 1933/34 appare in cartellone Boris Romanov, formatosi al Mariinskij di San Pietroburgo, che fino al 1938 imprime alla compagnia rigore, coesione e un respiro internazionale. La figura più determinante per l'identità del balletto romano è però Aurel Milloss, che dal 1938 al 1945 trasforma il Costanzi in un vero laboratorio coreografico. Con una poetica nutrita dall'espressionismo tedesco e da una concezione plastica dell'azione scenica, Milloss introduce un linguaggio di astrazione e intensità, nel quale movimento, musica e immagine concorrono a un disegno unitario. Le sue produzioni segnano l'ingresso della compagnia in una modernità consapevole, destinata a influenzare a lungo metodo e visione coreografica.

Nel dopoguerra il Corpo di Ballo consolida il proprio prestigio grazie alla guida di maestri e direttori di rilievo internazionale: Anton Dolin, Erik Bruhn, Zarko Prebil, André Prokovsky, Maya Plisetskaya, Pierre Lacotte, Vladimir Vasiliev, Elisabetta Terabust, Giuseppe Carbone, Amedeo Amodio sono tra le figure che mantengono la compagnia in dialogo con la grande tradizione europea. Il repertorio si amplia includendo i capisaldi classici e le opere dei grandi coreografi — da Petipa e Fokine a Balanchine, Ashton, Massine, Cranko, Bournonville — insieme alle voci più significative della coreografia italiana e contemporanea, contribuendo a definire un'identità versatile e articolata.

Nel 2000 Carla Fracci assume la direzione della compagnia e, per dieci anni, imprime al Corpo di Ballo una forte impronta narrativa e poetica, valorizzando la qualità interpretativa, il repertorio romantico e la formazione delle nuove generazioni. Nel 2009, per il centenario dei *Ballets Russes*, la sua direzione promuove una ricostruzione filologica delle coreografie, delle scene e dei costumi del repertorio di Djagilev, un'operazione unica per rigore e valore storico che restituisce la complessità originale di una

students. In 1931, Nicola Guerra took over, and the following year, the direction passed to Ettore Caorsi and Mara Dousse, figures trained in the best Italian tradition who helped define the technical profile of the nascent company.

In the 1933/34 season, Boris Romanov, trained at the Mariinsky Theatre in St. Petersburg, appeared on the bill. Until 1938, he instilled rigour, cohesion and an international outlook in the company. However, the most influential figure in shaping the identity of Roman ballet was Aurel Milloss, who transformed the Costanzi into a veritable choreographic laboratory between 1938 and 1945. With a poetics nourished by German expressionism and a plastic conception of stage action, Milloss introduced a language of abstraction and intensity, in which movement, music and image contributed to a unified design. His productions marked the company's entry into a conscious modernity, destined to influence choreographic method and vision for a long time to come.

After the war, the Corps de Ballet consolidated its prestige thanks to the guidance of internationally renowned teachers and directors: Anton Dolin, Erik Bruhn, Zarko Prebil, André Prokovsky, Maya Plisetskaya, Pierre Lacotte, Vladimir Vasiliev, Elisabetta Terabust, Giuseppe Carbone and Amedeo Amodio are among the figures who kept the company in dialogue with the great European tradition. The repertoire expanded to include classical cornerstones and works by great choreographers — from Petipa and Fokine to Balanchine, Ashton, Massine, Cranko, and Bournonville — along with the most significant voices in Italian and contemporary choreography, helping to define a versatile and articulated identity.

In 2000, Carla Fracci took over as director of the company and, for ten years, left a strong narrative and poetic mark on the Corps de Ballet, enhancing its interpretative quality, romantic repertoire and training of new generations. In 2009, for the centenary of the *Ballets Russes*, her management promoted a philological reconstruction of the choreography, sets and costumes of Diaghilev's repertoire, a unique operation in terms of rigour and historical value that restored the original complexity of a founding season of modern dance.

stagione fondativa della danza moderna.

Dopo Fracci, la direzione passa a Micha van Hoecke, che prosegue il percorso di rinnovamento e mantiene il teatro aperto al linguaggio contemporaneo fino al 2015, anno dell'arrivo di Eleonora Abbagnato. Sotto la sua guida la compagnia rafforza ulteriormente il proprio profilo internazionale: nuovi coreografi entrano per la prima volta nel repertorio del Teatro dell'Opera — tra cui Preljocaj, Ekman, Inger, Millepied, Dawson, León & Lightfoot — mentre si consolidano riprese di autori come Petit, Cranko, Balanchine, Forsythe, Ashton, Nureyev. Un momento emblematico del suo mandato è l'ingresso in repertorio de *Le sacre du Printemps* di Pina Bausch, che fa del Corpo di Ballo romano la prima compagnia italiana

After Fracci, Micha van Hoecke took over as director, continuing the process of renewal and keeping the theatre open to contemporary expression until 2015, when Eleonora Abbagnato arrived. Under her leadership, the company further strengthened its international profile: new choreographers entered the Teatro dell'Opera's repertoire for the first time — including Preljocaj, Ekman, Inger, Millepied, Dawson and León & Lightfoot — while revivals of works by Petit, Cranko, Balanchine, Forsythe, Ashton and Nureyev were consolidated. A symbolic moment of her tenure was the addition of Pina Bausch's *Le sacre du Printemps* to the repertoire, making the Roman ballet company the first Italian company authorised to perform this masterpiece,

p. 201 | *La follia di Orlando* di Goffredo Petrassi.
Direttore Fernando Previtali, coreografia Aurel Miholy Milloss, scene e costumi Felice Casorati.
31 gennaio, 4, 8 febbraio 1948.

p. 201 | *La follia di Orlando* (Orlando's Madness) by Goffredo Petrassi. Conductor Fernando Previtali, choreography Aurel Miholy Milloss, sets and costumes Felice Casorati.
31 January, 4, 8 February 1948.

autorizzata a interpretare questo capolavoro, confermandone maturità tecnica, sensibilità interpretativa e riconoscimento internazionale.

Oggi la danza al Teatro dell'Opera di Roma è il risultato di questa lunga stratificazione: dalle aperture del primo Novecento alla modernità di Milloss, dalla cura filologica di Fracci alla visione contemporanea di Abbagnato. Una storia che continua a rigenerarsi, mantenendo viva l'identità del Costanzi e il suo dialogo con l'Europa.

confirming its technical maturity, interpretative sensitivity and international recognition.

Today, dance at the Teatro dell'Opera in Rome is the result of this long stratification: from the openings of the early 20th century to the modernity of Milloss, from Fracci's philological care to Abbagnato's contemporary vision. It is a story that continues to regenerate itself, keeping alive the identity of the Costanzi and its dialogue with Europe.

p. 202 | *Ritratto di Don Chisciotte* di Goffredo Petrassi.
Direttore Bruno Bartoletti, coreografia Aurel Miholy Milloss, scene e costumi Afro Basaldella.
Walter Zappolini (L'uomo che diventa Don Chisciotte).
12, 16, 18, 24 marzo 1957.

p. 202 | *Portrait of Don Quixote* by Goffredo Petrassi.
Conductor Bruno Bartoletti, choreography Aurel Miholy Milloss, sets and costumes Afro Basaldella.
Walter Zappolini (The man who becomes Don Quixote).
12, 16, 18, 24 March 1957.

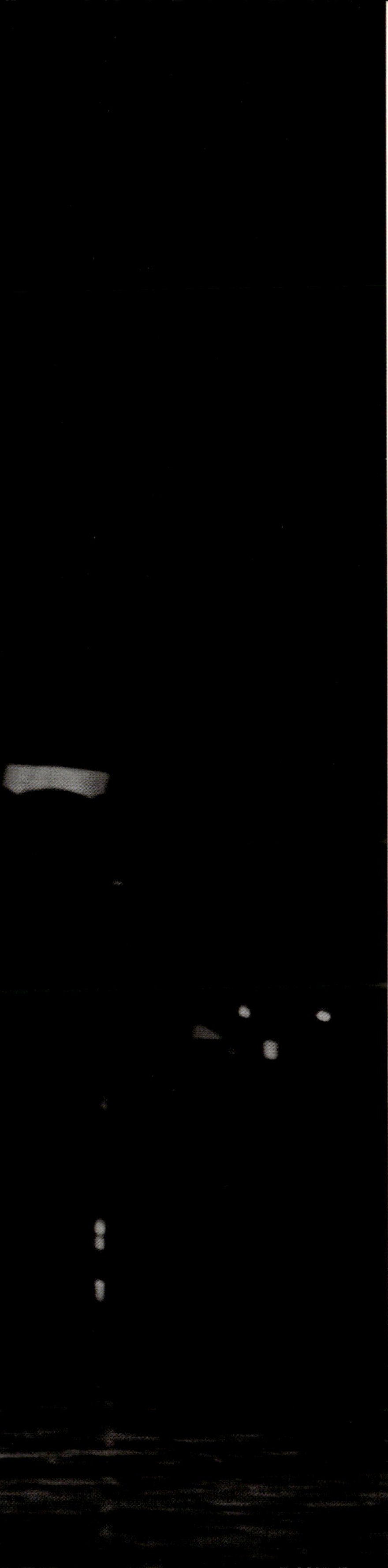

p. 203 | *Giselle* di Adolphe-Charles Adam. Direttore John Lanchbery, coreografia Jean Coralli, Jules Perrot ripresa da Nicolai Sergueff, Frederick Ashton, Tamara Karsavina, scene e costumi James Bailey. Margot Fonteyn (Giselle) e Rudolf Nureyev (Il Conte Albrecht).
18, 19 ottobre 1965.

pp. 204-205 | *Isadora*, Franz Listz, Fryderyk Chopin, Johannes Brahms, Ludwig van Beethoven, Franz Schubert, Aleksandr Nikolaevič Askrjabin.
Coreografia Maurice Béjart. Maja Plisetskaja (Isadora).
3, 6, 7, 8, 9, 10, 12, 13 marzo 1985.

p. 206 | *Romeo e Giulietta* di Sergej Sergeevič Prokof'ev. Direttore Alberto Ventura, coreografia Mario Pistoni, scene e costumi Titus Vossberg. Elisabetta Terabust (Giulietta), Raffaele Paganini (Romeo).
7, 15, 27 luglio, 5, 10 agosto 1989, Terme di Caracalla.

p. 203 | *Giselle* by Adolphe-Charles Adam. Director John Lanchbery, choreography Jean Coralli, Jules Perrot, revived by Nicolai Sergueff, Frederick Ashton, Tamara Karsavina, sets and costumes James Bailey. Margot Fonteyn (Giselle) and Rudolf Nureyev (Count Albrecht).
18, 19 October 1965.

pp. 204-205 | *Isadora*, Franz Liszt, Fryderyk Chopin, Johannes Brahms, Ludwig van Beethoven, Franz Schubert, Aleksandr Nikolaevich Scriabin.
Choreography by Maurice Béjart. Maya Plisetskaya (Isadora).
3, 6, 7, 8, 9, 10, 12, 13 March 1985.

p. 206 | *Romeo and Juliet* by Sergei Sergeyevich Prokofiev. Conductor Alberto Ventura, choreography Mario Pistoni, sets and costumes Titus Vossberg. Elisabetta Terabust (Juliet), Raffaele Paganini (Romeo).
7, 15, 27 July, 5, 10 August 1989, Terme di Caracalla.

p. 207 | *Onegin* di Pëtr Il'ič Čajkovskij.
Direttore Ormsby Wilkins, coreografia John Cranko ripresa da Jane Bourne, scene Pier Luigi Samaritani, costumi Pier Luigi Samaritani, Roberta Guidi di Bagno.
Rex Harrington (Onegin), Alessandra Ferri (Tatiana).
23, 25, 26, 27, 28, 30, 31 gennaio, 1, 4, 8 febbraio 1996.

p. 208 | *Coppélia* di Leo Delibes.
Direttore Marko Letonja, coreografia Amedeo Amodio, scene Emanuele Luzzati, Luca Antonucci, costumi Luisa Spinatelli. Alessandro Molin (Nataniele), Laura Comi (Clara).
16, 17, 18, 19, 20, 21, 23, 24, 25 maggio 2000.

p. 207 | *Onegin* by Pyotr Ilyich Tchaikovsky.
Conductor Ormsby Wilkins, choreography John Cranko revived by Jane Bourne, sets Pier Luigi Samaritani, costumes Pier Luigi Samaritani, Roberta Guidi di Bagno.
Rex Harrington (Onegin), Alessandra Ferri (Tatiana).
23, 25, 26, 27, 28, 30, 31 January, 1, 4, 8 February 1996.

p. 208 | *Coppélia* by Leo Delibes.
Conductor Marko Letonja, choreography by Amedeo Amodio, sets by Emanuele Luzzati and Luca Antonucci, costumes by Luisa Spinatelli.
Alessandro Molin (Nathaniel), Laura Comi (Clara).
16, 17, 18, 19, 20, 21, 23, 24, 25 May 2000.

p. 209 | *La Sylphide* di Adolphe Nourrit.
Direttore David Garforth, regia Carla Fracci, coreografia Carla Fracci, Niels Kehlet, scene Michele Della Cioppa, costumi Shizuko Omachi.
Gaia Straccamore (Sylphide), Mario Marozzi (James).
10, 11, 12, 13, 14, 15 giugno 2003.

p. 210 | *L'après-midi d'un Faune* di Claude Debussy.
Rappresentato con i balletti: *Petruska*, *Jeux* e *L'uccello di fuoco*.
Direttore Zoltán Peskó, coreografia di Vaslav Nijinsky, scene e costumi di Léon Bakot, Maria Filippi.
Gheorghe Iancu (il Fauno), Carla Fracci (la Ninfa).
26, 27, 29, 30 maggio 2007, Serata Fokine–Nijinsky.

p. 209 | *La Sylphide* by Adolphe Nourrit.
Conductor David Garforth, directed by Carla Fracci, choreography by Carla Fracci, Niels Kehlet, sets by Michele Della Cioppa, costumes by Shizuko Omachi. Gaia Straccamore (Sylphide), Mario Marozzi (James). 10, 11, 12, 13, 14, 15 June 2003.

p. 210 | *L'après-midi d'un Faune* by Claude Debussy.
Performed with the ballets: *Petruska*, *Jeux* and *The Firebird*. Conductor Zoltán Peskó, choreography by Vaslav Nijinsky, sets and costumes by Léon Bakot, Maria Filippi. Gheorghe Iancu (the Faun), Carla Fracci (the Nymph). 26, 27, 29, 30 May 2007, Fokine–Nijinsky Evening.

p. 211 | *In the night* di Fryderyk Chopin.
Coreografia Jerome Robbins ripresa da Ben Huys.
Eleonora Abbagnato.
12, 14, 16, 17 aprile 2013.

pp. 212-213 | *Walking mad* di Maurice Ravel, Arvo Pärt.
Coreografia Johan Inger.
15, 16, 17, 18, 20, 21 marzo 2018.

pp. 214-215 | *Il lago dei cigni* di Pëtr Il'ič Čajkovskij.
Direzione Andriy Yurkevych, coreografia Benjamin Peech, scene e costumi Aldo Buti con la collaborazione di Ignasi Manuel per le proiezioni e le animazioni digitali. Claudio Cocino (il Principe Siegfried), Alessandra Amato (Odette).
22, 25, 26, 30 giugno, 1, 2 luglio 2021. Circo Massimo.

pp. 216-217 | *Notre Dame de Paris* di Maurice Jarre.
Coreografia Roland Petit ripresa da Luigi Bonino, scene René Allio, costumi Yves Saint-Laurent.
Susanna Salvi (Esmeralda), Bakhtyar Adamzhan (Quasimodo).
21, 22, 27 luglio, 3 agosto 2022. Terme di Caracalla.

p. 211 | *In the Night* by Fryderyk Chopin.
Choreography by Jerome Robbins, revived by Ben Huys.
Eleonora Abbagnato.
12, 14, 16, 17 April 2013.

pp. 212-213 | *Walking Mad* by Maurice Ravel, Arvo Pärt.
Choreography by Johan Inger.
15, 16, 17, 18, 20, 21 March 2018.

pp. 214-215 | *Swan Lake* by Pyotr Ilyich Tchaikovsky.
Conducted by Andriy Yurkevych, choreography by Benjamin Peech, sets and costumes by Aldo Buti with the collaboration of Ignasi Manuel for projections and digital animations. Claudio Cocino (Prince Siegfried), Alessandra Amato (Odette).
22, 25, 26, 30 June, 1, 2 July 2021. Circus Maximus.

pp. 216-217 | *Notre Dame de Paris* by Maurice Jarre.
Choreography by Roland Petit, revived by Luigi Bonino, sets by René Allio, costumes by Yves Saint-Laurent.
Susanna Salvi (Esmeralda), Bakhtyar Adamzhan (Quasimodo).
21, 22, 27 July, 3 August 2022. Terme di Caracalla.

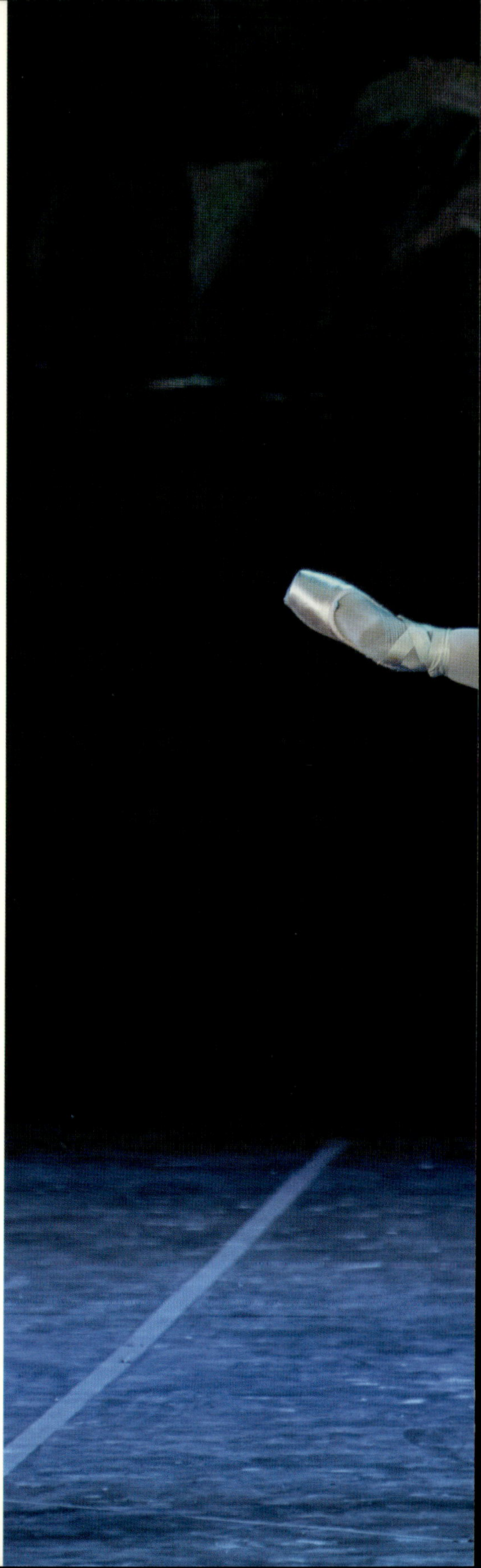

pp. 218-219 | *La Bayadère* di Lev Feodorovic Minkus. Direttore Kevin Rhodes, coreografia Benjamin Pech, Marius Petipa, scene Ignasi Monreal, costumi Anna Biagiotti.
Atto III.
25, 26, 28 febbraio, 1, 2 marzo 2023.

pp. 220-221 | *La Fille mal Gardée* di Ferdinand Hérold. Direttore Philip Ellis, coreografia Frederick Ashton ripresa da Jean-Christophe Lesage, scene e costumi Osbert Lancaster. Rebecca Bianchi (Lise), Alessio Rezza (Colas).
2, 3, 4, 6, 7, 9 maggio 2023.

pp. 218-219 | *La Bayadère* by Lev Feodorovic Minkus. Conductor Kevin Rhodes, choreography Benjamin Pech, Marius Petipa, sets Ignasi Monreal, costumes by Anna Biagiotti.
Act III.
25, 26, 28 February, 1, 2 March 2023.

pp. 220-221 | *La Fille mal Gardée* by Ferdinand Hérold. Conductor Philip Ellis, choreography by Frederick Ashton revived by Jean-Christophe Lesage, sets and costumes by Osbert Lancaster. Rebecca Bianchi (Lise), Alessio Rezza (Colas).
2, 3, 4, 6, 7, 9 May 2023

pp. 222-223 | *Within the golden hour* - Serata Coreografi contemporanei. Composizioni di Ezio Bosso, Antonio Vivaldi. Coreografia Christopher Wheeldon, costumi Anna Biagiotti.
19, 20, 21, 22, 23, 24 settembre 2023

pp. 224-225 | *Cacti* - Serata Dawson/Leon-Lightfoot/Ekman. Composizioni di Franz Joseph Haydn, Ludwig van Beethoven, Franz Schubert. Direttore Thomas Herzog, coreografia Alexander Ekman ripresa da Eve-Marie Dalcourt, scene e costumi Alexander Ekman.
18, 20, 21, 22, 23, 24, 25 maggio 2025.

pp. 226-227 | *La sagra della Primavera* di Igor Stravinskij. Direttore Ido Arad, regia e coreografia Pina Bausch, scene e costumi Rolf Borzik, collaboratore Hans Pop. Coreografia ripresa da Clémentine Deluy, Jorge Puerta Armenta con Eleonora Abbagnato, Damiano Ottavio Bigi e Tsai-Chin Yu.
30, 31 luglio 2025. Terme di Caracalla.

pp. 228-229 | *Marco Spada, ossia la figlia del bandito* di Daniel-François-Esprit Auber. Direttore David Coleman, coreografia, scene e costumi Pierre Lacotte.
18, 19, 21, 22, 23, 24, 25, 26 ottobre 2025.

pp. 222-223 | *Within the golden hour* - Contemporary choreographers evening. Compositions by Ezio Bosso, Antonio Vivaldi. Choreography by Christopher Wheeldon, costumes by Anna Biagiotti. 19, 20, 21, 22, 23, 24 September 2023

pp. 224-225 | *Cacti* - Dawson/Leon-Lightfoot/Ekman Compositions by Franz Joseph Haydn, Ludwig van Beethoven, Franz Schubert. Conductor Thomas Herzog, choreography Alexander Ekman revived by Eve-Marie Dalcourt, sets and costumes Alexander Ekman. 18, 20, 21, 22, 23, 24, 25 May 2025.

pp. 226-227 | *The Rite of Spring* by Igor Stravinsky. Conductor Ido Arad, direction and choreography Pina Bausch, sets and costumes Rolf Borzik, collaborator Hans Pop. Choreography revived by Clémentine Deluy, Jorge Puerta Armenta with Eleonora Abbagnato, Damiano Ottavio Bigi and Tsai-Chin Yu. 30th and 31st July 2025. Terme di Caracalla.

pp. 228-229 | *Marco Spada, or the Bandit's Daughter* by Daniel-François-Esprit Auber. Conducted by David Coleman, choreography, sets and costumes by Pierre Lacotte. 18, 19, 21, 22, 23, 24, 25, 26 October 2025.

Sartoria e costumi

Tailoring and Costumes

TRA I LABORATORI CHE contribuiscono alla realizzazione degli spettacoli del Teatro dell'Opera, la sartoria riveste un ruolo di particolare rilievo. Qui vengono ideati e confezionati, secondo procedimenti interamente artigianali e attraverso tecniche di lavorazione altamente specializzate, i costumi destinati alle opere e ai balletti in cartellone.

L'assetto organizzativo che oggi caratterizza il laboratorio — articolato tra confezione e manutenzione — si definì compiutamente nel 1942, con la trasformazione del Teatro Reale dell'Opera in ente autonomo. Fin dagli inizi al Teatro Costanzi era già attivo un servizio di sartoria interno, affiancato dal frequente ricorso a laboratori esterni per la realizzazione dei costumi. Tra questi si distingue la Casa d'Arte Caramba, pseudonimo del fondatore Luigi Sapelli, che collaborò con alcuni dei principali teatri italiani e internazionali: dalla Scala alla Fenice, dal Regio di Torino all'Opera di Roma fino al Metropolitan di New York.

Alla tradizione della sartoria appartiene inoltre un vasto patrimonio di costumi, custodito nel deposito di via dei Cerchi, dove se ne conservano oltre sessantamila. L'attività del laboratorio comprende la lavorazione dei materiali, la ricerca dei colori e delle tinture, la realizzazione di gioielli e acconciature, la pittura e il ricamo sui tessuti.

Un insieme di competenze che consente di accogliere e interpretare le richieste dei costumisti e degli artisti ospiti più prestigiosi, contribuendo alla conservazione e al rinnovamento di un patrimonio artistico e culturale della tradizione teatrale italiana apprezzato in tutto il mondo.

AMONG THE WORKSHOPS THAT contribute to the production of the Opera Theatre's performances, tailoring plays a particularly important role. Here, the costumes for the operas and ballets on the programme are designed and made using entirely traditional methods and highly specialised techniques.

The organisational structure that characterises the workshop today — divided between tailoring and maintenance — was fully established in 1942, with the transformation of the Teatro Reale dell'Opera into an autonomous entity. From the very beginning, the Teatro Costanzi had an in-house tailoring service, supplemented by frequent use of external workshops for the creation of costumes. Among these, the Casa d'Arte Caramba, pseudonym of its founder Luigi Sapelli, stands out. It collaborated with some of the leading Italian and international theatres: from La Scala to La Fenice, from the Regio in Turin to the Opera in Rome and the Metropolitan in New York.

The tailoring tradition also includes a vast collection of costumes, stored in the warehouse in Via dei Cerchi, where over sixty thousand are kept. The workshop's activities include working with materials, researching colours and dyes, creating jewellery and hairstyles, painting and embroidering fabrics.

This combination of skills allows the workshop to accommodate and interpret the requests of the most prestigious costume designers and guest artists, contributing to the preservation and renewal of the artistic and cultural heritage of Italian theatrical tradition, which is appreciated throughout the world.

pp. 230, 232-233 | Costume per il Duca di Mantova nel *Rigoletto* di Giuseppe Verdi indossato da Giacomo Lauri Volpi. Casa d'Arte Caramba, Milano.

pp. 230, 232-233 | Costume for the Duca di Mantova in *Rigoletto* of Giuseppe Verdi worn by Giacomo Lauri Volpi. Casa d'Arte Caramba, Milan.

p. 232 | Costume per Rodrigo nel *Don Carlos* di Giuseppe Verdi indossato da Giuseppe Kaschmann (1850-1925). Stagione 1909/10.

p. 232 | Costume for Rodrigo in *Don Carlos* of Giuseppe Verdi worn by Giuseppe Kaschmann (1850-1925). 1909/10 season.

p. 233 | Costume di Odette Nicoletti per Oscar ne *Un ballo in maschera* di Giuseppe Verdi. Stagione 2001/02.

p. 233 | Costume by Odette Nicoletti for Oscar in *Un ballo in maschera* of Giuseppe Verdi. 2001/02 season.

p. 234 | Costume per *Rigoletto* di Giuseppe Verdi indossato da Mattia Battistini, 1885.

p. 234 | Costume for *Rigoletto* of Giuseppe Verdi worn by Mattia Battistini, 1885.

pp. 234-235 | Costume per Manrico nel *Trovatore* di Giuseppe Verdi indossato da Giacomo Lauri Volpi (1892-1979). Stagione 1927/28.

pp. 234-235 | Costume for Manrico in *Il trovatore* of Giuseppe Verdi worn by Giacomo Lauri Volpi (1892-1979). 1927/28 season.

p. 235 | Costume per *Lohengrin* di Richard Wagner indossato da Aureliano Pertile (1885-1952). Stagione 1928/29.

p. 235 | Costume for *Lohengrin* of Richard Wagner worn by Aureliano Pertile (1885-1952). 1928/29 season.

p. 236 | *La cena delle beffe* di Umberto Giordano, costume di Luigi Sapelli in arte "Caramba" (1865-1936), tessuti: Mariano Fortuny Venezia. Stagione 1933/34.

p. 236 | *La cena delle beffe* di Umberto Giordano, costume by Luigi Sapelli alias "Caramba" (1865-1936), fabrics of Mariano Fortuny Venice. 1933/34 season.

p. 236 | Costume di Anna Biagiotti per *Tosca* di Giacomo Puccini indossato da Martina Serafin. Regia di Franco Zeffirelli. Stagione 2008/09.

p. 237 | Costume di Violetta di Valentino Garavani indossato da Francesca Dotto nella *Traviata* di Giuseppe Verdi. Stagione 2015/16.

p. 236 | Costume by Anna Biagiotti for *Tosca* of Giacomo Puccini worn by Martina Serafin. Direction by Franco Zeffirelli. 2008/09 season.

p. 237 | Violetta's costume by Valentino Garavani worn by Francesca Dotto in *La traviata* of Giuseppe Verdi. 2015/16 season.

Il Laboratorio dei Cerchi

The Workshop in Via dei Cerchi

Accanto a uno dei luoghi più noti di Roma, la Bocca della Verità, un cancello introduce a un cortile oltre il quale si apre un edificio di architettura industriale di grande suggestione. In via dei Cerchi, negli spazi dell'ex pastificio Pantanella, il Teatro dell'Opera di Roma realizza e produce fin dal 1932 le scenografie dei propri allestimenti.

L'edificio, progettato dall'architetto Busiri Vici, presenta una struttura di particolare interesse: una sopraelevazione con una luce di 23 metri per una profondità di 44 metri, priva di pilastri, tra le prime sperimentazioni di capriate in cemento armato. Gli ambienti si affacciano sul Circo Massimo e sul Palatino, instaurando un dialogo continuo tra architettura industriale e paesaggio archeologico.

Il complesso si sviluppa su più livelli organizzati secondo le diverse esigenze. Al piano terra si trova la falegnameria, dove vengono costruite le scene: qui prende forma gran parte di ciò che apparirà sul palcoscenico, da una semplice sedia fino a una scena completa. Il secondo e il terzo piano ospitano i magazzini dove sono conservati i costumi, mentre al quarto piano si apre il grande reparto di scenografia, in cui vengono dipinte le scene: uno spazio che, oltre a offrire una straordinaria vista a 360 gradi su Roma, conserva ancora oggi la magica sensazione di un luogo sospeso nel tempo.

Il grande salone destinato alla pittura dei fondali, realizzati secondo i principi della scenografia all'italiana, rappresenta uno straordinario esempio di artigianato teatrale. Qui prendono forma prospettive che trasformano lo spazio scenico attraverso il colore, ottenuto ancora

Next to one of Rome's most famous landmarks, the Bocca della Verità (the Mouth of Truth), a gate leads to a courtyard beyond which stands a striking industrial building. In Via dei Cerchi, in the former Pantanella pasta factory, the Teatro dell'Opera in Rome has been designing and producing the sets for its productions since 1932.

The building, designed by architect Busiri Vici, has a particularly interesting structure: a 23-metre-high, 44-metre-deep elevation without pillars, one of the first experiments in reinforced concrete trusses. The rooms overlook the Circus Maximus and the Palatine Hill, establishing a continuous dialogue between industrial architecture and archaeological landscape.

The complex is spread over several levels organised according to different needs. On the ground floor is the carpentry workshop, where the sets are built: this is where most of what will appear on stage takes shape, from a simple chair to a complete set. The second and third floors house the warehouses where the costumes are stored, while the fourth floor is home to the large set design department, where the sets are painted: a space that, in addition to offering an extraordinary 360-degree view of Rome, still retains the magical feeling of a place suspended in time.

The large hall used for painting backdrops, created according to Italian scenography principles, is an extraordinary example of theatrical craftsmanship. Here, perspectives take shape that transform the stage space through colour, still obtained today from natural earth pigments mixed with animal and

oggi da terre naturali sciolte con colle animali e viniliche. Lo strumento per il disegno è un lungo bastone terminante con un beccuccio di ottone che contiene un carboncino e che consente di lavorare in piedi mantenendo una visione d'insieme dell'intera composizione scenica.

Nel corso dei decenni numerosi artisti hanno collaborato con il Teatro dell'Opera, trovando nei suoi laboratori un patrimonio di competenze e professionalità. Tra i protagonisti dei primi decenni del Novecento figurano Benois, Picasso, Cambellotti, Chagall, De Chirico, Prampolini e Parravicini. A questa stagione si affiancano, nel corso della metà del secolo, artisti e scenografi come Calder, Visconti, Manzù, Cagli, Guttuso, Turcato, Basaldella e De Nobili, insieme a figure centrali della scena teatrale come Zeffirelli e Ferretti. Più recentemente i laboratori hanno accolto anche protagonisti della scena artistica contemporanea come William Kentridge e Ai Weiwei.

vinyl glues. The drawing tool is a long stick ending in a brass spout containing charcoal, which allows the artist to work standing up while maintaining an overview of the entire stage composition.

Over the decades, numerous artists have collaborated with the Teatro dell'Opera, finding a wealth of expertise and professionalism in its workshops. Among the leading figures of the early decades of the 20th century were Benois, Picasso, Cambellotti, Chagall, De Chirico, Prampolini and Parravicini. This season is accompanied, in the middle of the century, by artists and set designers such as Calder, Visconti, Manzù, Cagli, Guttuso, Turcato, Basaldella and De Nobili, together with central figures from the theatre scene such as Zeffirelli and Ferretti. More recently, the workshops have also welcomed leading figures from the contemporary art scene such as William Kentridge and Ai Weiwei.

pp. 238-245 | Dettagli del Laboratorio dei Cerchi: falegnameria, ambiente per la realizzazione dei fondali delle scene, sartoria, pennelli e terre per la realizzazione dei colori.

pp. 238-245 | Details of the Laboratorio dei Cerchi: carpentry, environment for making the backdrops for the setting, tailoring, brushes and powders for making colours.

Maîtres et Premières

Maîtres et Premières

Mascagni e *Cavalleria rusticana*

Forse qualche maestro barocco come il viterbese Stradella o il pistoiese Pasquini, allora in voga e oggi nient'affatto, si può dire romano, oltre che eventualmente di scuola e mestiere, di una particolare affezione a qualche teatro cittadino, Alibert o Tordinona che fosse. Certo molto romani sono, in tal senso, il livornese Mascagni, il napoletano Alfano, il palermitano Mulè, il torinese Ferrero, che tra ultimo Otto e ultimo Novecento hanno dato a Roma parecchie opere nuove. Il promo, infatti, spopolò con la *Cavalleria rusticana* del 1890, ma tornò subito sul luogo del favoloso delitto con *L'amico Fritz* e *Iris*, per tornare un po' più tardi con *Le maschere*, *Lodoletta* e *Il piccolo Marat* fino al 1921.

Quando il melodramma in un atto che Giovanni Targioni Tozzetti e Guido Menasci avevano tratto dall'omonimo dramma di Giovanni Verga (a sua volta tratto dalla novella) salì al Costanzi, il 17 maggio del 1890, altro che fulmine a ciel sereno: alla fine della serenata «non un applauso, non un grido, ma un urlo tonante scoppiò in teatro» secondo il cronista di «Capitan Fracassa». Invero *Cavalleria rusticana* fu un fiotto di luce sceso nel buio di una gloriosa tradizione che ormai si reggeva soprattutto sul vecchio Verdi e sul repertorio, ancora mancandole gli altri giovani contributi di Leoncavallo, Cilea,

p. 246 | Gemma Bellincioni (Santuzza) e Roberto Stagno (Turiddu) nella *Cavalleria rusticana* di Pietro Mascagni. 17, 20, 22, 24, 25, 30, 31 maggio 1890.

Mascagni and *Cavalleria rusticana*

Perhaps there are a few Baroque masters, like the Viterbo-born Stradella or the Pistoia-born Pasquini – in vogue at the time but not at all today – who could be called Roman, not just in terms of school and experience but also special attachment to one of the city's theatres, whether the Alibert or Tordinona. Of course, the Livorno-born Mascagni, the Neapolitan Alfano, the Palermo-born Mulè and the Turin-born Ferrero were all extremely Roman, in this sense, having premiered countless new operas in Rome between the late nineteenth and early twentieth centuries. Mascagni drew crowds with the 1890 production of *Cavalleria rusticana*, but immediately returned to the scene of the legendary crime with *L'amico Fritz* and *Iris*, then returning again a bit later with *Le maschere*, *Lodoletta* and *Il piccolo Marat* up until 1921.

Drawn by Giovanni Targioni Tozzetti and Guido Menasci from the eponymous play by Giovanni Verga (which was in turn drawn from the novella), when the one-act opera opened at the Costanzi on 17 May 1890, it was like a bolt out of the blue: as reported in *Capitan Fracassa*, when the music stopped, "it was not applause, not a shout, but a thunderous roar that exploded in the theatre". Indeed, *Cavalleria rusticana* was like a flood of light in the darkness of a glorious tradition that was by that point resting above all on old Verdi and a repertory as yet still missing the other young contributions of Leoncavallo,

p. 246 | Gemma Bellincioni (Santuzza) and Roberto Stagno (Turiddu) in *Cavalleria rusticana* of Pietro Mascagni. 17, 20, 22, 24, 25, 30, 31 May 1890.

Giordano, di Puccini stesso. Un atto solo, uno spettacolo di un'ora e un quarto, un libretto di una ventina di pagine, una partitura di appena 13 numeri: ma un'opera, anche, piena, possente, festosa e tragica, sagacemente e perfettamente tornita nei contorni melodici, armonici e orchestrali. Un'opera, ancora, che nella concezione drammaturgica non faceva tesoro della famosa *brevitas* verdiana. Il primo terzo del dramma non serve ancora a schizzare l'intreccio, ma s'ingegna a dare le premesse sia spaziali che temporali del dramma stesso, le une col fresco coro misto che descrive il bel paesaggio campestre e dice di sentire i pizzicotti dell'amore, le altre col plastico coro dei fedeli che festeggiano il giorno di Pasqua. Pittura d'ambiente, dunque, e d'ambiente tutto speciale, locale, quasi da toccare con mano; e unità di luogo, grazie al mezzo giorno di Pasqua nel cui corso si snoda la breve vicenda, fra l'alba e la celebrazione della messa.

Il tramonto? «Vendetta avrò prima che tramonti il dì», griderà il vindice baritono. Già fidanzato con Lola, Turiddu finisce la leva e torna al paesello siculo, trova la ex sposata e si consola con l'ingenua Santuzza, ma poi riprende la relazione quella civetta là; Santuzza capisce e fa la spia al marito Alfio, il baritono che obbedendo agli antichi codici delle campagne meridionali sfida e uccide Turiddu. Nessun'aura di nobiltà, di spiritualità, di religiosità intima cala sulla squallida vicenda più o meno contemporanea agli autori, che anche per questo risulta giustamente naturalistica. Ma lievitarla generosamente spetta alla musica, arte catartica per eccellenza, e nella fattispecie a una musica sempre ispirata, forte, esplicita, da Verismo della più bell'acqua.

Sono pochi, in fondo, gli strumenti di questa schietta drammaturgia: la morfologia è chiara, il melodismo è vivace, e dall'orchestrazione alla vocalità, dalla coralità al solismo tutti i parametri musicali suonano ricchi, netti, pieni di carattere. La partitura aggira le ultime conquiste verdiane e recupera il pezzo staccato, nella forma della romanza o della canzone e

Cilea, Giordano and Puccini himself. Just one act, a show lasting and hour and fifteen minutes, a libretto spanning about twenty pages, a score with barely thirteen numbers: but also a complete, powerful, joyful and tragic opera, melodically, harmonically and orchestrally perceptively and perfectly polished. And an opera that did not build upon Verdi's famed *brevitas* in its dramatic conception. The first third of the drama does not yet serve to sketch out the plot, instead contriving to lay down the spatial and temporal premises of the drama itself, the former with the fresh mixed choir, which describes the beautiful country landscape and claims to feel the nip of love; the latter with the church choir celebrating Easter. A period painting, therefore, with a unique, local setting that one could almost touch with one's hand. And unity of place, thanks to the half day on Easter Sunday over which the short tale unfolds, between dawn and the celebration of the Mass.

Sunset? "Vendetta avrò prima che tramonti il dì" (I shall have my revenge before the sun has set), the avenging baritone cries. Engaged to Lola, Turiddu returns to his Sicilian village after completing his military service, finds that Lola has married and consoles himself with the naive Santuzza, but then returns to the flirt. Santuzza realises this and informs Lola's husband Alfio, who, in obedience to the ancient codes of the rural south, challenges and kills Turiddu. There is no aura of nobility, spirituality or religiosity surrounding this squalid event, which is set in a time more or less contemporary to its authors, whence in part its realism. But it is generously raised up by the music, the cathartic art par excellence, and in this case the music is unwaveringly inspired, strong, explicit, first-class verismo.

This straightforward drama's tools are, at base, few in number: the morphology is clear, the melody is lively and all of the musical parameters are rich, sharp and full of character, from the orchestration and vocal style to the choruses and solos. The score sidesteps Verdi's most recent achievements and revives the *pezzo staccato*, in the form of the aria or song and in the occasion of incidental music, often as a flexible, sumptuous Largo (from the prelude that begins andante sostenuto but be-

nel pretesto della musica di scena, spesso come un Largo plastico e sontuoso (dal preludio che comincia Andante sostenuto ma si fa "molto largo e sostenendo moltissimo" alla preghiera «Inneggiamo, il Signor non è morto» fino all'arioso di Turiddu «Lo so che il torto è mio»). Tutt'attorno, attraverso frequenti cambi di battuta, assidui segnali di allargando e stringendo, si danno regolari ma improvvise accensioni di sonorità che fin dal preludio (per esempio subito dopo la siciliana) riescono a toccare i vertici dell'espressività senza rinunciare mai a suoni pastosi, omogenei, intrisi tanto di lirismo quanto di drammaticità.

Bene, ma il primo verso dell'opera è «O Lola, ch'hai di latti la cammisa», l'ultimo della settima fra le dodici scene «A te la mala Pasqua, spergiuro!», l'ultimo dell'opera intera «Hanno ammazzato compare Turiddu»: il primo vuole cantato ma in dialetto, il secondo più declamato e anzi gridato che cantato, il terzo non cantato ma solo gridato dal coro. Verismo, difatti, anzi capostipite del Verismo è la prima delle 15 opere di Mascagni, l'ultima delle quali, romana quant'altra mai col titolo di Nerone, andò in scena alla Scala 45 anni dopo.

comes "very largo and extremely prolonged" to the prayer "Inneggiamo, il Signor non è morto" (Let us sing hymns, the Lord is not dead) up to Turiddu's arioso "Lo so che il torto è mio" (I know that the fault is mine). And all around, through frequent changes in beat, constant signals of expanding and contracting, there are regular moments of sudden sonority that, right from the prelude (for example, immediately after the siciliana), reach the height of expressiveness without ever renouncing rich, homogeneous sounds infused as much with lyricism as with drama.

Very well, but the first verse of the opera is "O Lola, ch'hai di latti la cammisa" (O Lola, who has the white blouse), the last of the seventh of twelve scenes, "A te la mala Pasqua, Spergiuro!" (To you a bad Easter, deceiver), the last of the whole opera, "Hanno ammazzato compare Turiddu" (They've killed neighbour Turiddu): the first is to be sung but in dialect, the second more recited and even shouted than sung, the third not sung but just shouted by the chorus. The first of Mascagni's fifteen operas (the last of which, *Nerone*, as Roman as can be, was staged at La Scala forty-five years later) is verist, indeed a forefather of verismo.

Puccini e *Tosca*

Fra il successo torinese della *Bohème* e il fiasco milanese della *Madama Butterfly*, nel catalogo pucciniano si inserisce la romana e tutto sommato benaccolta *Tosca*, opera romana due volte perché tale di nascita ma anche di soggetto. Il melodramma in tre atti che Luigi Illica e Giuseppe Giacosa avevano tratto dalla popolare *Tosca* di Victorien Sardou salì al Costanzi il 14 gennaio del 1900. Fra le amenità critiche: «Puccini ha fatto un gran passo innanzi», «Puccini ha sbagliato strada», «è musica veramente italiana», «ci si sente Massenet», «è musica forte», «è musica delicata», «c'è troppe canzonette», «c'è troppa declamazione», «ci sono delle prolissità», «il dramma è troppo serrato», «viva Puccini!», «viva Mascagni!» (s'è per questo anche «viva Verdi!»); eccetera eccetera, con pazienza.

Puccini and *Tosca*

Between the Turin success of *La bohème* and the Milan fiasco of *Madama Butterfly*, we find Puccini's Roman and for the most part well received *Tosca*. It is a Roman opera in two senses: its premiere in the Eternal City but also its subject. The three-act opera drawn by Luigi Illica and Giuseppe Giacosa from Victorien Sardou's popular play *Tosca* opened at the Costanzi on 14 January 1900. Among the critical nonsense: "Puccini has taken a big step forward", "Puccini has lost his way", "it is truly Italian music", "it sounds like Massenet", "it is powerful music", "it is delicate music", "there are too many canzonettas", "there is too much declamation", "there is some long-windedness", "the drama is too concise", "long live Puccini", "long live Mascagni!" (and so also "long live Verdi"), etc. and etc. Patience.

TEATRO COSTANZI

Domenica 14 Gennaio 1900, alle ore 8 1|2 p.
(Sera 11ª d'Abbonamento)

PRIMA RAPPRESENTAZIONE

del Melodramma in 3 atti di **V. Sardou, L. Illica e G. Giacosa:**

TOSCA

Musica di GIACOMO PUCCINI

(Proprietà G. RICORDI e C.)

NUOVISSIMA

L'Autore assisterà alla rappresentazione

PERSONAGGI

Floria Tosca	***ERICLEA DARCLEE***
Mario Cavaradossi	***EMILIO DE MARCHI***
Il Barone Scarpia, capo della Polizia	***EUGENIO GIRALDONI***
Cesare Angelotti	***Enrico Galli***
Il Sagrestano	***Ettore Borelli***
Spoletta, agente di Polizia	***Enrico Giordani***
Sciarrone, gendarme	*Giuseppe Gironi*
Un Carceriere	*Aristide Parasassi*
Un Pastore	*Angelo Righi*

Soldati, Birri, Dame, Nobili, Borghesi, Popolo, ecc. — Roma, Giugno 1800.

Scene e costumi di ADOLFO KOHENSTEIN

Maestro Concertatore e Direttore d'Orchestra

LEOPOLDO MUGNONE

Maestro sostituto: **TEOFILO DE ANGELIS** — Maestro dei Cori: **MARCO FOÀ**

Orchestra Massima Romana - Società Corale Massima.

FORNITORI: Scene, *Società Scenografica del « Teatro alla Scala »* — Vestiario, *T. Chiappa* — Attrezzi *E. Rancati* — Parrucche, *G. Gaj* — Calzature, *F. Martorelli* — Macchinismi: *A. Polidori.*

Prezzi.

3 Lire - INGRESSO - Lire 3

Poltrone Lire **15** — Sedie Lire **5** — Anfiteatro Lire **3**

PALCHI: Ordine I L. **100** - Ordine II L. **120** - Ord. III L. **40**

(tutto oltre l'ingresso)

2 Lire - GALLERIA - Lire 2

Bambini e Militari di bassa forza: Ingresso e Galleria metà prezzo.

Col biglietto di Galleria si accede al solo Lubbione con ingresso in Via Torino, 20.

Per comodo del pubblico la vendita dei biglietti, oltre al camerino del Teatro, aperto dalle 10 ant in poi nei giorni di rappresentazione, e dalle 10 ant. alle 5 in quelli di riposo, avrà pure luogo nel nuovo Bar Venezia, Via Nazionale angolo Via del Corso.

Roma Tip. Economica Corso 397

Meglio passare all'intreccio: nella Roma papalina dell'anno 1800 il pittore volterriano Mario Cavaradossi salva l'evaso repubblicano Angelotti e per questo è preso di mira e anzi torturato dal capo della polizia barone Scarpia, che è prepotentemente attratto dalla di lui amante Floria Tosca, celebre cantante; ingannata, la donna rivela il nascondiglio dell'evaso e poi viene ricattata dal lubrico barone, che libererebbe Mario solo dopo averla posseduta; disperata accetta, e appena vista firmata la liberazione colpisce a morte quel mostro e corre dal suo Mario; ma Mario, che secondo il patto dovrebbe esser fucilato per finta, è fucilato per davvero, al che Floria risolve di precipitarsi giù dal Castel Sant'Angelo.

«E avanti a lui tremava tutta Roma», pensa la donna dopo l'omicidio. Ed è tutta romana l'aura che vibra nel dramma e nella musica dell'opera. Per esempio all'inizio del terzo atto, dove gli spaziati quattro corni soli, il cupo suono grave copiato dal campanone di San Pietro, il lungo e accordale Andante sostenuto, il lontano stornello romanesco cantato da una voce bianca aprono uno squarcio di paesaggio che s'incarica non di contraddire ma di meglio connotare il dramma, di effettivamente completare la sua ricca e variegata tinteggiatura.

Del resto prima delle ultime due morti violente Mario canta la romanza «O dolci baci, o languide carezze», struggente di una passione e una sensualità profonda, intensa come il testo che favella di profumi notturni e aerea come il clarinetto che ne anticipa il tema. Ma siccome già nel primo atto Mario cantava «Recondita armonia» vagheggiando bellezze, colori, capelli, occhi diversi, e Tosca gli chiedeva se non sospirasse la loro casetta tutt'ascosa nel verde, le salienti voci delle cose, gli uscenti bisbigli di minuscoli amori, ecco che il simbolismo dell'opera e della partitura viene allo scoperto: al punto da poter distrarre Puccini dal Verismo di moda e avvicinarlo piuttosto a Catalani e Debussy nel disegno di un possibile Decadentismo operistico europeo.

p. 250 | Manifesto per la prima rappresentazione di *Tosca* di Giacomo Puccini, 14 gennaio 1900.

It will be better to move on to the plot: in the year 1800, in papist Rome, the Voltairian painter Mario Cavaradossi saves the escaped republican Angelotti, for which he is targeted and even tortured by the Chief of Police, Baron Scarpia, who is forcefully attracted to the artist's lover Floria Tosca, a famous singer. Tricked, Tosca reveals where the escapee is hiding and is then blackmailed by the lewd baron, who promises to free the painter only after he has taken her. Desperate, she accepts and, as soon as she sees him sign the safe conduct, stabs him to death and runs to Cavaradossi. But the artist, who was not supposed to be actually shot, was executed after all, at which Tosca leaps to her death from Castel Sant'Angelo.

"E Avanti a lui tremava tutta Roma" (And before him, all of Rome trembled), Tosca muses after the murder. And the aura that fills the opera's plot and music is all Roman. For example, at the beginning of the third act, where the four, spaced-out lone horns, the deep, low-pitched sound copied from the bell of St Peter's, the long, chordal andante sostenuto and the distant Roman stornello sung by a treble voice conjure a landscape charged not with contradicting but rather more clearly defining the drama, in effect completing its rich and varied colouring.

For that matter, before the final two violent deaths, Cavaradossi sings the aria "O dolci baci, o languide carezze" (O sweet kisses, O languid caresses), poignantly passionate and deeply sensual, as intense as the text that speaks of nocturnal perfumes and wafts like the clarinet that anticipates its theme. But since Cavaradossi was already singing "Recondita armonia" (Hidden harmony) in the first act, contemplating different beauties, hues, hair and eyes, and Tosca was asking him if he doesn't long for their little house hidden in the greenery, the voices of things, the whispers of tiny loves, this is where the symbolism of the opera and the score is revealed, to the point of distracting Puccini from modish verismo, drawing him closer to Catalani and Debussy in the mapping out of a possible European opera decadence.

p. 250 | Poster for the first performance of *Tosca* of Giacomo Puccini, 14 January 1900.

Sono una sessantina i temi che percorrono la partitura, spesso diatonici, larghi, taglienti, gestuali, attoriali, a cominciare da quello terribile di Scarpia che ne scoppia all'inizio, ambiguo, antimelodico e pressoché intrattabile. Con questa paletta motivica caratterizzano la partitura l'ampio ricorso alla dissonanza, l'uso della scala per toni interi e cromatica, il cambio di movimento o di ritmo a mezzo di una frase o parola, la prevalenza di andamenti non veloci, un'orchestra dura e sfarzosa insieme che tende a squilibrarsi nei piani dinamici e a selezionarsi sui singoli personaggi. Il clarinetto, il corno e il violoncello piacciono al tenore, per esempio, mentre il soprano preferisce il flauto, l'oboe e il violino. A dispetto della violenza, della *grandeur*, della prepotenza d'orchestra? Mai, rispondono il grandioso *Te Deum* con organo che chiude il primo atto, l'aggressivo duetto del secondo atto tra Vitellio e Floria, il teatralissimo finale secondo dove Tosca uccide, canta, declama. L'amore, l'arte e la fede? Tosca non ha dubbi: quando ricorda «Vissi d'arte, vissi d'amore», chiede a Dio perché la stia remunerando così malamente; ma quando la gelosia la fa straparlare e imprecare, allora è ben sicura d'altro, perché l'endecasillabo «Dio mi perdona! Egli vede ch'io piango» è un arioso da manuale.

The score counts about sixty themes, often diatonic, largo, sharp, gestural, actorly, starting with the terrible theme of Scarpia that bursts in at the beginning, ambiguous, anti-melodic and all but intractable. With this palette of motifs, the score is characterised by broad recourse to dissonance, use of chromatic scale and whole tone scale, change of movement or rhythm in the middle of a phrase or word, the prevalence of relatively slow modulations and an orchestra at once both hard and sumptuous that tends to lose its balance on the dynamic planes and adapt to the individual roles. The tenor likes the clarinet, horn and violoncello, while the soprano prefers the flute, oboe and violin. In spite of the violence, *grandeur* and orchestral force? Never, answers the grand *Te Deum* with organ that closes the first act, the aggressive duet between Vitellio and Floria in the second act, the theatrical second finale in which Tosca kills, sings and declaims. Love, art and faith? Tosca has no doubts: when she reflects "I lived for art, I lived for love", she asked God why he is rewarding her thus. But when jealousy drives her to rave and curse, she is certain of something quite different, because the hendecasyllabic line "Dio mi perdona! Egli vede ch'io piango" (God forgives me! He sees that I am weeping!) is a textbook arioso.

Wagner e *Parsifal*

Nel 1913, scattando il trentennale dalla morte di Wagner, precipitò il divieto della rappresentazione dell'ultima opera, *Parsifal*, fuori da Bayreuth. La wagneriana Bologna, che nel 1871 s'era guadagnata la prima italiana del *Lohengrin* e poi era andata avanti con il *Tannhäuser* e l'*Olandese volante* giustamente vantandosene, s'accaparrò anche *Parsifal* ma in condominio con il Costanzi, il più giovane teatro lirico governato da gente cui evidentemente la passione per Mascagni e per Verdi non impediva di guardare oltre il

Wagner and *Parsifal*

In 1913, thirty years after Wagner's death, the ban on producing his last opera, *Parsifal*, outside Bayreuth expired. Wagnerian Bologna, which had won the Italian premiere of *Lohengrin* in 1871 and then went on to produce *Tannhäuser* and *The Flying Dutchman*, with justifiable pride, also snatched *Parsifal*, but shared it with the Costanzi, a younger opera house run by people whose passion for Mascagni and Verdi did not prevent them from looking beyond verismo and north of the Alps. At 4:05 pm on 1 January 1914, the con-

p. 253 | Locandina per *Parsifal* di Richard Wagner, 20 aprile 1914, e per *La Donna Serpente* di Alfredo Casella, 17 marzo 1932.

p. 253 | Poster for *Parsifal* of Richard Wagner, 20 April 1914, and for Alfredo Casella's *La Donna Serpente*, 17 March 1932.

TEATRO COSTANZI

ROMA

Impresa "TEATRO COSTANZI,,

Società in accomandita in combinazione artistica con LA TEATRAL di Buenos Ayres

Grande Stagione Lirica Carnevale-Quaresima 1913-1914

Lunedì 20 Aprile, alle ore 20,30 precise

(Sera 60ª in abbonamento)

CHIUSURA DELLA STAGIONE

Serata in Onore del Maestro EDOARDO VITALE

con la 22ª replica del dramma mistico in 3 atti di R. WAGNER:

PARSIFAL

Traduzione ritmica dal testo originale tedesco di **Giovanni Pozza**

(Proprietà degli editori G. RICORDI e C. ed EDOARDO SONZOGNO)

PERSONAGGI

Amfortas	FATIGANTI EDOARDO	Parsifal	PEREA EMILIO
Titurel	GIRONI GIUSEPPE	Klingsor	PATINO CIRO
Gurnemanz	MASINI PIERALLI ANGELO	Kundry	PASINI-VITALE LINA

Sei fanciulle fiori (per ordine alfabetico)

Benincori Margherita - Caterini Anita - Galeffi Maria
Giacomucci Anita - Monducci Velia - Rogers Maria

Due Cavalieri: Schottler Giorgio - Gironi Giuseppe

Quattro Scudieri:

Giacomucci Anita - Galeffi Maria - Boscacci R. - Rossi A.

Luogo dell'azione. - Nel territorio e nella rocca dei custodi del Gral, « Monsalvat », d'un carattere quale è la regione montagnosa settentrionale della Spagna gotica; poi nel castello incantato di Klingsor, alle pendici meridionali degli stessi monti, Spagna araba. Il costume dei cavalieri e degli scudieri del Gral è simile a quello dei templari, tunica e mantello bianchi; invece però della croce rossa, è dipinta sullo scudo e ricamata sul mantello una colomba volante.

Maestro Concertatore e Direttore d'Orchestra:

EDOARDO VITALE

Altri Maestri: **Teofilo De Angelis - Alfredo Martino**

Maestro del Coro: **Enrico Romeo**

Maestri Sostituti: *Silvio Piergili - Ezio Carabella Ottorino Giordani*

Coreografo e Direttore di scena: ROMEO FRANCIOLI

Maestro della Banda: MARIO CAPRI

Suggeritore: *Luigi Bellabarba*

Direttore macchinario di scena: *Oreste Bernasconi* - Elettricista: *Alessandro Sambucetti*.

Orchestra e Coro del Teatro

Scene dipinte dal Prof. *P. Stroppa* - Costumi della Sartoria *Chiappa* - Attrezzi: *G. Rancati*

AVVISO. - Per esigenze artistiche, cominciato l'atto è vietato l'ingresso nella Sala del Teatro.

PREZZI

3 Lire - INGRESSO - Lire 3

Palchi I e II Ordine L. 80 - III Ordine L. 40

Poltrone 12 - Sedie L. 5 - Anfiteatro L. 3 (tutto oltre l'ingresso)

Galleria num. L. 3 - Non num. L. 2 (compreso l'ingresso)

Il Teatro si apre alle ore 8¼ - La Galleria si apre alle ore 8

ROMA Offic. Tip. dell'Impresa Generale di Affissioni e Pubblicità Aracoeli, 46

TEATRO REALE DELL'OPERA

STAGIONE LIRICA UFFICIALE 1931-32 - A. X

Giovedì 17 Marzo 1932 - ore 21

(Sera 27ª in abbonamento)

PRIMA ESECUZIONE

LA DONNA SERPENTE

Opera fiaba in un prologo, tre atti e 7 quadri di C. Lodovici
tratta dalla fiaba omonima di Carlo Gozzi

Musica di ALFREDO CASELLA

NUOVISSIMA

(Proprietà G. Ricordi e C.)

PERSONAGGI DELL'AZIONE

Altidòr, Re di Tèflis	MELANDRI ANTONIO
Miranda, fata, Regina di Eldorado, sua sposa	PASINI LAURA
Armilla, sorella di Altidòr, guerriera, sposa di Tògrul	SERRA MASSARA MARIA
Farzana, fata	MARTUCCI ANNA MARIA
Canzade, amazzone	GIANI NINY
Alditruf, arciere di Altidòr	ALESSIO DE PAOLIS
Albrigor, servo di Tògrul	PACINI ADOLFO
Pantùl, aio di Altidòr	VANELLI GINO
Tartagil, basso ministro di Tògrul	NARDI LUIGI
Tògrul, ministro fedele	LANSKOY GIORGIO
Demogorgòn, Re delle Fate	INGHILLERI GIOVANNI
La Corifèa	ARBUFFO MATILDE
Una voce nel Deserto	ZILIA MARIA
La fatina Smeraldina	MARIANI MARIA
Badur, ministro traditore	MARUCCI MILLO
Un primo messo	PASSAROTTI PIETRO
Un secondo messo	PROTT AUGUSTO
Il Corifèo	PASSAROTTI PIETRO
La voce del mago Geonca	BARONTI DUILIO

CORO: Fate, folletti, gnomi, soldati, popolo, nutrici, ecc.

La scena si svolge parte in un ipotetico deserto, parte nella città di Tèflis e luoghi circonvicini, parte sulle alte ed epiche rupi del Caucaso - Al tempo delle Fate

Le danze sono composte dal Maestro NICOLA GUERRA ed eseguite dal CORPO DI BALLO del TEATRO REALE DELL'OPERA

Maestro Concertatore e Direttore d'Orchestra

L'AUTORE

Maestro del Coro: ANDREA MOROSINI

Direttore della messa in scena: GIOVACCHINO FORZANO - Direttore dell'allestimento scenico: PERICLE ANSALDO

Suggeritore: M.° Mario Cherici - Collaboratori scenotecnici: Bruno Nofri - Filippo Dadò - Oscar Saxida

Bozzetti delle scene e figurini dei costumi di C. E. Oppo

Scene dipinte da Ettore Polidori - Costumi del Teatro Reale dell'Opera e della Casa d'Arte di Roma

Mobili ed attrezzi della Casa Rancati di Milano

AVVISO

Si avverte il Pubblico che, per ragioni artistiche trascorsi cinque minuti dall'ora stabilita nel manifesto giornaliero, si inizierà senz'altro lo spettacolo.

I ritardatari non potranno entrare in Sala e nelle Gallerie che alla fine dell'atto.

In uno degli intervalli verrà fatto funzionare il sipario metallico di sicurezza.

Prezzi

Palchi di Platea e di 1° ordine (esauriti in abbonamento)		
Palchi di 2° ordine	L.	**300**
Palchi di 3° ordine	„	**200**
Poltrone di Platea dalla 1ª alla 15ª fila (compresa)	„	**120**
Poltrone di Platea dalla 16ª alla 22ª fila	„	**80**
Poltroncine di Balconata Centrali di 3° ordine	„	**50**
Tutto oltre l'ingresso	„	**20**
Poltroncine di Galleria 1ª e 2ª fila (Centrali)	L.	**25**
Poltroncine di Galleria 1ª e 2ª fila (Laterali)	„	**15**
Galleria dalla 3ª alla 7ª fila (Centrali)	„	**12**
Galleria dalla 3ª alla 7ª fila (Laterali)	„	**8**
Tutto oltre l'ingresso	„	**6**

A tutti i prezzi suesposti sarà applicata la tassa erariale del 10 per cento

Le frazioni di centesimi devono essere arrotondate sino a 10 centesimi (R. Decreto 4 Maggio 1920 n. 567)

La vendita dei biglietti oltre che al Botteghino del Teatro, viene eseguita (esclusi i posti di Galleria) anche presso gli Uffici della Compagnia Italiana Turismo in Piazza Colonna Largo Chigi - Telef. 60-955 - 64-865 - 64 Piazza Esedra Tel. 43404 76 Via Vittorio Veneto Tel. 45664 - Stazione Termini, lato arrivi Tel. 41678, presso l'Agenzia Biglietti Teatrali al Traforo - Telef. 64-787 e attraverso l'ufficio della TELEFONICA TIRRENA, al quale gli Abbonati al telefono potranno rivolgersi chiamando il N. 055.

Non vi sono posti in piedi

E' prescritto l'abito da sera per la Platea e per i Palchi

Durante l'esecuzione dello spettacolo è vietato di accedere alla Platea ed alle Gallerie - E' pure vietato di muoversi dal proprio posto prima della fine di ogni atto.

Gl' indumenti e gli altri oggetti depositati alle guardarobe non possono essere ritirati che negli intervalli tra gli atti o alla fine dello spettacolo.

Ragioni d'ordine e d'arte hanno indotto la Direzione a vietare le repliche dei pezzi durante la rappresentazione. Il pubblico è pregato di uniformarsi a tale disposizione.

Le biglietterie del Teatro si aprono alle ore 10.

Per disposizione del Regolamento sulla vigilanza dei Teatri il pubblico può lasciare la sala, alla fine dello spettacolo, da tutte indistintamente le porte d'uscita.

IL TEATRO SI APRE ALLE ORE 20.30

L'ingresso ai Palchi, Poltrone e Poltroncine di Balconata è dalla Piazza Viminale
L'ingresso alla Galleria da Via Firenze

Tip. Lit. Nava e C. - Roma

Verismo e oltre le Alpi. Alle 16,05 del 1° gennaio 2014 il maestro Vitale attaccò, in un silenzio appena rotto da mormorii esaltanti una musica assolutamente «divina» e lungo ore su ore.

Eccolo dunque, l'ultimo frutto della rivoluzione wagneriana, un "dramma sacro" d'argomento cristiano che addirittura empio, invece, poteva sembrare al mondo cattolico e in particolare alla romanità tradizionale, visto che trattava e tanto esaltava materia apocrifa. L'autore, letterato e scrittore ancor prima che musicista, aveva divorato il *Parzival* di Wolfram von Eschenbach, un eterno poema tedesco ispirato al *Perceval* del trovatore francese Chrétien de Troyes. Il venerdì santo del 1857 (non senza motivo), avendo interrotto i lavori disperanti dell'*Anello del Nibelungo* (un universo musicale molto composto e non ancora eseguito), riaccostò il poema e meditò di trarne un dramma per musica. Però si innamorò di *Tristano e Isotta*, che compose poco dopo e rappresentò nel 1865, anno in cui sistemò l'abbozzo poetico di un dramma sul vecchio Parsifal. Sempre più vecchio, il personaggio di Parsifal ebbe tutta la sua musica e la sua messinscena nel 1882, il suo plauso critico in tutto il mondo (o quasi) ma non la possibilità immediata di farsi applaudire o almeno sentire altrove.

Testo di grande complessità, significanza e anche ambiguità, *Parsifal* è come un Bildungsroman, un romanzo di formazione in aspetto di dramma per musica. Nel regno del Montsalvat dove si custodisce il sacro Graal, la coppa contenente il sangue versato da Cristo in croce, il re Amfortas deve periodicamente scoprire la reliquia, ma lo fa nella massima costernazione perché ha perduto la purezza che è obbligatoria per i cavalieri della sua cerchia. Mentre Kundry lo cura con certi unguenti, Gurnemanz lo aiuta mettendo al cimento il giovane e incoscientello Parsifal. Il quale va a recuperare la lancia che aveva ferito il costato di Cristo, sottratta ad Amfortas dal mago Klingsor con la complicità della doppia personalità di Kundry. Riesce, perché finalmente prova compassione per il re, che così morirà rasserenato; e con la benedizione di Gurnemanz e l'aiuto di Kundry tornata buona diventa nuovo re del Graal, puro come tutti i relativi cavalieri.

ductor, Vitale, commenced, in a silent auditorium that remained so for hours upon hours, the quiet broken by nothing more than hushed murmurs extolling the absolutely "divine" music.

This was the latest fruit of the Wagnerian revolution, a "religious drama" with a Christian subject that could have seemed impious to the Catholic world at the time, in particular the traditional Roman spirit, since it dealt with and exalted apocryphal material. Its author, even more a man of letters and writer than musician, had devoured Wolfram von Eschenbach's *Parzival*, a German epic poem inspired by the French troubadour Chrétien de Troyes's *Perceval*. In April 1857, on Good Friday (with reason) and having interrupted his desperate work on the *Ring* cycle (a musical universe, much of which already composed but not yet performed), his thoughts returned to the poem and he contemplated turning it into a serious opera. But first, he fell in love with *Tristan und Isolde*, which he composed shortly after and premiered in 1865, the year in which he returned to his old poetic draft of an opera about Parsifal. Older and older, in 1882 the role of Parsifal finally had all its music and its premiere as well as critical acclaim all over (or almost all over) the world, but not the possibly of being applauded or at least heard elsewhere.

A highly complex text full of meaning but also ambiguity, *Parsifal* is a kind of a *Bildungsroman*, a coming-of-age book in the form of serious opera. In the castle of Montsalvat, where the Holy Grail, the cup containing the blood shed by Christ on the cross, is kept, the king Amfortas must periodically uncover the relic, but he does so with immense distress, since he has lost the purity required for the knights in his circle. While Kundry cures him with ointments, Gurnemanz helps him by putting the young and slightly reckless Parsifal to the test. Who then goes out to find the spear that wounded Christ's side, taken from Amfortas by the magician Klingsor with the help of Kundry's double personality. He succeeds, because he finally feels compassion for the king, who shall thus die in good spirits. With the blessing of Gurnemanz and the help of Kundry, now good again, he becomes the new king of the Grail, pure as all its knights.

Sospeso fra maestri come Cristo e Buddha, Parsifal, che secondo un'etimologia erronea ma suggestiva sarebbe il "puro folle", comincia la sua parabola come un ocarotto qualsiasi (parola di Gurnemanz) e finisce sovrano di una sorta di enclave religiosa e benefica quasi sovrumana. Il suo percorso di bene è fortemente osteggiato da una cornice di male, e la sua ricchissima partitura, che contiene squarci come il *Vorspiel* o preludio (con la citazione del popolare *Amen di Dresda* composto da Johann Gottlieb Neumann) e l'*Incantesimo del Venerdì Santo*, si divarica fra le lunghe rette del diatonismo e tutti gli accidenti del cromatismo. Cospicuo il numero dei temi conduttori, quelle melodie che l'autore inventava addosso a un personaggio, un sentimento, un oggetto ed elaborava con somma perizia tutte le volte che l'occasione tornava (mescendole con altre emerse dal contesto), direttamente o indirettamente: sono una quarantina, per esempio il tema del Graal, della fede, della tempesta, del cigno, della purezza, del funerale; e solo il tema principale si atteggia a cinque sottotemi, relativi a redenzione, colpa, lancia, comunione e ferita.

Buono quel vecchio rapporto di Roma con Wagner, anche al di là della prima condivisa: se *Rienzi* rinacque al Politeama Romano nel 1880 (direttore Marino Mancinelli), l'Apollo ospitò *Lohengrin* nel 1878 (Amilcare Ponchielli), *L'anello del Nibelungo* del 1883 (Anton Seidl), *Tannhäuser* nel 1886 (Edoardo Mascheroni). Per le altre opere si mosse il Costanzi: *I maestri cantori di Norimberga* nel 1901 (Vitale), *Tristano e Isotta* nel 1903 (Luigi Mancinelli).

Suspended between the teachers Christ and Buddha, Parsifal, the erroneous but evocative etymology of his name meaning "pure madness", begins his narrative arc as an ordinary goose (Gurnemanz's term) and ends king of a kind of almost superhuman religious and benevolent enclave. His path towards the good is hampered by an evil frame, and his rich score, which includes passages like the Vorspiel or prelude (with the citation of Johann Gottlieb Neumann's popular *Dresden Amen*) and the *Incantesimo di Venerdì Santo*, diverges between the long lines of diatonicism and all the accidents of chromaticism. There is a sizeable number of leitmotivs, melodies that the composer invented around a character, feeling or object and masterfully developed whenever the occasion returned (mixing them with others that sprang from the context), whether directly or indirectly: there are about forty of them, examples including the themes of the Grail, faith, the storm, the swan, purity and the funeral. And the main theme contains the five sub themes redemption, wrongdoing, spear, communion and wound.

Rome had a good relationship with Wagner, even beyond that shared premiere: while *Rienzi* was reborn at the Politeama Romano in 1880 (conductor Marino Mancinelli), the Apollo hosted *Lohengrin* in 1878 (Amilcare Ponchielli), the *Ring* cycle in 1883 (Anton Seidl) and *Tannhäuser* in 1886 (Edoardo Mascheroni). And the other operas were staged at the Costanzi: *Die Meistersinger von Nürnberg* in 1901 (Vitale), *Tristan und Isolde* in 1903 (Luigi Mancinelli).

Alaleona e *Mirra*

Apparteneva alla generazione dell'Ottanta, essendo nato un anno dopo Pizzetti e un anno prima di Malipiero, ma di fatto il marchigiano Domenico Alaleona (Montegiorgio 1881-1928) combatté da solo la sua dura battaglia modernista. Appassionato maestro di coro, aveva studiato a Roma e insegnò a Santa Cecilia: compose qualche musica sacra e religiosa, liriche con pianoforte e

Alaleona and *Mirra*

He was part of the 1880s generation, born one year after Pizzetti and one year before Malipiero, but Domenico Alaleona (Montegiorgio 1881-1928) fought his modernist battle alone. A passionate chorus master, he had studied in Rome and taught at Santa Cecilia. He composed some religious music, some lyric poetry set to piano and some songs for orchestra, but for theatre

canzoni per orchestra, per il teatro la sola *Mirra*. Fu nel 1912 che terminò la composizione dei due brevi atti con intermezzo, ma lo scoppio della guerra e altri fattori fra cui certo un'estetica compositiva avanguardistica e nemica di ogni verismo nonché sentimentalismo ne differirono la rappresentazione al 31 marzo del 1920, nella sua città d'elezione durante gli anni della vivace gestione Mocchi-Carelli del Costanzi. Qualche dissenso, molti consensi, buoni auspici per un futuro d'autore poi offeso dal destino.

Nel senso della versificazione la drammaturgia di Vittorio Alfieri era sempre stata cara alla librettistica, ma come ispiratrice di soggetti mica tanto, tra la *Virginia* di Saverio Mercadante e il *Saul* di Carolina Uccelli fino al *Saül* di Flavio Testi. Dal più classico teatro d'Italia Alaleona scelse la tragedia certo più scabrosa, quella *Mirra* del 1786 che peccava non d'incesto ma d'amore incestuoso, e anche per evitare una nuova e troppo lunga scrittura decise di assumerne la seconda metà lasciandola praticamente e felicemente intatta.

Impaziente di preludi sinfonici e corali racconti d'antefatto, l'opera avvia subito il dramma, facendo dialogare la nutrice Euriclea e la dilettissima Mirra: già disperata per ragioni sue, la principessa di Cipro rompe gli indugi e accetta di sposare Pereo, il re d'Epiro che la ama, lasciando così casa e patria, senza nemmeno portare con sé la nutrice che la scongiura impensierita. Al canto recitativo e contraltile della vecchia corrisponde il canto della giovane, sopranile sì ma spesso piuttosto basso, cangiante di battuta e divaricato fra intervalli dissonanti, spesso quarte e quinte aumentate o diminuite (per esempio su parole di pianto). Sopraggiunge Pereo, che da buon tenore squilla «D'inaspettata gioia» acutamente e largamente, e acuto rimane duettando con l'amata, pronta sì a sposarlo ma a ben vedere amorosa assai poco. Un breve Andante tranquillo introduce il re Ciniro e la regina Cecri con sacerdoti, popolo e così via: «O tu,

just *Mirra*. He finished writing the two short acts with an intermezzo in 1912, but the outbreak of World War I and other factors, including an avant-garde compositional aesthetic that was an enemy of verismo and sentimentalism, postponed the premiere to 31 March 1920, when it opened in his adopted city at the Costanzi under the dynamic management of Mocchi and Carelli. Some disapproval, a lot of approval, a good omen for his future, then damaged by fate.

The librettist for Saverio Mercadante's *Virginia*, Carolina Uccelli's *Saul* and Flavio Testi's *Saül*, Vittorio Alfieri was beloved in the libretto world for his versification, but as inspiration for subjects, not so much. Alaleona chose what was unquestionably the most awkward tragedy from amongst from Italy's classical theatre, *Mirra* (written in 1786), the title character guilty not of incest but incestuous love, and, in part to avoid the need for a new, overly long script, he decided to just use the second half, leaving it practically intact.

With no patience for symphonic preludes or choral accounts of the back story, the opera plunges straight into the drama with a conversation between the nurse Euriclea and her beloved charge Mirra: already desperate for unspoken reasons, the princess of Cyprus breaks free of her hesitation and agrees to marry Pereo, the king of Epirus who loves her, leaving her home, country and even her nurse, the latter beseeching her, filled with concern. The old woman's recitative and contralto song is balanced by that of the young woman, soprano, yes, but often quite low, changing in tempo and spread apart between dissonant intervals, often increased or decreased fourths and fifths (for example in the expression of grief). She reaches Pereo, who like a good tenor lets his voice ring out acutely and broadly, singing of his "unexpected joy", and it remains acute in his duet with his beloved, who is ready to marry him but clearly feels little affection. A brief andante tranquillo introduces King Ciniro and Queen Cecri with priests, populace and the like: "O tu, che noi mortali" sing sopranos, contraltos,

p. 256 | Domenico Alaleona, compositore di *Mirra*, rappresentata per la prima volta al Teatro Costanzi il 31 marzo 1920.

p. 256 | Domenico Alaleona, composer of *Mirra*, first performed at the Teatro Costanzi on 31 March 1920.

che noi mortali» cantano soprani, contralti, soprani-fanciulli, tenori, bassi e bassi profondi, in bella e vasta polifonia al «dolce Imene»; ma Mirra trema, al suono di un tamburo "scordato", e dopo la ripresa del coro dà di matto, favella di furie che la squassano, "glissa" con la voce propriamente scivolando veloce dall'acuto al grave. Pereo perde la pazienza e se ne va, offesissimo e presto seguito da tutti gli altri fuorché dalla madre. Costernata, Cecri chiede e Mirra risponde con un bell'arioso in Andante agitato, «Deh pietosa dammi tu madre un ferro»: mezzosoprano, la regina cerca di sdrammatizzare, e alla fine la povera Mirra ne esce con un brevissimo e bellissimo arioso nel quale dimostra di invidiare la madre inconsapevole, «Tu prima, tu sola, tu sempiterna / cagion funesta, d'ogni miseria mia» (acuti e lunghi i «tu», acutissima la sillaba tonica di «sempiterna»).

Lungo l'intermezzo sinfonico, pluritematico, appena punteggiato da un coro che vocalizza senza testo, in evidente ascesa di sonorità. Il secondo atto ha luogo in una camera della reggia: Ciniro è solo, ha saputo che Pereo si è ucciso, immagina conseguenze di forza con l'Epiro, accoglie Mirra che redarguisce: il baritono canta e ricanta, il soprano canta poco e a mozziconi, appena sibilando «morte» con le solite dissonanze su gradi congiunti, e solo di rado le due voci si sovrappongono. Il re crede d'aver capito che la principessa ami un altro e come farebbe un fratello chiede di apprendere chi sia la persona, ma lei rimane evasiva appena pronunciando, "senza suono" e senza note (quindi recitando, non cantando) il nome di lui, Ciniro, che può sembrare solo un vocativo. Ciniro prende collera ed esclama che una figlia così ha definitivamente perduto l'amore di suo padre: «Oh dura fera orribil minaccia» reagisce lei, che poi dice fortunata quella Cecri che potrà morire al fianco dell'amato marito. Un lampo e Ciniro capisce e inorridisce, davanti al misfatto di una figlia che ama il padre in maniera appunto non filiale, ma Mirra gli strappa la spada e in un altro lampo si colpisce,

boy sopranos, tenors, basses and deep basses, in beautiful, wide-reaching polyphony celebrating the "sweet nuptials". But Mirra trembles, to the sound of an "out of tune" drum, and, after the reprise of the chorus, goes mad, speaks of furies that violently shake her and "changes the subject" with her voice, slipping quickly from high to low. Pereo loses his patience and leaves, deeply offended and soon followed by all of the others save Mirra's mother. Filled with dismay, Cecri inquires and Mirra replies with a beautiful aria in andante agitato, "Deh pietosa dammi tu madre un ferro" (please out of pity mother give me a sword). The queen, mezzo-soprano, tries to defuse the situation, and in the end poor Mirra gets out of it with a very short, very beautiful arioso, expressing her envy of her mother, who remains in the dark: "Tu prima, tu sola, tu sempiterna, cagion funesta, d'ogni miseria mia" (you first, you alone, you everlasting woeful cause of my every misery), every "tu" long and high; the accented syllable of "sempiterna" extremely high.

A long, symphonic intermezzo with multiple themes, lightly punctuated by a chorus that sings without a text and with swelling sonority. The second act takes place in a room in the palace. Ciniro is alone: He has learned that Pereo has committed suicide and imagines a violent reaction from Epirus. He receives Mirra, who he reprimands: the baritone sings and sings again, the soprano sings little, barely uttering the word "morte" (death), with the usual dissonances in conjunct motion, and only rarely do the two voices overlap. The king thinks that the princess loves another and, like a brother, asks who it is, but she remains evasive, barely pronouncing, "soundlessly" and without notes (and so speaking, not singing) his own name, Ciniro, which can seem like merely a vocative. Ciniro becomes angry and exclaims that a daughter of such kind has permanently lost her father's love. "Oh dura fera orribil minaccia" (O, harsh evil terrible threat), she replies, adding that Cecri is fortunate, since she will be able to die at the side of her beloved husband. In a flash, Ciniro understands and is horrified, before the crime of a daughter who loves her father in a decidedly unfilial way, but Mirra takes his sword and in another flash kills herself, nam-

per nome chiamando quello che per lei non era più un padre, «Oh Ciniro!... mi vedi... presso a morte». Un Allegro sostenuto "con anima" regge il coro che canta ancora senza parole sopra lo spessore dell'orchestra e lo sgomento Ciniro è costretto a riferire l'accaduto all'incredula moglie. Ancora un tamburo scordato, e sola con Euriclea come all'inizio dell'opera Mirra finisce l'opera: se la nutrice l'avesse uccisa prima, «io moriva innocente... Empia... ora... muoio», canta glissando sulla penultima e terzultima parola e senza nessun suono musicale sull'ultima. Poche battute d'orchestra con i violini che corrono impazziti e la tragedia finisce.

Casella e *La donna serpente*

Formidabili quegli anni al vecchio Costanzi. Sfacciato, stravolto, snominato e tosto rinominato, effettivamente nel quarto decennio del secolo il Reale prosperò di prime rappresentazioni di solerti compositori e operisti come Casella, Respighi, Refice, Peragallo e Malipiero fra gli altri.

A proposito di fonti illustri: nel 1931 Ermanno Wolf Ferrari rappresentò *La vedova scaltra*, che Mario Ghisalberti aveva tratto da Goldoni, e l'anno dopo, nello stesso teatro, Casella diede *La donna serpente*, opera-fiaba in un prologo, tre atti e sette quadri che Cesare Vico Ludovici aveva tratto da Gozzi. In scena c'era sempre il Settecento veneziano, ma là con il poeta umano e sorridente della commedia nuova, senza maschere, e qua con il poeta surreale e inverosimile dell'antica fiaba (nella fattispecie teatrale), ovviamente ben celata dietro l'artificio della maschera. Nato a Torino, vissuto dal 1883 al 1947, attivo a Parigi e poi a Roma, grande concertista e insegnante e revisore al pianoforte, nemico giurato del Verismo, Alfredo Casella si dedicò al teatro alquanto tardi e schizzò tre opere di cui *La donna serpente* è una fiaba con tutti i prodigi, i moralismi, le schiettezze formali e le virtù vocali del caso.

ing the one who is no longer a father to her, "Oh Ciniro!... mi vedi... presso a morte" (O Ciniro! You see me, close to death). An allegro sostenuto "with feeling" supports the chorus which again sings wordlessly above the orchestra and the dismayed Ciniro is forced to tell his incredulous wife what has happened. Another out of tune drum, and Mirra ends the opera alone with Euriclea, like she was at the beginning: if the nurse had killed her before, "io moriva innocente ... Empia ... ora ... muoio" (I would have died innocent. Godless ... now ... I die), she sings, passing over the second-to-last and third-last words and without any musical sound for the last. A few orchestral bars with frenzied violins, and the tragedy ends.

Casella and *La donna serpente*

Those were formidable years at the old Costanzi. Impudent, contorted, misnamed and promptly renamed, the Reale prospered during the fourth decade of the century, staging the premieres of industrious composers like Casella, Respighi, Refice, Peragallo and Malipiero, among others.

Speaking of illustrious sources: in 1931, Ermanno Wolf-Ferrari's *La vedova scaltra* premiered at the theatre, with a libretto by Mario Ghisalberti drawn from Goldoni, and Casella's La donna serpente premiered there the following year, a fairy-tale opera with a prologue, three acts and seven scenes that Cesare Vico Ludovici drew from Gozzi. Both were set in eighteenth-century Venice, but in the former we find the human, cheerful poet of the new comedy, without masks, while in the latter we have the surreal, implausible poet of the ancient fairy tale (in theatrical form), well concealed, of course, behind the artifice of the mask. Born in Turin in 1883 (died in Rome in 1947), active in Paris and then Rome, a great concert pianist and teacher and sworn enemy of verismo, Alfredo Casella turned his attention to theatre relatively late, sketching out three operas, including La donna serpente, a fairy tale with all the prodigals, moralising, formal candour and vocal virtues of the genre.

Complicata da numerosi personaggi (specie le maschere Pantùl, Alditrùf, Albrigòr e Tartagìl) ed episodi secondari, l'azione ha luogo in un deserto, nella città di Téflis e sul Caucaso all'epoca delle fate, ed è zeppa di maghi e fate, mostri e prodigi, cimenti e battaglie. In breve Miranda, principessa delle fate figlia del re Demogorgòn, può sposare il re mortale Altidòr ma al patto di convivere con lui per nove anni e un giorno senza rivelargli la sua origine e anzi compiendo ogni nefandezza a prova d'amore, ché in caso contrario si trasformerà in serpente. Scomparsa con i due figli in seguito alle pressanti domande del marito, Miranda ricompare miracolosamente e ordina nuove prove al marito che prima accetta e poi, davanti all'ennesima perfidia onde la moglie risulta alla guida dell'esercito nemico, non resiste e lancia una maledizione. Miranda comincia a trasformarsi in serpente, ma prima di scomparire segnala ad Altidòr il tradimento del ministro Badùr. Così vinti i nemici, il re parte alla nuova ricerca, sfida ogni pericolo e alla fine la spunta, finalmente vedendo ricomparire l'amata al naturale e avviandosi a vivere felice con lei e i figlioletti. Non senza fatica si giunge al termine, diceva nel primo Seicento il maestro dei maestri d'organo che insegnava a Roma e rispondeva al nome di Girolamo Frescobaldi.

Che musica per un intreccio del genere? Nessun puccinismo (nonostante l'origine gozziana anche della *Turandot* di Giacomo) o wagnerismo (nonostante *Die Feen*, le fate costituenti la prima opera di Richard sulla stessa fonte), nessun romanticismo all'italiana o simbolismo alla francese, ma un puro incastro di forme limpide, cristalline, astratte voluto senz'anima, senza passione ma con molto gusto per il gioco e lo spettacolo, l'ironia e la fantasia, la grandiosità e l'assurdità tipica del Sei-Settecento barocco e classico. Sicché la vasta partitura assortisce impunemente arie, duetti, concertati,

Complicated by numerous characters (in particular the stock characters Pantùl, Alditrùf, Albrigòr and Tartagìl) and secondary episodes, the story takes place in a desert, the city of Téflis and the Caucasus region, during the time of fairies, and is packed with magicians, said fairies, monsters, prodigals, trials and battles. In short, Miranda, daughter of the fairy king Demogorgòn, is given permission to marry the mortal king Altidòr but on the condition of living with him for nine years and one day without revealing her origins to him and testing his love by committing heinous acts, turning into a serpent if she fails. Questioned by her husband, Miranda disappears with their children, but then she miraculously reappears and submits him to a series of trials which he initially passes but then, faced with the umpteenth act of treachery, his wife leading the enemy army, he is unable to resist and curses her. Miranda begins to transform into a snake, but before she disappears, she reveals the minister Badùr's betrayal to Altidòr. Defeating his enemies, the king sets out to find her, overcoming every danger and in the end his beloved re-emerges in human form and the couple and their children live happily ever after. As the master of all organists who taught in Rome and answered to the name of Girolamo Frescobaldi observed in the early seventeenth century, it is not without effort that one reaches the end.

What sort of music for a plot of this kind? Nothing of Puccini (even though Gozzi had also written the play that inspired *Turandot*) or Wagner (even though Richard had written his first opera, *Die Feen*, using the exact same source). No Italian romanticism and no French symbolism. Instead, a pure interlocking of clear, abstract forms. No spirit, no passion but a strong taste for the play and spectacle, irony and fantasy, grandiosity and absurdity typical of the seventeenth- and eighteenth-century classical and Baroque. So, the vast score sorts out arias, duets, concertatos, choruses, marches

p. 261 | In alto: *La Fiamma* di Ottorino Respighi, Atto III. 23, 25, 30 gennaio; 4, 8, 16 febbraio 1934.
In basso: *Ginevra degli Almieri* di Mario Peragallo, Atto III. 13, 17, 21, 24 febbraio 1937.

p. 261 | Above: *La Fiamma* of Ottorino Respighi, Act III. 23, 25, 30 January; 4, 8, 16 February 1934.
Below: *Ginevra degli Almieri* of Mario Peragallo, Act III. 13, 17, 21, 24 February 1937.

cori, marce, danze, tutto avvolgendo nelle spire della chiarezza e del dinamismo e sempre pretendendo, parola d'autore, di essere agile, scorrevole, espressiva ma soprattutto dilettevole.

Nella sua lucida nostalgia intellettuale, scavalcando l'Otto-Novecento sentimentale e realistico, con *La donna serpente* Casella si ricordò certo di Monteverdi e della sua antica ma leggendaria *Arianna* (l'aria della protagonista, «Vaghe stelle dell'Orsa», leopardiana di capoverso e petrarchesca per altro è un lamento). E soprattutto, in barba al solito spunto della "domanda vietata" accolto anche dal *Lohengrin* di Wagner, prese posto, il dotto Casella che aveva nella testa tutta la musica altrui possibile, nello spazioso anfiteatro del Neoclassicismo europeo retto da Stravinskij, accanto a Ravel, Busoni, Prokofiev, i Six francesi succeduti a Debussy, per dare un eccellente esempio di Neoclassicismo italiano e operistico. Prese posto ma non plauso, il 17 marzo 1932 all'Opera, bensì una bella ridda di proteste, certo per via delle roventi questioni sul Modernismo musicale allora al culmine. Il plauso? Alla Scala nel 1942, complice anche la scenografia di Felice Casorati.

and dances with impunity, all rolling up in the coils of clarity and dynamism and always professing, author's words, to be agile, flowing and expressive but, most of all, delightful.

Passing over the sentimental and realistic nineteenth and twentieth century, the lucid intellectual nostalgia of Casella's *La donna serpente* clearly recalls Monteverdi and his old but legendary *Arianna* (the main character's aria, "Vaghe stelle dell'Orsa", with a first line drawn from Leopardi and Petrarchan in other ways, is a lament). And most importantly, in spite of the usual device of the "forbidden question", which also makes an appearance in Wagner's *Lohengrin*, it took its seat, the erudite Casella having as much of other people's music in his head as possible, as a fine example of Italian neoclassical opera in the vast amphitheatre of European neoclassicism held up by Stravinsky, alongside Ravel, Busoni, Prokofiev and the six French composers who came after Debussy. It took its seat but was not applauded when it opened at the Opera on 17 March 1932, where it was met instead with a whirl of protests, surely because of the raging debate over musical modernism, which was at its height at the time. Its applause? At La Scala in 1942, thanks in part to Felice Casorati's staging.

Respighi e *La fiamma*

Il 17 dicembre 1932 il «Corriere della Sera» e «La Stampa» pubblicarono un manifesto musicale di carattere conservatore e antimodernista, tutto impostato su parametri come lirismo, drammaticità, romanticismo, insomma sulla più forte tradizione italiana. Lo firmavano dieci musicisti fra cui Ottorino Respighi, del quale il 23 gennaio 1934 l'Opera di Roma allestiva *La fiamma*: impossibile dissociare i due episodi, giusto rinvenire nell'opera un'applicazione della teoria del manifesto, assurdo misconoscere il valore della partitura sul pregiudizio della determinazione e della contingenza. Il manifesto esaltante la tradizione era d'ispirazione nazionalistico-fascista e Mussolini stesso assistette soddisfatto alla prima, ma ventiquattro chiamate al musicista, al librettista, ai cantanti

Respighi and *La fiamma*

On 17 December 1932, the *Corriere della Sera* and *La Stampa* published a conservative, anti-modernist music manifesto, entirely set out in terms of such parameters as lyricism, dramatic force and romanticism: in short, the strongest Italian tradition. It was signed by ten musicians, including Ottorino Respighi, who then premiered his *La fiamma* at the Opera in Rome on 23 January 1934. It is impossible to disassociate the two episodes and right to see the opera as an application of the theory espoused in the manifesto, an absurd underestimation of the value of the score prejudiced by determination and contingency. The manifesto celebrating tradition was fascist in inspiration and Mussolini himself attended, and enjoyed, the premiere, but the twen-

(Cobelli, Buades, Minghetti, Tagliabue) non si possono ascrivere ad altro che a un sincero entusiasmo di pubblico.

Notevole, molto teatrale il libretto di Claudio Guastalla. La fiamma del titolo è il simbolo dell'amore di Silvana, seconda moglie dell'esarca di Ravenna Basilio (nel VII secolo), per il figliastro Donello, ma anche di un natura di strega che, sempre pressoché inconsapevole, si fa certezza solo una volta, quando permette alla donna di evocare a sé il giovane. Come strega verrà condannata dal vescovo, in particolare dietro le pressioni della suocera Eudossia, per aver provocato la morte del marito con una fulminea e spietata confessione, colpevole per tutti, ahilei, anche per Donello, ma innocente in cuor suo per l'innocenza del potentissimo amore (e l'incoscienza del suo potere). Il lucido librettista riferì d'aver tenuto presente una vasta e varia tradizione drammatica: per esempio le istorie di Fedra e Parisina, matrigne innamorate dei figliastri ed eternate nella recitazione l'una da Euripide e Racine, l'altra da Byron e D'Annunzio, nella musica l'una da Pizzetti e l'altra da Mascagni.

Da parte sua Respighi trattenne le forme più o meno chiuse dell'Ottocento, assoli e assiemi rotondi e abbastanza lampanti pur nel fluire del discorso generale; e confermò la sua vocazione a un canto forte ed espansivo, largo e acuto, sospeso fra l'ultimo Verdi e Puccini (magari con qualche ammiccamento a Wagner). Se l'*Otello* di Verdi, l'*Iris* di Mascagni, la *Loreley* di Catalani, la *Tosca* di Puccini, Die Frau ohne Schatten di Strauss avevano segnato i vari passi del Decadentismo operistico europeo, *La fiamma* ne segnava un altro, forse l'ultimo in quel senso, trattando una fosca storia di magie e possessioni in quell'ambigua cornice tardo-romana che era stata l'ambientazione preferita dalla sensibilità decadente, anzi la sua ispiratrice prima. Ecco dunque il melodismo dinamico, plastico, scultoreo che inventa passi come «Ah, romper l'aspro tormento» e «Io tuo conforto?», i due poli del dramma di Silvana e cioè l'angoscioso assolo d'entrata e l'atroce

ty-four curtain calls for the musician, librettist and singers (Cobelli, Buades, Minghetti, Tagliabue) can only be ascribed to the sincere enthusiasm of the public.

Claudio Guastalla's libretto is noteworthy and deeply theatrical. Set in seventh-century Ravenna, the flame (*fiamma*) of the title refers to the love felt by Silvana, second wife of the exarch of Ravenna Basilio, for her stepson Donello, but also to her nature as a witch, her powers revealed immediately, and almost unwittingly, when she summons him to her side. She is later condemned for witchcraft by the archbishop, in part due to pressure from her mother-in-law, Eudossia, accused of having caused the death of her husband with a bitter, sudden confession, guilty in the eyes of all, unfortunately for her even Donello, but innocent in her own heart due to the purity of her powerful love (and her unawareness of her power). We know from the clear-eyed librettist himself that he took a vast, varied dramatic tradition into account when writing the text, including the stories of Phaedra and Parisina, both of whom were in love with their stepsons and immortalised in plays (the former by Euripedes and Racine; the latter by Byron and D'Annunzio) and in music, Pizzetti and Mascagni, respectively.

For his part, Respighi retained the more or less closed nineteenth-century forms, solos and pieces for more than one voice full and rather clear even in the flow of the overall story, and confirmed his penchant for strong, expansive, broad and acute singing, suspended between late Verdi and Puccini (perhaps with a nod or two to Wagner). If one could say that Verdi's *Otello*, Mascagni's *Iris*, Catalani's *Loreley*, Puccini's *Tosca* and Strauss's *Die Frau ohne Schatten* marked the various stages of European opera's decadent movement, *La fiamma* was among them, perhaps even the last, presenting a shadowy story of magic and possession in an ambiguous late-Roman setting, the scenario of choice for the decadent sensibility, indeed its chief inspiration. Hence, therefore, the dynamic, malleable, sculptural melodism that dreams up passages like "Ah, romper l'aspro tormento" (O end this bitter torment) and "Io tuo conforto?" (I, your comfort), the two poles of Silvana's drama and so the anguished entrance solo and atro-

confessione. Non manca una certa tinta wagneriana, dicasi pur tristaniana, nella scena del bacio fra i duettanti, «Io sono nata quella notte». Né manca il ricordo della radice prima dell'opera là dove il lamento di Silvana, «Dolce la morte», cita il *Combattimento di Tancredi e Clorinda*. Tutt'attorno stanno le suggestioni del canto orientale, ortodosso, bizantino, nell'assieme iniziale e nei cori religiosi dei finali d'atto, e una scrittura d'orchestra meno smagliante del solito e anzi fresca, limpida, armoniosa, devota al canto come nel melodramma romantico e qua e là venata di modalità come poteva fare solo il trascrittore delle *Antiche arie e danze per liuto* (la cui terza *suite* risaliva al 1931 appena).

Nove partiture operistiche sono sortite dalla musicalità, dalla fantasia, dalla tecnica di chi intanto componeva popolarti poemi sinfonici come le Fontane di Roma e i Pini di Roma. Perché il bolognese Ottorino Respighi (1879-1936), professore e poi direttore del Conservatorio di Roma, con il melodramma ha avuto un rapporto non di toccata e fuga ma di possesso convinto e completo, fra il ripudiato Re Enzo del 1905 e la postuma Lucrezia completata dalla fedelissima allieva e consorte Elsa Olivieri Sangiacomo, eletta cantante e compositrice, e messa in scena nel 1937 alla Scala e subito dopo al Real Teatro.

cious confession. There is also a certain Wagnerian tinge, indeed something of Tristan, in the scene of the kiss shared by Silvana and Donello, "Io sono nata quella notte" (I was born that night). And there is also a reference to the origins of opera in Silvana's lament, "Dolce la morte" (Sweet death), which cites *Combattimento di Tancredi e Clorinda*. All surrounded by evocations of eastern, orthodox and Byzantine singing, in the initial piece for multiple voices and in the religious choruses at the end, and orchestral music more radiant than usual, and indeed fresh, clear, harmonious, devoted to singing in the vein of romantic opera and streaked here and there with modalities that only the transcriber of *Antiche arie e danze per liuto* (the third suite of which dated to early 1931) could have pulled off.

Nine opera scores rose from the musicality, imagination and technique of the man who was in the meantime composing popular symphonic poems like Fontane di Roma and Pini di Roma. Because Bologna-born Ottorino Respighi (1879-1936), professor at and then director of the Santa Cecilia Academy in Rome, did not have a fleeting relationship with opera, but rather one of total, out-and-out possession, from the disavowed Re Enzo of 1905 to the posthumous Lucrezia, completed by his faithful student and partner Elsa Olivieri Sangiacomo, a talented singer and composer, and staged in 1937 at La Scala and immediately after at the Real Teatro.

Peragallo e *Ginevra degli Almieri*

A scegliere intrecci e libretti di genere prevalentemente serio, gli operisti romantici erano stati molto medievali, quelli veristi molto contemporanei, quelli modernisti molto classici o anche fantastici. Epperò una vena medievale scorreva sempre, nei gusti di questo primo Novecento, e nemmeno la vena comica, sotto sotto, si era disseccata del tutto. L'avevano dimostrato per esempio Montemezzi con l'arcaico *Amore dei tre re* e Respighi con il diavolesco *Belfagor*. A continuare fu, e non fu solo, il giovane Peragallo, che il 13 febbraio del 1937 (anno XV del regime) diede all'Opera

Peragallo and *Ginevra degli Almieri*

In their choice of predominantly serious plots and librettos, the romantic opera composers were profoundly medieval, the Verists profoundly contemporary and the modernists profoundly classical or even fantastical. However, there was always something of the medieval in early twentieth-century taste, and not even the comic vein was, deep down, fully dried up. We can see this, for example, in Montemezzi's archaic *Amore dei tre re* and Respighi's devilish *Belfagor*. It was continued by, among others, the young Peragallo, who premiered his gem *Ginevra degli Almieri* on 13 February 1937 (year fifteen of the fascist re-

quel gioiello di *Ginevra degli Almieri*, melodramma in tre atti di Giovacchino Forzano derivata da una popolarissima vicenda tramandata da diversi scrittori antichi e già tradotta in novelle, drammi, opere (di Paër e Farinelli), stampe, addirittura in film da parte di Guido Brignone nel 1935. Sarà stata quest'ultima la scintilla d'ispirazione per Mario Peragallo (Roma, 1910-1996), già allievo di Casella e futuro direttore artistico dell'Accademia Filarmonica Romana destinato, più tardi, a esprimersi in una forma personale e ragionata di dodecafonia. L'opera non dispiacque, grazie a «una mano sicura» e molto promettente.

A Firenze, sulla fine del Trecento, il notabile Francesco Agolanti è sposato con la bella Ginevra degli Almieri: ha ricevuto la dote, ma secondo il testamento del ricco e defunto padre di lei ne merita ancora se nel giro di due anni potrà dimostrare che la moglie è felice. All'uopo si serve del fratello Giannole e del notaio Nicola da Rabatta, ma gli zii di lei, il frate Puccio e il filosofo Gismondo, sanno che Ginevra è sempre triste e quindi s'impuntano a non dare neanche un soldo in più. Intristita dalla volgarità del marito, Ginevra ricorda alla cognata Costanza d'aver amato, prima del matrimonio, un giovane del popolo, Antonio Rondinelli, che poi aveva lasciato la città. Ma quando legge un suo biglietto, lo sente cantare e lo vede passare là in fondo anche solo per un attimo, perde i sensi e il medico Cerbone la dice stroncata dalla "morìa" che affligge Firenze. Sepolta, nella notte pian piano si rinsensa, fatica a capire, è terrorizzata, esce dal sepolcro e tutta malconcia s'incammina per chiedere aiuto. Va dal marito, che ha una tresca con la serva Ringraziata e ha venduto i suoi vestiti all'ebreo Samuele: la crede un fantasma e la caccia via. Va dagli zii, che si spaventano a morte e non la fanno entrare per nessuna ragione. Va da Antonio, che se ne sta a piangerla nel suo bel giardino e la accoglie a braccia aperte, fino a baciarla con ardore. Una volta saputo e ammesso che era solo catalettica ed è perfettamente viva, Ginevra deve subire un processo: nell'ilarità del popolo che assiste difendendo lei e biasi-

gime) at the Opera. An opera in three acts with a libretto by Giovacchino Forzano, the story was drawn from a popular episode that was passed down by various ancient writers and has been translated into novellas, plays, operas (by Paër and Farinelli), prints and even a film, directed by Guido Brignone in 1935. It was the latter that inspired Mario Peragallo (Rome 1910–1996), a former student of Casella and future artistic director of the Accademia Filarmonica Romana who, still later, composed in a highly personal and considered twelve-tone technique. The opera was well received, thanks to his "sure" and promising hand.

In Florence, at the end of the fourteenth century, the distinguished Francesco Agolanti is married to the beautiful Ginevra degli Almieri: he received her dowry but, according to the will of her wealthy, deceased father, more will come if he can demonstrate after two years that his wife is happy. He is aided in this by his brother Giannole and the notary Nicola da Rabatta, but her uncles, the friar Puccio and the philosopher Gismondo, know that Ginevra is always sad and so they determine to give him not so much as a penny more. Saddened by her husband's vulgarity, Ginevra tells her sister-in-law Costanza of her love, before marriage, for a young local, Antonio Rondinelli, who then, however, left the city. But when she reads one of his notes, hears him sing and catches a brief glimpse of him passing by in the distance, she goes mad and the doctor Cerbone says she has been struck by the plague that is afflicting Florence. Buried, she slowly awakens in the middle of the night, struggles to understand what has happened and, terrorised, leaves her coffin and, pensive, goes to ask for help. She goes to her husband, who is having an affair with the servant Ringraziata and has sold her clothes to the Jew Samuele: but he thinks she is a ghost and drives her away. She then goes to her uncles, who are terrified and will not let her enter for any reason whatsoever. Finally, she goes to Antonio, who is mourning her in his beautiful garden and he welcomes her with open arms and a passionate kiss. Once it becomes clear that she had only been cataleptic and is perfectly alive, Ginevra is subjected to a trial: to the merriment

mando i parenti, il marito con gli amici e gli zii provano a giustificarsi, lei asserisce che nella disavventura ha trovato fede e amore solo in Antonio, Antonio conferma e assicura il suo sentimento. Ma l'ottuso Vicario sentenzia che prima di uscire dal sepolcro, per dimostrare di non essere morta, lei doveva espletare le opportune pratiche burocratiche! e conclude che un processo si fa soltanto con persone anagraficamente vive. Per fortuna sopraggiunge l'acuto Vescovo, che proprio per questo può tramutare Ginevra in un'altra persona, alla "rinata" o meglio nuovamente nata chiede come preferisca chiamarsi, e alla sua riposta decide che celebrerà immediatamente il matrimonio fra la nubile Beata degli Almieri e l'innamorato signor Antonio Rondinelli.

Una vicenda così articolata comporta molto dialogo, il che, a sua volta, esige in musica un elastico canto di conversazione e un discorso sinfonico anch'esso dialogante, vario e continuo sotto al canto oppure ad esso alternato. Significativa, all'uopo, la grande e drammatica scena del risveglio, il primo quadro del secondo atto, che ricorda la scena della lettera di Tatjana nell'*Evgenij Onegin* di Čajkovskij per la felice selva di impressioni e sensazioni che agita il personaggio. Ma non mancano squarci d'orchestra, come quello che in Lentissimo, Moderato, Adagio molto espressivo e Vivo impetuoso simula una folata di vento dietro la quale Ginevra appare ad Antonio. Soprano lei e tenore lui, ovviamente, e ben slanciati verso il registro acuto, a fianco di Francesco e Cerbone baritoni, Giannole e Samuele tenori, Puccio e il Vescovo bassi. Ariosi, duetti, terzetti animano lo spartito, fino al settimino e al settimino con coro a quattro voci.

Formidabile la coralità del terzo atto: ironica, addirittura sarcastica contro la stupidità di tanti personaggi, e rigorosamente, vastamente polifonica la compagine. Ciò non toglie che una volta debba suonare un "pianoforte interno" e che al canto possa succedere qualche parola recitata o anche quasi parlata-cantata: a sipario chiuso un Cantastorie dà il via allo spettacolo dicendo «Venite, venite, Messeri» e annunciando la storia; quello sciocco del

of the population, which defends her and rebukes her relatives, her husband, his friends and her uncles try to justify themselves while she maintains that in her misfortune she found faith and love in Antonio alone, who confirms and shares her feeling. But the obtuse Vicar rules that, before leaving her tomb, she needed to prove that she was not dead by going through the proper bureaucratic procedures, and concludes that a trial can be held only with people who are officially alive. Luckily, the wise Bishop turns up unexpectedly and is able to transform Ginevra into a different person, asking the "reborn" or better born-again young woman to choose her new name. Upon her answer, he decides to officiate the wedding of Beata degli Almieri and Antonio Rondinelli right then and there.

Such a complex story requires a lot of dialogue, which in turn demands conversational singing and also conversational music, either varied and continuous beneath the singing or alternating with it. The first scene of the second act, the grand, dramatic reawakening scene, recalls Tatiana's letter scene in Tchaikovsky's *Eugene Onegin*, for the mass of impressions and sensations that agitate the character. But there are also orchestral passages, like the one in lentissimo, moderato, expressive adagio and impetuous vivo simulating the burst of wind in which Ginevra appears before Antonio. She is of course a soprano and he is of course a tenor, and oriented towards the high register, alongside the baritones Francesco and Cerbone, the tenors Giannole and Samuele and the basses Puccio and the Bishop. Ariosos, duets and terzettos enliven the score up to the septet and the septet with a four-voice chorus.

The chorus in the third act is formidable: ironic, even sarcastic in the face of the stupidity of so many characters and a rigorously, expansively polyphonic team. There is also one passage in which an "internal piano" is played and some of the singing is followed by speech or even almost spoken song: with the curtain closed, a storyteller starts the show saying "Venite, venite, Messeri" (Come, come, Sirs) and announces the story. The idiotic Vicar sings, but every so often coughs with two little crosses over the middle E. And Puccio sums

Vicario canta ma ogni tanto tossisce con due crocette sul Mi centrale; e Puccio riassume la vicenda per chiedere indietro la dote cantando dodici battute che sotto alle note, tutte crome o semicrome, mettono una crocetta alla maniera dello *Sprechgesang* di Schönberg (sarà un caso, ma il 12 era sacro all'inventore della dodecafonia). La scrittura del romano Peragallo è zeppa di cambi di battuta, fino al 5/4 e al 5/8, e il testo del fiorentino Forzano è tutto un'arguzia. Quando entra un «musico, che è un disgraziato vestito malissimo», Puccio osserva che «se suona come veste, lacererà l'udito». Tenore anche lui, il Musico chiude l'opera cantando con il coro a quattro voci un fresco inno all'amore e alla giustizia. Un momento prima, la promessa necessaria a tanta fortuna di soggetto: «da doman per le fiere e per mercati / io canterò la storia di Ginevra», una sepolta viva ma «viva per l'eternità».

up the episode to ask for the dowry back singing twelve bars that puts a little cross under the notes (all of which eighths or sixteenths) in the manner of Schönberg's *Sprechgesang* (unsurprisingly, the number twelve was sacred to the inventor of twelve-tone technique). The music composed by the Roman Peragallo is packed with changes of tempo, up to 5/4 and 5/8, and the text written by the Florentine Forzano is filled with quips. When a musician enters so poorly dressed as to be a disgrace, Puccio comments that if he plays as badly as he dresses, he will damage our ears. The Musician, also a tenor, ends the opera singing a spirited hymn to love and justice with the four-voice chorus. A moment earlier, he promises, as befits the lead's immense fortune, "da doman per le fiere e per mercati / io canterò la storia di Ginevra" (starting tomorrow I shall sing the tale of Ginevra in all the markets and fairs), a young woman buried alive but "viva per l'eternità" (alive for all eternity).

Berg e *Wozzeck*

Nel *parterre* drammatico-musicale del Novecento il *Wozzeck* di Berg non è solo uno dei lavori più valenti e importanti: è probabile che sia anche uno dei più conosciuti e popolari, certo dopo gli ultimi fuochi più o meno tardo-romantici di Puccini e Strauss. Complessa, respingente, disperatissima, nei fatti l'opera risulta anche benaccetta, benintesa, insomma gradita e applaudita. Quando Alban assistette alla messinscena del *Woyzeck* di Georg Büchner, nel 1914, ne fu folgorato e decise su due piedi di trarne un'opera (lo disse a Webern, e poi a Schönberg che lo sconsigliò). I piedi diventarono mille, altro che due, perché intanto scoppiò la guerra, la composizione andò a rilento sul libretto che il musicista arrangiava dal frammentone dell'infelice Büchner (1813-1837), e la partitura fu ultimata ma non senza altri intoppi e solo nel 1925 ebbe la sua prima a Berlino. Era finita? No, perché dietro l'angolo c'era il Nazismo che, regime quanto meno dittatoriale, non poteva non guardare sospettosamente un'opera così sfiduciata,

Berg and *Wozzeck*

In the dramatic/musical parterre of the twentieth century, Berg's *Wozzeck* is not only one of the finest, most important works, it is probably also one of the best known and most popular, certainly after the last more or less late-romantic splendours of Puccini and Strauss. Complex, off-putting and full of despair, the opera was also accepted, understood and in short liked and applauded. When Berg saw Georg Büchner's play *Woyzeck* in 1914, he was thunderstruck and decided then and there to turn it into an opera (he told Webern of his plan, and then Schönberg, who discouraged it). But the days stretched into months, and then years, because in the meantime the war broke out, work on the libretto was slow going, the musician working from the large fragment left by the unfortunate Büchner (1813-1837), and completion of the score was delayed by various setbacks. Finally, in 1925, it premiered in Berlin. Was it over? No, because Nazism was right around the corner and the dictatorial regime of course looked with suspicion at such a

sconsolata, insomma «degenerata», e la giusta fortuna, avviata da parecchie recite altrove, per confermarsi davvero dovette aspettare ancora un po'. Ma Roma, il Reale Teatro dell'Opera, la direzione artistica di Tullio Serafin fecero il possibile per guadagnarsi la prima italiana. E così fu il 3, il 7 e l'11 novembre 1943, in versione italiana e con la regia di Aurelio Milloss, davanti a un pubblico interessato, informato, educato, insomma sorprendentemente maturo.

Al povero soldato Wozzeck non gliene va bene una: i suoi superiori, il capitano e il dottore lo sfruttano e sfottono, la povera Marie dalla quale ha avuto un figlioletto guarda ammirata il Tamburmaggiore che la ricambia e ne approfitta per picchiare il poveraccio; sempre più maltrattato, Wozzeck prende un coltello e ammazza Maria, che cade nel lago; ritorna, cerca il coltello, cade e annega; i bambini che giocano vedono e riferiscono al bimbo, che ovviamente non capisce nulla. Due sono i poli della partitura, due e proprio opposti: lo stile musicale non è più tonale e non è ancora dodecafonico, ma semplicemente atonale, dissonante, emancipato dalla vecchia consonanza; invece la forma è classica, addirittura barocca, a suo modo capace di ricostruire parte della veste che l'atonalità aveva lacerato. I tre atti, che quasi alla maniera greca procedono come un'esposizione, una peripezia e una catastrofe, si compongono di quindici particelle che sono cinque pezzi caratteristici per il primo, cinque movimenti di sinfonia per il secondo, cinque invenzioni per il terzo. I pezzi caratteristici sono *suite*, rapsodia, marcia-ninna nanna, passacaglia e rondò; la sinfonia consta di forma-sonata, libera fantasia e fuga tripla, largo, scherzo con due trii e rondò marziale; le invenzioni riguardano un tema (con sette variazioni e fuga), una nota (il Si), un ritmo, un accordo di sei note e (dopo l'invenzione sopra una tonalità che funge da intermezzo) un moto perpetuo.

Zeppa di parallelismi, elementi binari e ternari, temi conduttori, riferimenti occulti, la

p. 268 | Tito Gobbi (Wozzeck) e Gabriella Gatti (Maria) in *Wozzeck* di Alban Berg.
3, 7, 11 novembre 1942.

demoralised, desolate, "degenerate" opera. Its true success, started off by countless performances elsewhere, needed to wait a bit longer. Rome, the Reale Teatro dell'Opera and the artistic director Tullio Serafin did everything in their power to secure the Italian premiere. Their efforts were not in vain, and the opera was performed in Italian, directed by Aurelio Milloss, on 3, 7 and 11 November 1942 for an interested, informed, educated, in short surprisingly mature audience.

Nothing seems to go right for the poor soldier Wozzeck: his superiors, the Captain and the Doctor, exploit and make fun of him, poor Marie, with whom he has a child, is eyeing the Drum Major, who reciprocates and takes advantage of the situation to give him a beating. His life going from bad to worse, Wozzeck picks up a knife and kills Marie, who falls into the lake. He returns, looks for the knife, falls in and drowns. Children playing see and tell his little boy, who obviously does not understand any of what they say. The score has two opposing poles: the musical style, no longer tonal and not yet dodecaphonic, is simply atonal, dissonant, freed from the old consonance, whereas the form is classical, even baroque, and capable of rebuilding some of what the atonality had torn apart. The three acts, which, almost like a Greek drama, comprise a statement, peripeteia and catastrophe, are divided into fifteen scenes with five character pieces for the first, five symphony movements for the second and five inventions for the third. The character pieces are suite, rhapsody, lullaby and march, passacaglia and rondo; the symphony consists of sonata form, fantasia and triple fugue, largo, scherzo with two trios and military rondo; the inventions are a theme (with seven variations and fugue), a note (B), a rhythm, a hexachord and (after the invention on top of a tonality that serves as an intermezzo) a moto perpetuo.

Packed with parallelisms, binary and ternary elements, leitmotivs and occult references,

p. 268 | Tito Gobbi (Wozzeck) and Gabriella Gatti (Maria) in *Wozzeck* of Alban Berg.
3, 7, 11 November 1942.

dura e scostante partitura abbonda di fiati, archi e percussioni, ma in fondo suona tutt'intera solo nei turgidi interludi, altrimenti cercando di sgonfiarsi, ricorrere alle sordine, preferire le dinamiche basse, scindersi in entrate successive; salvo poi evocare un pianoforte verticale nell'orchestrina dell'impressionante scena della taverna. Il canto? Canto lirico e canto parlato, dicesi *Sprechgesang*; ma anche grido intonato, canto folk, parlato ritmico, voce infantile, qualche sprazzo di belcanto. Se è vero che della scuola di Vienna Berg fu il romantico, il lirico, l'espressivo, la bella verità ha soprattutto la brutta faccia di Wozzeck.

Alban Berg (1885-1935) nacque, visse, studiò, morì nella problematica Vienna tardo-imperiale e repubblicana, dove frequentò ambienti saturi di cultura e approdò presto alla scuola di Schönberg, il maestro dell'atonalità e della dodecafonia. All'una tecnica si applicò nel Wozzeck, all'altra nell'incompiuta Lulu (compiuta molto più tardi da Friedrich Cerha e rappresentata nel 1979). Non scrisse molto, avendo il culto del gioiello, dell'arabesco, dell'arte in sé, e aveva il culto dei numeri, in particolare del 23. Difatti morì un 23 dicembre; o forse, chissà, un 24.

the harsh, off-putting score abounds in winds, strings and percussion, all of the instruments playing together only in the inflated interludes, otherwise trying to deflate itself, turning to the dampers, preferring the low dynamics, breaking up in subsequent entrances; save for the evocation of an upright piano in the band in the horrifying tavern scene. The singing? Lyric song and spoken song, one would say *Sprechgesang*. But also on-pitch cry, folk singing, rhythmic speech, children's voices and a few flashes of belcanto. If it is true that Berg was the romantic, lyrical, expressive one of the Vienna school, the beautiful truth has above all the ugly face of Wozzeck.

Alban Berg (1885-1935) spent his entire life in problematic late-imperial and republican Vienna, where he moved in circles saturated with culture and soon began studying under Schönberg, the master of atonality and twelve-tone technique. He applied the former to *Wozzeck*, and the latter to the unfinished *Lulu* (completed much later by Friedrich Cerha and staged in 1979). He did not write much, cherishing the gem, the arabesque, art in itself, and he also cherished numbers, in particular the number twenty-three. Indeed, he died on 23 December, or perhaps it was, who knows, the 24th.

Rossellini e *Uno sguardo dal ponte*

Formatosi a Santa Cecilia (divenendone poi accademico), per qualche tempo Renzo Rossellini (Roma 1908 - Montecarlo 1982) operò nella scuola e poi divenne direttore artistico dell'Opera di Montecarlo. Compose parecchia musica per orchestra di carattere poematico come "stampe", "stornelli" e "canzoni" d'ispirazione romana e lavorò di buon grado nella musica da film, settore nel quale collaborò col fratello regista, Roberto, in alcuni capolavori del Neorealismo come *Roma città aperta*, *Paisà* e *Il generale Della Rovere*. E questa

p. 271 | Gianna Galli (Catherine) e Ruggero Bondino (Mike) in *Uno sguardo dal ponte* di Renzo Rossellini. 11, 15, 19, 25 marzo 1961.

Rossellini and *Uno sguardo dal ponte*

Educated at Santa Cecilia (where he later became an academician), Renzo Rossellini (Rome 1908 – Montecarlo 1982) taught at the school for a while and then became artistic director at the Monte-Carlo Opera House. He wrote a lot of poetic orchestra music, including "stampe", "stornelli" and "canzoni" in the Roman style and he composed happily for film, working with his brother, the director Roberto Rossellini, on a few of the latter's neorealist masterpieces, including *Roma città aperta*, *Paisà* and *Il generale Della Rovere*. It was this experience, strengthened by

p. 271 | Gianna Galli (Catherine) and Ruggero Bondino (Mike) in *Uno sguardo dal ponte* of Renzo Rossellini. 11, 15, 19, 25 March 1961.

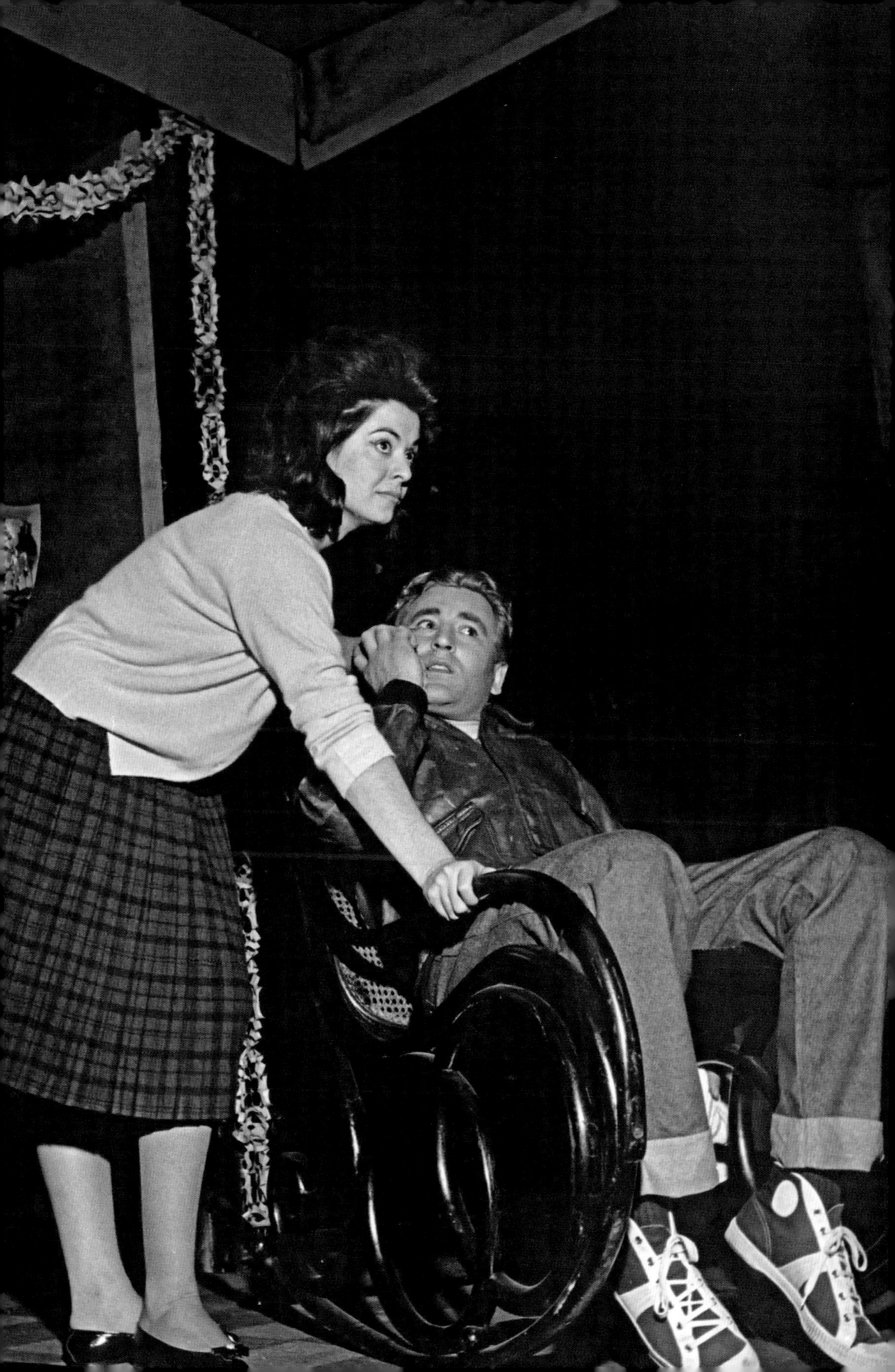

esperienza, avvalorata dalle numerose musiche di scena, si associò alla casuale ma decisiva conoscenza di un'opera di Menotti, alla Scala nel 1955, per avviarlo decisamente verso il teatro d'opera. Delle undici opere musicate spesso su testo proprio *La guerra*, *Il vortice*, *Uno sguardo dal ponte* e *Le campane* sono forse le più interessanti, alimentate da un linguaggio tradizionale sospeso fra la tradizione verista, l'efficienza della colonna sonora e la giusta dose di Neorealismo drammatico maturata nel felice sodalizio col geniale fratello.

Rapidissima la fortuna di A View from the Bridge di Arthur Miller, il dramma fonte e più che fonte di Uno sguardo dal ponte: versione in un atto a New York nel 1955; versione in due atti a Londra nel 1956; prima italiana nel 1958, regista Luchino Visconti e protagonista Paolo Stoppa; edizione cinematografica nel 1962, regista Sidney Lumet e protagonista Raf Vallone; seconda italiana nel 1967, regista e protagonista ancora Vallone. In mezzo, all'Opera di Roma l'11 marzo 1961, si colloca la prima assoluta del dramma musicale derivatone, con le voci di Nicola Rossi-Lemeni, Clara Petrella, Gianna Galli, Ruggero Bondino e Giuseppe Valdengo per la direzione di Oliviero De Fabritiis (intanto, una similare edizione radiofonica). Il libretto taglia deciso il dramma, nella versione di Gerardo Guerrieri (di cui traduce le parecchie battute in siciliano), ma ne lascia intatto l'intreccio e il significato: nella povera ma non poi sempre misera Brooklyn degli immigrati italiani vivono Eddie, che lavora al porto, la moglie Beatrice e la nipote Catherine (figlia della sorella di lei); dalla Sicilia arrivano, clandestini, due parenti di Beatrice, Marco e Rodolfo; inevitabilmente Rodolfo corteggia Catherine, che corrisponde; Eddie non ha simpatia per lui ed è geloso di lei, al punto da andare a denunciare i clandestini; mentre i due giovani decidono di sposarsi e andarsene, Marco si vendica di Eddie e lo uccide.

C'è qualcosa della mitica tragedia greca, in questo plot squallido e realistico che agita, sconquassa, rovina della gente umile e ignara: è la volontà o l'indifferenza degli dei, qua è la casualità della vita e del mondo

a great deal of incidental music, in combination with his chance discovery of opera through a production of a work by Menotti at La Scala in 1955 that set him on the path to becoming an opera composer. Of the eleven operas that he composed, often set to his own texts, the most interesting are perhaps *La guerra*, *Il vortice*, *Uno sguardo dal ponte* and *Le campane*, fed by a traditional language suspended between the Verist tradition, the efficiency of the soundtrack and a dose of dramatic neorealism, developed through his work with his brilliant brother.

Arthur Miller's *A View from the Bridge*, the source and then some for *Uno sguardo dal ponte* was an immediate success: a one-act version in New York 1955; a two-act version in London in 1956; the Italian premiere in 1958, directed by Luchino Visconti and starring Paolo Stoppa; a film version in 1962, directed by Sidney Lumet and starring Raf Vallone; the second Italian production in 1967, directed by and starring Vallone. The opera version had its world premiere at the Opera di Roma on 11 March 1961, sung by Nicola Rossi Lemeni, Clara Petrella, Gianna Galli, Ruggero Bondino and Giuseppe Valdengo, with Oliviero De Fabritiis conducting (and in the meantime there was a similar radio edition). Gerardo Guerrieri's libretto (which translates the countless one-liners into Sicilian) cut the story but left the plot and meaning intact: Eddie, a dockworker, his wife Beatrice and her niece Catherine live in the poor but not always wretched part of Brooklyn inhabited by Italian immigrants; two of Beatrice's relatives, Marco and Rodolfo, arrive, clandestine, from Sicily; Rodolfo inevitably courts Catherine, who reciprocates; Eddie does not like Rodolfo and is protective of Catherine, to the point of going to report the illegal immigrants; while the two young people decide to marry and leave, Marco takes his revenge and kills Eddie.

There is something of the Greek tragedy in this squalid, realist plot that upsets, wreaks havoc on and destroys these humble, ignorant souls: on one side we have the will or indifference of the gods; on the other, the chance nature of life and the world (more than who knows what destiny).

(più di chissà quale destino). La gelosia di Eddie, personaggio assolutamente centrale, è simile a quella di Otello per la moglie ma ricorda anche quella di Rigoletto per la figlia. Prepotente, cieco, sordo, quasi inconsapevole, il sentimento cerca di nascondersi dietro pretesti: il biondo e un po' frivolo Rodolfo sarebbe quasi sicuramente omosessuale e impalmerebbe Catherine solo per diventare americano; e Catherine si starebbe mettendo a lavorare per essere indipendente e lasciare la vecchia casa senz'alcun riguardo per lo zio (uno zio quasi padre e certo padrone). Traffica con i personaggi un certo Alfieri, un avvocato che in genere, però, si astrae dalla vicenda e la commenta, ponendosi a metà strada fra l'antico coro greco e la moderna figura dello storico (nell'oratorio) o dello speaker, della voce fuori campo nel cinema.

Nell'opera questo Alfieri recita, con solo qualche spunto canoro; ed è più che giusto, visto che gli altri personaggi stessi, tutti resi con le regolari voci liriche di basso (Eddie), mezzosoprano (Beatrice), soprano (Catherine), baritono (Marco) e tenore (Rodolfo), più che cantare melodiando come quelli di Puccini o Mascagni cantano recitando: alla lontana maniera dell'opera nascente con Caccini e Monteverdi o anche alla maniera moderna di un Pizzetti o modernissima di un Ferrero o Tutino. «Picciotta bedda» canta una volta Rodolfo, ma è un attimo, appena uno spunto di canzone («abbiamo Caruso!» esclama Eddie, che dà poi della «Garbo» alla civettuola Catherine). La lunga tirata di Eddie che lamenta «Cosa posso fare? Sono un disgraziato» non cede assolutamente mai al lirismo di un'aria o romanza; e la denuncia di Eddie stesso, nella sua brutale cattiveria, è da declamare, giammai da cantare. Sotto questo continuo e trasparente fluire di recitativo, scorre l'abile scrittura sinfonica di Rossellini, pressoché inintermittente e percorsa da opportune ricorrenze: ma il fascino dell'opera sta proprio in questo, in un dualismo fra parole cantate e strumenti suonati che sono come delle rette parallele, mai, e di proposito, tangenti o convergenti.

The protectiveness of Eddie, absolutely central to the story, is similar to that of Othello for his wife but also recalls that of Rigoletto for his daughter. Overbearing, blind, deaf, almost unaware, the feeling tries to hide itself behind pretexts: the blond, slightly flighty Rodolfo is almost certainly homosexual and only wants to marry Catherine to gain American citizenship; and Catherine is working on becoming independent and leaving her old home without any regard for her uncle (an uncle that is almost a father and certainly in command). Among the characters we also find Alfieri, a lawyer who, however, generally extracts himself from the matter and comments on it, placing himself halfway between the ancient Greek chorus and the modern historian (in the oratory) or the off-screen voice in a film, the narrator.

In the opera, Alfieri speaks, with only the occasional melodic line, and this is just as it should be, since the other characters – all expressed with the usual opera voices, and so bass (Eddie), mezzosoprano (Beatrice), soprano (Catherine), baritone (Marco) and tenor (Rodolfo) – not so much sing following a melody like those of Puccini or Mascagni as sing speaking, in the old way of early opera, represented by Caccini and Monteverdi, or even in the modern manner of Pizzetti or the very modern Ferrero or Tutino. Rodolfo sings "Picciotta bedda" (Little beauty) once, but it is just a moment, only a line ("Abbiamo Caruso!" (We have Caruso here), Eddie exclaims, going on to call the coquettish Catherine "Garbo"). Eddie's long tirade, complaining "Cosa posso fare? Sono un disgraziato" (What can I do? I'm a fool) never gives way to the lyricism of an aria, and when Eddie reports the illegals, brimming with brutal nastiness, it is declaimed, never sung. Rossellini's skilful symphonic music, all but intermittent and scattered with well-timed repetitions, runs beneath this continuous, transparent flow of recitative: but this is precisely where the fascination of the opera lies, in the dualism between sung words and played instruments, which are like parallel lines, never, and deliberately, tangent or convergent.

Ferrero e *Marilyn, Salvatore e Charlotte*

Tre prime ha dato all'Opera di Roma Lorenzo Ferrero (Torino, 1951), e piuttosto ravvicinate sull'esempio, forse, di antichi maestri legati quasi per forza a un teatro piuttosto che a un altro. Siccome poi quella forza, consistente soprattutto nel disagio dei viaggi, non esiste più, vorrà dire che fra il posto e la persona è stata autentica ed etimologica sintonia artistica. Attivo anche come direttore artistico, da giuste premesse avanguardistiche Ferrero è passato a un linguaggio postmoderno non meno attendibile ma più vario, fresco e ricco di *humor*, spesso arioso e intensamente espressivo che ha poi dato il sigillo definitivo a tutta l'opera sua. Fecondo cultore di generi diversi, ha brillato con opere di sicuro impianto teatrale e raro potere di comunicativa: in bella serie quasi pucciniana, cioè a cadenza di pochi anni dal 1978 al 2011, ha composto ben tredici opere.

Ebbero culla romana la seconda, la settima e l'ottava. *Scene degli anni '50 in due atti* per dodici quadri, *Marilyn* è un libretto che il musicista e Floriana Bossi hanno tratto da testi americani dell'epoca. Rappresentata il 23 febbraio 1980 e tosto passata altrove, l'opera fortunata è ancora capace di documentare l'estetica neoromantica del giovanissimo autore senza per questo limitarsi a un trattamento lineare e unidirezionale della clamorosa vicenda. La scena si ordina in due piani paralleli, dei quali uno presenta la vicenda personale della protagonista e l'altro un quadro della situazione politico-culturale dell'epoca negli USA. Marilyn Monroe vive una breve vita fatta tanto di successi come attrice cinematografica e *sex-symbol* quanto di delusioni come donna e moglie, fino al suicidio. Attorno a lei ribolle un'America dove il generale Douglas MacArthur arringa i reduci della guerra di

p. 274 | In alto: *Charlotte Corday* di Lorenzo Ferrero, Atto I. 21, 23, 26, 28 febbraio; 3 marzo 1989.
In basso: *Marilyn* di Lorenzo Ferrero, Atto I, Quadro V. 23, 24, 27 febbraio; 5, 8, 12 marzo 1980.

Ferrero and *Marilyn, Salvatore and Charlotte*

Lorenzo Ferrero (Turin, 1951) premiered three operas at the Opera in Rome, and quite close together, following the example, perhaps, of old maestros linked almost by necessity to one specific theatre rather than another. However, since that necessity, which was rooted above all the inconvenience of travel, no longer exists, what it actually means is that here we have true artistic and etymological affinity between place and person. Also an artistic director, Ferrero shifted from the avant-garde to a postmodern language that is equally reliable but more varied, fresh and full of humour, often airy and intensely expressive, and became the trademark of all of his work. A prolific enthusiast of different genres, he has shone with operas marked by solid theatrical structure and rare communicative power: between 1978 and 2011, he composed no fewer than thirteen operas, at an almost Puccinian cadence of every few years.

The second, seventh and eighth have Roman roots. Marilyn: Scenes from the 1950s in Two Acts, with twelve scenes, is set to a libretto drawn by the composer and Floriana Bossi from contemporary American sources. After its premiere at the Opera di Roma on 23 February 1980, it was quickly produced by other companies as well, a successful opera that expresses the neo-romantic aesthetic of the young composer without this limiting it to a linear, one-directional treatment of the sensational material it is based upon. The story unfolds on two parallel planes, one of which presents the life of the title character, the other of which offers a picture of the political and cultural situation of the United States at the time. Marilyn Monroe lived a short life filled as much with success as a film star and sex symbol as disappointment as a woman and wife, leading to her

p. 274 | Above: *Charlotte Corday* of Lorenzo Ferrero, Act I. 21, 23, 26, 28 February; 3 March 1989.
Below: *Marilyn* of Lorenzo Ferrero, Act I, Scene V. 23, 24, 27 February; 5, 8, 12 March 1980.

Corea, le *majorettes* sfilano in Central Park al suono bandistico dell'inno nazionale, lo psicologo Wilhelm Reich viene accusato di attività antiamericana in quanto militante comunista, il poeta della *beat generation* Allen Ginsberg figura come messaggero di anticonformismo; e si verificano numerose manifestazioni pacifiste mentre in un locale frequentato da dissenzienti risuona del *be-bop* (un tipo di jazz sorto negli anni '40). Si canta in inglese, verosimilmente, ma per ovvie ragioni di comprensibilità si recita in italiano; e sotto alle poche voci soliste e al coro maschile l'orchestra classica si estende a pianoforte, celesta, organo elettronico, percussioni in copia (e banda, per le signorine sventolanti).

Tanto neoromantica da sembrare neoverista, *Salvatore Giuliano* è un'opera in un atto per tre quadri di Giuseppe Di Leva che salì all'Opera il 25 gennaio 1986, vieppiù caricando la polemica contro l'incomunicabilità del teatro d'avanguardia. La vicenda è quella del famigerato bandito siciliano vissuto fra il 1922 e il 1950, assassino e assassinato, e quindi storica, attualistica, scottante, passionale e appassionante in maniera quasi cinematografica. Tra la mafia rappresentata da un anonimo mafioso e il rappresentante dello stato il ribelle Giuliano, inevitabilmente tenore, non sa con chi allearsi, come confida alla madre. Amato da Maria, una giornalista giunta dalla Svezia per intervistarlo, si macchia della strage di Portella delle Ginestre, dove il 1° maggio 1947 fa uccidere dai suoi molti contadini i comunisti riuniti per la festa del lavoro; sebbene sconsigliato dai compari Pisciotta e Sciortino, fa uccidere anche cinque mafiosi; con la probabile complicità di Pisciotta, il mafioso e il colonnello Luca si accordano per eliminarlo, mediante la pistola di un personaggio rimasto nell'ombra.

Bell'e compatto nella concezione, nella sede e nel momento della nascita, il terzo tassello della collaborazione tra Ferrero e l'Opera è *Charlotte Corday*, opera in tre atti e un intermezzo di Giuseppe Di Leva commissionata per il bicentenario della Rivoluzione Francese e messa in scena il 21 febbraio 1989.

suicide. Churning all around her is an America where General Douglas MacArthur rallies the troops in Korea, majorettes parade in Central Park with a band playing the national anthem, the psychologist Wilhelm Reich is accused of un-American activity for his communist activism and the beat generation poet Allen Ginsberg stands as a messenger of nonconformism. There are also a number of peaceful demonstrations and a group of dissidents listening to bebop. The opera is sung in English, but for reasons of comprehension the spoken parts are in the language of the country where it is being performed. Beneath the few solo voices and the male chorus, the classical orchestra includes a piano, a celesta, an electronic organ and lots of percussion (as well as a band, for the majorettes).

So neo-romantic as to seem neo-verist, *Salvatore Giuliano*, a one-act opera with three scenes set to a libretto by Giuseppe Di Leva, opened at the Opera on 25 January 1986, adding fuel to the debate against the incommunicability of avant-garde theatre. It is based on the story of a notorious Sicilian bandit and murderer who was born in 1922 and killed in 1950, and so historical, topical, burning, passionate and gripping in an almost cinematographic way. Between the mafia, represented by an anonymous mafioso, and the State, the rebel Giuliano, inevitably a tenor, does not know who to align with, as he confides to his mother. Loved by Maria, a Swedish journalist who has come to interview him, he stains himself with the Portella delle Ginestre massacre, where he had his men kill a number of the communists gathered there for a Labour Day celebration on 1 May 1947. Although advised against it by his associates Pisciotta and Sciortino, he has five mafiosi killed. Then, with the probable complicity of Pisciotta, the anonymous mafioso and Colonel Luca join forces to eliminate him, and he is shot to death by a shadowy unnamed figure.

Close-knit in conception, location and origin, the third piece in the collaboration between Ferrero and the Opera di Roma was *Charlotte Corday*, an opera in three acts and an intermezzo, set to a libretto by Giuseppe Di Leva, that was commissioned for the bicentenary of the French Revolution and premiered

A Parigi il 13 luglio 1793: Charlotte arriva all'alba, in piazza incontra Camille, un amico d'infanzia ora deputato alla Convenzione nazionale ma molto deluso dalla piega che hanno preso le cose, e Gaston, fedelissima guardia del corpo di Marat; all'assemblea compare lo stanco Marat, che poi, rispettato ma anche temuto e perfino osteggiato, tiene un'arringa (con forte voce di basso); nel campo di Marte arrestano Camille, che tuttavia Marat fa liberare prima di voler rincasare perché sempre più sofferente; immerso nella sua vasca da bagno per lenire i dolori di una brutta malattia della pelle, Marat riceve la visita di Charlotte, che ha già conosciuto, e discute sul potere e sulla morte con lei che alla fine lo accoltella a morte.

Tre volte, nei tre atti, Charlotte ha l'occasione per uccidere Marat, ma si decide solo all'ultima, solo allora lasciando che l'ideologia politica abbia il sopravvento sull'umanità: lei ha sentimenti girondini e capisce che il tiranno giacobino deve essere eliminato, anche se affetto da malattia fisica e sprofondato nella solitudine più nera. Nel 1975 Giacomo Manzoni, compositore di opposta concezione avanguardistica, aveva rappresentato al Comunale di Bologna *Per Massimiliano Robespierre*: anche sulle scene d'opera, stessa fine per i due despoti. Qual musica per un'opera che poteva anche chiamarsi Marat? La vocalità monodica, spesso ovviamente recitativa, anche fitta fitta alla maniera di un vecchio e anche comico sillabato, non esita a ravvivarsi in ariosi belli, lunghi e acuti (anche a più voci sovrapposte), come il racconto autobiografico della protagonista bambina, in cammino, fra i campi e sotto la pioggia; e quella corale, abbastanza frequente e anche "bianca", partecipa normalmente all'intreccio. L'orchestra, intanto, corre decisa e costruttiva, non come servizievole "basso continuo" ma come discorso integrante il canto, cioè capace di narrare, commentare, sollecitare, dialogare. Lapidarie, infine, certe massime: «chi si ferma è nemico a se stesso» e «a ognuno riguarda ogni cosa».

21 February 1989. Paris, 13 July 1793: Charlotte arrives at dawn. In a square, she meets Camille, a childhood friend now deputy to the National Convention but deeply disillusioned by the turn things have taken, and Gaston, Marat's loyal bodyguard. A tired Marat arrives at the assembly and, respected but also feared and even opposed, addresses the gathered crowd (with a strong bass voice). Camille is arrested at the Champ de Mars, but Marat has him released before he heads home, feeling ill. While in his bath to soothe the pain of his terrible skin disease, Marat receives Charlotte, who he has already met, and they have an argument about power and death, at the end of which she kills him with a knife.

Charlotte has three opportunities to kill Marat over the three acts, but she does not decide to do so until end, only then allowing political ideology to gain the upper hand over humanity: she is a Girondin sympathiser and understands that the Jacobin tyrant needs to be eliminated, even if gravely ill and sunk in grim solitude. In 1975, Giacomo Manzoni, a composer working in the opposing avant-garde style, had staged *Per Massimiliano Robespierre* at the Comunale di Bologna: the two despots meet the same end, even on the opera stage. What kind of music for an opera that could have also been called *Marat*? The monadic vocal style, often, obviously recitative, even dense like an old and even comic syllabic, does not hesitate to brighten in beautiful, long, acute ariosos (even with multiple overlapping voices), like the autobiographical account of the lead character as a child, walking in the fields in the rain. And the choral vocalism, which is quite frequent and concentrated on long, "white" notes, participates in the plot in the usual way. In the meantime, the orchestra runs firm and concrete, not like an obliging "continuous bass" but as discourse that completes the song, capable of narrating, commenting, inquiring and conversing. Lastly, a few lapidary maxims: "chi si ferma è nemico a se stesso" (he who pauses is his own enemy) and "a ognuno riguarda ogni cosa" (everything concerns everyone).

Rendine e *Romanza*

Maestro e allievo, Aniel e Jelel sono due angeli, tutti spirito e niente materia, che fanno il loro mestiere di custodi degli uomini e quindi capitano a Roma, una città che potrebbe essere la più ricca del mondo, pur nella povertà di tanta sua parte, e invece è soltanto plebea, squallida, quasi apocalittica. Aniel si innamora, però, e questo lo distrae da un compito specifico, quello di assistere un moribondo, nientemeno che un pontefice (sarà Giovanni Paolo I, papa per un mese del 1978): amando Maria, una semplice cameriera, da angelo accetta di diventare uomo e passa il compito a Jelel. Maria muore nel corso di una certa sparatoria, e anche lui, gravemente ferito, sta per morire, proprio in quella piazza di San Pietro dove era atterrato. Jelel, che ha assistito il papa morente, corre subito presso l'amico, capisce che un uomo in punto di morte ha bisogno di un amico normale e rinuncia anche lui all'immortalità degli angeli per acquisire la mortalità, con tutto il danno per la sua natura e tutto il valore dei sentimenti umani che prima non poteva capire. Sul nucleo di questa trama, tratta dal libro apocrifo di Enoch e dalla *Genesi*, Egale Cerroni ha imbastito il libretto di *Romanza*, opera in tre atti di Sergio Rendine, contaminando tanta angelicità con elementi di quotidianità odierna come un segretario, un ragioniere, un terrorista, un giornalaio che chiude il testo, mentre Aniel muore nell'abbraccio di Jelel, strillando «Edizione straordinaria...! Edizione straordinaria...! È morto nella notte il papa del sorriso...! Un'ombra di mistero sulla morte...!».

Romanza è andata in scena all'Opera il 21 novembre 2002, prima assoluta derivata da una commissione del Teatro: regia di Franco Ripa di Meana, scene di Gideon Davey, costumi di Silvia Aymonino, direzione di Will Humburg. Napoletano del 1954, studente a

p. 279 | *Romanza, una favola romana* di Sergio Rendine.
Amii Stewart è Maria.
21, 22, 23, 24, 26, 27, 28 novembre 2002.

Rendine and *Romanza*

Aniel and Jelel, teacher and student, are guardian angels, all spirit and no substance, who come to Rome, a city that could be the richest in the world, in spite of its widespread poverty, but it is instead merely coarse, squalid, almost apocalyptic. Aniel falls in love, however, and this distracts him from the job of attending a dying man, a pope no less (John Paul I, pope for one month in 1978): in love with Maria, a simple waitress, he decides to become a man and passes the job to Jelel. Maria dies during a shooting and Aniel, seriously wounded, is also about to die, right in St Peter's Square where he had arrived. Jelel, who has attended the dying pope, immediately runs to his friend, understands that a man on the brink of death needs a normal friend and therefore also decides to give up the immortality of the angels to become a mortal, to the detriment of his nature but gaining the value of the human feelings that he could not understand before. Egale Cerroni sketched out his libretto on the core of this story, drawn from the apocryphal Book of Enoch and *Genesis*, for Sergio Rendine's opera in three acts, *Romanza*, contaminating that angelic nature with elements from everyday life, like a secretary, an accountant, a terrorist and a news vendor who closes the opera, while Aniel is dying in the arms of Jelel, shouting "Edizione straordinaria...! Edizione straordinaria...! È morto nella notte il papa del sorriso...! Un'ombra di mistero sulla morte...!" (Extra! Extra! The smiling pope died last night! A shadow of mystery hangs over his death!).

Romanza premiered at the Opera di Roma on 21 November 2002, having been commissioned by the theatre: directed by Franco Ripa di Meana, sets by Gideon Davey, costumes by Silvia Aymonino, conducted by Will Humburg. Born in Naples in 1954, Sergio

p. 279 | *Romanza, una favola romana* of Sergio Rendine.
Amii Stewart as Maria.
21, 22, 23, 24, 26, 27, 28 November 2002.

Roma e a Pesaro e docente all'Aquila, allora Sergio Rendine non era nuovo al teatro e nemmeno era nuovo a tematiche religiose. Ma *Romanza* perché? Perché è un "favola romana" in musica, capace di comprendere romanità, quella di un *plot* così ibrido, e musicalità, quella di una musica ancora consonante, melodica, vocalistica, da romanza indimenticata, non senza qualche allusione al vecchio fotoromanzo (fotoromanza si chiama, nella pubblicazione curata dal teatro, l'apparato di immagini appunto fotografiche). Cerroni è sceneggiatore cinematografico, e l'opera sua e di Rendine si ispira anche a *Wings of Desire* di Wim Wenders, il film del 1987 tradotto come *Il cielo sopra Berlino*. Da questo derivano, al libretto, l'andamento intermittente del discorso, una sorta di coralità dispersiva e quasi verista, una insolita messe di didascalie integranti il testo.

Alla prosa del testo corrisponde una libera prosa musicale che sa aprirsi a passi, parentesi, romanze di pregne di lirismo, come «Che cosa c'è» e «Mai... Forse» di Maria, «Si può vivere una o due volte» di Aniel, «Un giorno, mio padre mi disse» del Vecchio Poeta (una ballata, più che una romanza). I diversi personaggi si esprimono con scritture vocali diverse: il maestro Aniel canta liberamente e ariosamente, l'allievo Jelel preferisce un recitativo di basso profilo, l'Onorevole tronfio e parolaio arranca nell'atonale, quella della cattiva padrona di Maria è «una scrittura dal *cursus* autoritario e sprezzante, ricca di figurazioni puntate [con] cadenze irte di cromatismi discendenti» (Zimei) mentre quella del triste marito una simulazione di balbuzie su piede anapestico. Coralità drammatica è anche coralità musicale: l'inizio dell'opera vola su tre cori armonicamente esatti, ma altrove a spiccare sono un terzetto d'impronta jazzistica, memorie di danze o canzoni popolari, citazioni da *West Side Story* di Bernstein, ricorrenze di temi come l'acuto tema angelico dell'introduzione e il grave tema di Maria nella prima aria del personaggio. Molto belli i bozzetti di scena, schematici, squadrati, spaziosi, sempre sghembi, mai naturalistici.

Rendine studied in Rome and Pesaro and taught in Aquila, so he wasn't new to theatre and not even to religious themes. But why *Romanza*? Because it is a "Roman fairy tale" in musical form, capable of understanding the Roman spirit of such a deeply hybrid plot and the musicality of music still consonant, melodic, vocalistic. An unforgotten aria with a few allusions to the old photonovel form (the collection of photographic illustrations is called a photoaria in the theatre's publication). Cerroni is a screenwriter and his opera with Rendine was also inspired by Wim Wenders' 1987 film *Wings of Desire*. Whence the intermittent path of the story, a kind of dispersive, almost verist vividness, an unusual crop of captions completing the text.

The prose of the text is matched by a free musical prose that opens up to lyrical passages, interludes and arias, like Maria's "Che cosa c'è" and "Mai... Forse", Aniel's "Si può vivere una o due volte", and the Old Poet's "Un giorno, mio padre mi disse" (a ballade, more than an aria). The different characters express themselves with different vocal styles: Aniel, the teacher, sings freely and lightly; Jelel, the student, prefers a low-profile recitative; the puffed-up, long-winded Member of Parliament plods along in the atonal; the style of Maria's spiteful employer is marked by "an arrogant, authoritarian cursus, rich in pointed figurations with cadences bristling with descending chromaticism" (Zimei), while that of the sad husband is an anapestic simulation of stuttering. Dramatic vividness is also musical vividness: the beginning of the opera flies on three harmonically precise choruses, but what stands out elsewhere are a jazz-inspired terzetto, references to popular songs or dances, citations of Bernstein's *West Side Story*, recurrent themes like the high, angelic theme in the introduction and Maria's low theme in the character's first aria. The set design drawings are quite beautiful: sketchy, square, broad, always askew, never naturalistic.

Lombardi e *Il Re nudo*

La stagione era quella del Teatro dell'Opera, ma la sede fu quella del vicino Teatro Nazionale (sorto nel 1925 come Teatro di Roma, a lungo adibito a cinema, più tardi acquisito all'Opera stessa e rinominato Nazionale). Il 20 marzo 2009 vi andò in scena *Il Re nudo* di Luca Lombardi su testo di Sandro Cappelletto, un "divertimento in due atti liberamente ispirato" alla commedia omonima di Evgenij Schwarz; la quale a sua volta derivava da tre fiabe di Hans Christian Andersen, *Il guardiano dei porci*, *La principessa sul pisello* e *I vestiti nuovi dell'imperatore*. Sia il vecchio novelliere danese che il moderno prosatore russo-sovietico vissuto fra il 1896 e il 1958 avevano scritto per istruire e ammaestrare, ma Lombardi disse d'aver voluto scherzare, piuttosto, certo fra l'altro della sintonia con Cappelletto. Giornalista, critico, storico della musica nato a Venezia nel 1952, Cappelletto ha scritto testi da musica per Claudio Ambrosini, Matteo D'Amico, Nino Criscenti. Romano del 1945, Lombardi ama la poesia e il canto, per la camera ma anche per la scena da *Faust, un travestimento* a *Dimitri, o l'artista e il potere* (su Šostakovič e Stalin), da un "tempestoso" *Prospero* di Shakespeare a questo lavoro che è una commedia leggera, umoristica, surreale, popolaresca fin dall'andamento stravagante di un libretto fondato su tre per quanto piccole vicende.

Ecco uno schizzo d'intreccio. Il porcaro Elio, che ovviamente è amicone dei maiali mentre negli animali l'amico Gabalo intravvede i futuri prosciutti, ama una certa principessa, di cui sente la voce attraverso una povera pentola miracolosa. Con la sua corte, la principessa arriva, gioca con Elio, si innamora di lui, decide di sposarlo. Cacciati in esilio Elio e Gabalo (i due nomi spezzano quello dell'imperatore romano Eliogabalo), il re padre s'infuria e ugualmente manda la fanciulla dal reuccio Teodoro suo promesso sposo. Il ministro teme un'origine plebea e la fa dormire

pp. 282-283 | *Il re nudo* di Luca Lombardi.
20, 22, 25, 27, 29, 31 marzo 2009.

Lombardi and *Il Re nudo*

It was the Teatro dell'Opera's season, but the venue was the nearby Teatro Nazionale (founded in 1925 as the Teatro di Roma, long used as a cinema, later purchased by the Teatro dell'Opera and renamed Nazionale). Luca Lombardi's *Il Re nudo* premiered on 20 March 2009, a divertimento in two acts with a libretto by Sandro Cappelletto, freely inspired by Evgeny Schwartz's play by the same name, which in turn drew on three fairy tales by Hans Christian Andersen: *The Swineherd*, *The Princess and the Pea* and *The Emperor's New Clothes*. Both the old Danish storyteller and the modern Soviet writer (1896-1958) had written to educate and teach, but Lombardi has said that he had instead wanted to play with, among other things, his affinity with Cappelletto. Born in Venice in 1952, the journalist, critic and musician historian Cappelletto has written texts for the composers Claudio Ambrosini, Matteo D'Amico and Nino Criscenti. Born in Rome in 1945, Lombardi loves poetry and song, for small ensembles but also for the stage, from *Faust, un travestimento* and *Dimitri, o l'artista e il potere* (on Shostakovich and Stalin) to a "tempestuous" *Prospero* (based on Shakespeare of course) and the present opera, which is a funny, surreal, folksy light comedy with a whimsical plot based on three small episodes.

Here is a plot sketch. The swineherd Elio, who is buddies with the pigs while his friend Gabalo just sees them as future ham, loves a princess whose voice he hears through a magical cooking pot. The princess arrives with her court, plays with Elio, falls in love with him and decides to marry him. Elio and Gabalo (together their names form that of the Roman emperor Elagabalus, Eliogabalo in Italian) are cast out of the kingdom by her enraged father, who sends the young princess to King Teodoro, her betrothed. The minister fears that she is a commoner and has her sleep upon a pile of mattress-

pp. 282-283 | *Il re nudo* of Luca Lombardi.
20, 22, 25, 27, 29, 31 March 2009.

sopra un cumulo di materassi sotto l'ultimo dei quali infila una cicerchia (un legume prossimo al pisello): solo se se ne accorgerà vorrà dire che è una principessa. Eliana non riesce a dormire, ma Elio e Gabalo, ricomparsi travestiti da gendarmi, la raggiungono e ragguagliano: quindi lei si lascia convincere a mentire. Non ha sentito nulla, dunque è chissà chi è. Intanto i preparativi per le nozze procedono e il comico Teodoro comincia ad abbigliarsi, ma nulla soddisfa la sua vanità. Travestiti da stilisti, Elio e Gabalo si fanno ricevere e gli suggeriscono di indossare un abito meraviglioso di loro fattura, così bello però che soltanto le persone di gran gusto lo possono apprezzare mentre gli altri, addirittura, non lo vedranno, anzi non vedranno un bel niente. Il giorno delle nozze è giunto, nonostante tutto, e il re Teodoro scende dalla portantina nello sgomento generale, perché, come esclama un bimbo innocente, «il re è nudo!». Finalmente tutti capiscono la stupidaggine del re credulone, il re perde la corona, il ministro se la dà a gambe, il sindaco si nomina re e abbraccia e bacia la Governante. Il porcaro e la principessa, *ça va sans dire*, si sposeranno.

Coro finale dei maiali: «Che gran fessi questi umani» che credono a quanto fa snob vedere e dichiarare, perdendo sempre di vista la semplice verità. La pentola canta da basso, nientemeno, mentre Gabalo è tenore, il re padre baritono, il re sposo buffo, la principessa soprano ed Elio un baritono dalla voce non impostata. Anche grazie all'antirealismo tipico della fiaba, la partitura ha diversi elementi propri dell'opera: il coro è frequente, il canto è anche melismatico, la parola è spesso ripetuta (anche comicamente), sono presenti tutti i registri vocali, si danno anche delle canzoni come pezzi chiusi (della pentola, della cicerchia), e infine l'orchestra è talmente leggera da rasentare il silenzio. Ma se il giovane titolare dell'opera vuole un basso comico, il vero protagonista è una voce non lirica, e l'orditura dello scoppiettante discorso musicale si serve anche di materiali d'origine popolare, in un contesto che mesce versi e prosa, italiano e francese («Allons cochons», parodia anche musicale della Marsigliese), veneto e napoletano, a Elio facendo anche cantare qualcosa come «only you».

es, underneath which he places a small grass pea: if she realises that it is there, this will prove that she is a princess. Eliana is unable to sleep, but Elio and Gabalo, disguised as policemen, find her and fill her in on the plot, convincing her to lie. She didn't feel anything at all, and so who knows who she is. Preparations for the wedding continue nevertheless and the comic Teodoro starts to put on his elegant clothes, but nothing satisfies his vanity. Now disguised as stylists, Elio and Gabalo secure an audience with the king and suggest that he don a fabulous suit that they have made, a suit so beautiful that only those with the best taste can see it, whereas lesser souls cannot see it at all. The day of the wedding arrives, in spite of everything, and when King Teodoro steps down from his litter he is met with shock, since, as an innocent child exclaims, "the king is naked!" Everyone finally understands the foolishness of the gullible king, who loses his crown. The minister bolts, the mayor appoints himself king and kisses and hugs the Governess. It goes without saying that the swineherd and the princess marry.

The final chorus of the pigs: "Che gran fessi questi umani" (What big fools these humans are), who fall for seeing and saying what makes them seem superior, always losing sight of the simple truth. The voice of the cooking pot is a bass, while Gabalo is a tenor, the princess's father a baritone, Teodoro a buffo, the princess a soprano and Elio a baritone – but not a professional opera singer. In part thanks to the anti-realism of the fairy tale genre, the score also has various components proper to opera: the chorus make frequent appearances, the singing is sometimes melismatic, the text is often repeated (sometimes to comic effect), all of the vocal registers are accounted for, some of the songs are closed form (those of the cooking pot and the grass pea) and, finally, the orchestra is so light that it borders on silence. But while the opera's young title character needs a comic bass, the real star is a non-opera voice and the structure of the crackling musical story also draws on popular mateial, in a context that mixes poetry and prose, Italian and French ("Allons cochons", a parody, in part musical, of the "Marsigliese"), Venetian and Neapolitan, having Elio even sing such a song as "Only You".

Calder e *Work in Progress*, *Kentridge e Waiting for the Sibyl*

Era stato un trittico, allora, ed è stato un dittico adesso: l'11 marzo 1968 il Teatro allestiva *Torneo notturno* di Malipiero, *Allez-Hop* di Berio e *Work in Progress* di Calder; il 10 settembre 2019 l'opera di Alexander Calder è tornata, ma in compagnia di *Waiting for the Sibyl* di William Kentridge, opera co-commissionata con il Royal Dramatic Theater di Svezia e i Théâtres de la Ville de Luxembourg. Opera, opere in che senso se l'americano Calder (1898-1976) è uno scultore e il sudafricano Kentridge (1955) è un artista-regista? Nel senso di spettacoli compositi, gemellaggi di arti, convergenze di tecniche, al punto che la musica, la vecchia tiranna del dramma per musica, può anche tirarsi un po' indietro, far da cornice, risuonare da commento.

Infatti *Work in Progress* si definì "immagini teatrali": coordinate da Giovanni Carandente e presentate da Filippo Crivelli, ebbero musiche elettroniche di Niccolò Castiglioni, Aldo Clementi e Bruno Maderna. Calder è riconosciuto come uno dei maggiori scultori del secolo, autore di *silhouettes* e *mobiles* tanto lievi quanto agili e come aleggianti nello spazio, senza peso e senza posa: questo riversò nel *work*, lavorandovi con tanta dedizione da far sì che alla fine il *progress* non c'era più, né poteva esserci neanche un'ombra di *happening*. Da parte loro le musiche scelte dovevano, più che illustrare e interagire, riempire i vuoti, gli spazi aperti fra il palcoscenico e la platea. Spazio: con il moto è un elemento fondamentale nell'arte di Calder, da sempre esaltato nella passione per il circo e finalmente anche nel noviziato, per così dire, con l'opera lirica. Una meraviglia, le immagini viste: onde blu con simpatici molluschetti sopra, ciclisti piccoli e colorati a gruppi (3+3+3+3 su fondo arancio-azzurro, oppure 3+2+2+2+3 su fondo verde), una luna con occhioni spalancati, uccellini sparutelli ma vispi e variopinti, dappertutto fili e figure, segmenti e composizioni di un'arabescata sottigliezza tanto ironica quanto poetica.

Calder and *Work in Progress*, *Kentridge and Waiting for the Sibyl*

It was a triptych then and a diptych now. On 11 March 1968, the theatre presented Malipiero's *Torneo notturno*, Berio's *Allez-Hop* and Alexander Calder's *Work in Progress*. And on 10 September 2019, Alexander Calder's opera made its return, but this time with William Kentridge's *Waiting for the Sibyl*, an opera co-commissioned by the Royal Dramatic Theater of Sweden and the Théâtres de la Ville of Luxembourg. Opera, operas in what sense, if the American Calder (1898-1976) was a sculptor and the South-African Kentridge (1955) is an artist/director? In the sense of composite spectacles, art twinnings, convergences of technique, to the point that music, the old tyrant of serious opera, can even step back a bit, become a frame and ring out as commentary.

Work in Progress was in fact described in the program as "theatrical images": coordinated by Giovanni Carandente and produced by Filippo Crivelli, with electronic music by Niccolò Castiglioni, Aldo Clementi and Bruno Maderna. Calder was one of the greatest sculptors of the twentieth century, creator of *silhouettes* and *mobiles* as light as they were agile, as if floating in space, weightless and without set form. He poured all of this into the *work*, working on it with such devotion that in the end there was no more *progress*, nor could there be so much as a shadow of a *happening*. As for the musical choices, they needed to not so much illustrate or interact as fill the voids, the open spaces between the stage and the auditorium. Space: along with motion, one of the fundamental elements of Calder's art, always and forever exalted in his passion for the circus and finally in his novitiate, so to speak, as an opera composer. The images are a wonder to behold: blue waves with charming little molluscs on top, colourful little groups of cyclists (3+3+3+3 against an orange and blue background; 3+2+2+2+3 against a green background), a moon with big, wide open eyes, gaunt but lively colourful little birds, and everywhere you look threads and shapes, segments and compositions of an arabesqued fineness as ironic as it is poetic.

It reminds
me of
something
I
CAN'T
MEMBE

Pur dovendo lavorare sull'arte di una vecchia e ammirata conoscenza con Calder, Kentridge sentiva che gli mancava qualcosa, al fine di onorare la nuova scrittura a tre con i teatri di Roma, Svezia e Lussemburgo. Pensava, provava a scrutare nel futuro e gli venne in mente la Sibilla Cumana, personaggio della mitologia classica e della poesia dantesca in particolare. Da bravo oracolo, la Sibilla prediceva sì il futuro, ma a chi glielo chiedeva rispondeva più che ambiguamente, anche qui da "bravo" oracolo: deponeva la risposta, in forma di foglio e anzi di foglia di quercia, davanti al suo antro, accumulando tante sentenze da scoraggiare i tapini dal trovare la propria. Ecco allora *Waiting for the Sibyl* pullulare di fogli svolazzanti nello spazio (in una maniera indubbiamente calderiana), circolarmente ma non per questo chiaramente. Quali fogli? I più disparati, provenienti alcuni da vecchi quaderni dell'autore, altri da remoti poeti finlandesi, israeliani, sudafricani, nordafricani, sudamericani. La musica? Compito di Nhlanhla Mahlangu e della sua esperienza vocale e corale; e di Kyle Shepherd, abilissimo pianista-jazz sudafricano. La signora Sibilla? una ballerina, volteggiante tra fogli diversamente scritti e alcuni cantanti immessi in scena. Il significato è doppio: quello che sorte dal tutto è prima un freddo algoritmo del futuro dell'uomo, poi una sensibile speranza, la cordiale "aspettazione" di un futuro che sia bello e umano, sicuro no ma almeno costruttivo e a suo modo religioso. Certo il panorama visivo non mancava di desolazione: ecco le pagine di un'enciclopedia o magari elenco telefonico, una tempesta di fogli invano tentati da figure umane, uomini roteanti con o senza satelliti attorno ai fianchi, e una Sibilla antipatica, vasta e panneggiata, con una sorta di cappuccio atto a nascondere parte dell'infida faccia. Ma azzeccato il rapporto con l'altra "opera": quella ingenua e infantile, questa ansiosa e adulta.

pp. 286-287 | *Waiting for the Sibyl*, ideazione e regia William Kentridge, musica composta ed elaborate da Nhlanhla Mahlangu e Kyle Shepherd.
10 settembre 2019.

Although his task was to create a pendant for the work of an artist he had long admired, Kentridge felt that something was missing for this new opera, slated to be performed in Rome, Sweden and Luxembourg. So, he set himself to thinking, trying to scan the future, and what came to mind was the Cumaean Sibyl, a character from classical mythology and Dante's *Divine Comedy* in particular. A good oracle, the Sibyl predicted the future, but, still the "good" oracle, she answered those who asked ambiguously: writing her replies on oak leaves, she placed them at the mouth of her cave, accumulating so many prophecies there that the wretched askers had little hope of finding their own. Hence the mass of sheets of paper blowing around the stage in *Waiting for the Sibyl* (in an undoubtedly Calderian manner), moving circularly but none the more clearly for this. What kind of sheets of paper? All kinds, some from the artist's old notebooks, others from books by Finnish, Israeli, South African, north African and South American poets. The music? This was the work of Nhlanhla Mahlangu and his experience with singers and choirs, and Kyle, a talented South African jazz pianist. The Sibyl? A dancer, twirling amidst sheets of text and a few singers on the stage. The meaning is double: what rises up from it all is first a cold algorithm for the future of humankind, then a perceptible hope, the cordial "expectation" of a future that is beautiful and human, not safe, but at least constructive and, in its way, religious. The set was of course a bit desolate: pages from an encyclopaedia or maybe a phone directory, a storm of sheets of paper touched in vain by human figures, people whirling around with or without satellites around their hips, and a vast, unpleasant Sibyl enveloped in drapery, with a kind of hood used to partially conceal her untrustworthy face. But its relationship with the other "opera" was spot on: the latter naive and childlike; the former anxious and grown up.

pp. 286-287 | *Waiting for the Sibyl*, conception and direction by William Kentridge, music composed and elaborated by Nhlanhla Mahlangu and Kyle Shepherd.
10 September 2019.

Battistelli e *Julius Caesar*

In Gallia o sul Rubicone, a Farsalo o in Egitto, ovviamente a Roma da giovane console o da maturo dittatore, in veste di storiografo o di linguista: molte vite ha vissuto Caio Giulio Cesare (100-44 a.C.); e il teatro d'opera s'è impegnato o divertito a rappresentarlo variamente e ripetutamente, anche da morente scoccando le famose idi di marzo e da morto suicidandosi i suoi aggressori principali. Particolarmente in due momenti cruciali: nelle vicende d'Egitto al fianco chiacchierato dell'amorosa Cleopatra e nel caso spettacolare della morte violenta fra Bruto, Cassio e Antonio. *La morte di Cesare*, per esempio, è un buon libretto di Gaetano Sertor che verso la fine del Settecento ebbe la musica di Francesco Bianchi, Gaetano Andreozzi, Ferdinando Robuschi e Nicola Zingarelli, e il *Cesare in Egitto* musicato da Georg Friedrich Händel è il libretto vecchiotto di Giacomo Francesco Bussani (o magari di altra mano) che funzionò e piacque fino al primo Ottocento, fino al caso di Jacopo Ferretti intonato da Giovanni Pacini. Dal Novecento, oltre a diversi casi di musiche di scena per l'omonimo dramma di Shakespeare (1600) fra cui il contributo di Darius Milhaud spicca il *Giulio Cesare* di Gian Francesco Malipiero librettista e musicista (1936). E dal primo Duemila muove la 33ª partitura operistica di Giorgio Battistelli, commissionata dall'Opera di Roma e ivi messa in scena il 20 novembre 2021, talmente scespiriana da conservare il titolo e la lingua della fonte. Ma questo *Julius Caesar* qua, latino da pronunciarsi sia all'inglese che all'italiana, non è tutto quello là, giusto per la recitazione e troppo lungo per il canto; e ad accomodarlo è stato Ian Burton, certo in sintonia con il compositore e il regista dello spettacolo. Accomodamento felice, che nulla ha perduto dell'originale e del suo taglio duro, sbrigativo, anche ironico: se si riferiscono prodigiosi presagi della morte del duce, si risponde che saranno veri, giacché "quando muoiono i pezzenti, non compaiono comete"; entrambi congiurati, Cassio invita a mangiare Casca che risponde "Sì, se sono vivo e se il tuo pranzo sarà all'altezza"; e alla fine l'umbratile Ottavio dichiara

Battistelli and *Julius Caesar*

In Gaul or on the Rubicon, in Pharsalus or in Egypt, of course in Rome as a young consul or as a mature dictator, as a historian or linguist: Caius Julius Caesar (100-44 BC) lived many lives, and the opera engaged or amused itself by representing him variously and repeatedly, even as a dying man with the famous Ides of March and as a dead man by committing suicide against his main aggressors. Particularly in two crucial moments: in the events in Egypt at the chatty side of the amorous Cleopatra and in the spectacular case of the violent death between Brutus, Cassius and Antony. *La morte di Cesare*, for example, is a good libretto by Gaetano Sertor that towards the end of the 18th century had music by Francesco Bianchi, Gaetano Andreozzi, Ferdinando Robuschi and Nicola Zingarelli, and the *Cesare in Egitto* set to music by Georg Friedrich Händel is the old-fashioned libretto by Giacomo Francesco Bussani (or perhaps another hand) that worked and was liked until the early 19th century, until the case of Jacopo Ferretti sung by Giovanni Pacini. From the twentieth century, in addition to several cases of incidental music for Shakespeare's play of the same name (1600), including Darius Milhaud's contribution, Gian Francesco Malipiero's *Giulio Cesare*, librettist and musician, stands out (1936). And Giorgio Battistelli's 33rd opera score, commissioned by the Opera di Roma and staged there on 20 November 2021, moves from the early 2000s to the present, so Shakespearian as to preserve the title and language of the source. But this *Julius Caesar*, Latin to be pronounced both in English and Italian, is not all that there, just right for the acting and too long for the singing; and it was Ian Burton, certainly in tune with the composer and director of the show, who accommodated him. A happy arrangement, which has lost nothing of the original and of its hard, hasty, even ironic tone: if prodigious omens of the Duce's death are referred to, the reply is that they will be true, since "when beggars die, there are no comets seen"; both conspirators, Cassius invites Casca to eat, who replies "Yes, if I be alive and your dinner worth the eating" and at the end

di stare "in groppa a questo stretto mondo come un Colosso", veridicamente essendo lui il futuro e inossidabile imperatore Augusto.

Attorno all'unico personaggio femminile, la moglie Calpurnia che è mezzosoprano (manca Porzia, moglie di Bruto ed eventuale soprano), il progetto di Battistelli ha stabilito venti personaggi maschili per tredici cantanti (più il coro), in particolare un basso-baritono (Cesare), due baritoni (Bruto e Antonio), un tenore (Ottavio). Magmatica e motoria, formalmente irregolare e quindi mobile, perfino ambigua e amletica definisce la sua arte sonora l'autore, paragonandola alla pittura deformante di Francis Bacon. Con le voci l'orchestra collabora, mediante 25 violini, 8 viole, 6 violoncelli, diversi legni e ottoni e percussioni fra cui glockenspiel e marimba. E le voci toccano tutti gli stili: il tipico canto impostato, il recitativo misurato, il recitativo secco con l'orchestra, il declamato della prosa, lo Sprechgesang di Schönberg, onomatopee dall'esito più strumentale che vocale. È una musica "radicante", che non trova bell'e fatte le sue radici ma se le cerca e fabbrica, liberamente da Wagner, Verdi, Strauss, Stockhausen, Berio (certo più che da Debussy, Webern o Dallapiccola). Arie no, ma monologhi sì: la profezia di Calpurnia, la concione di Antonio (ideal rondò con il *refrain* dell'omicida Bruto che però è sempre un uomo d'onore), il sonno di Bruto e la minaccia dello spettro di Cesare, l'addio e il suicidio di Bruto (a ideal duetto con il solito morto ficcanaso), l'ultimo encomio di Antonio stesso. Assiduo, non decorativo il coro: proprio all'inizio dell'opera il popolo, il popolaccio romano canta il brindisi latino di Orazio, "*Nunc est bibendum*".

Fra i cantanti impiegati all'Opera, cantori alla Britten ammirati da Battistelli, ecco Clive Bayley (Julius Caesar), Elliot Madore (Brutus), Julian Hubbard (Cassius), Dominic Sedgwick

p. 291 | Clive Bayley è Caesar in *Julius Caesar* di Giorgio Battistelli. Direttore Daniele Gatti, regia di Robert Carsen, scene di Radu Boruzescu, luci di Robert Carsen e Peter Van Praet. Libretto di Ian Burton da William Shakespeare. 20, 23, 25, 27, 28 novembre 2021.

the reserved Octavius declares that he is "I do bestride the narrow world like a colossus" truthfully being the future and stainless Emperor Augustus.

Around the only female character, his wife Calpurnia, who is a mezzo-soprano (Porzia, Brutus' wife and eventual soprano, is missing), Battistelli's project established twenty male characters for thirteen singers (plus the chorus), in particular a bass (Caesar), two baritones (Brutus and Antony), and a tenor (Octavius). Magmatic and motorial, formally irregular and therefore mobile, even ambiguous and Hamlet-like, the author defines his sound art by comparing it to Francis Bacon's deforming painting. The orchestra collaborates with the voices, 25 violins, 8 violas, 6 cellos, various woodwinds, brass instruments and percussion instruments including glockenspiel and marimba. And the voices touch on all styles: the typical set song, the measured recitative, the dry recitative with orchestra, the declamation of prose, Schoenberg's Sprechgesang, onomatopoeia with an outcome that is more instrumental than vocal... It is a "rooting" music, which does not find its roots but seeks them out and makes them, freely from Wagner, Verdi, Strauss, Stockhausen and Berio (certainly more than from Debussy, Webern or Dallapiccola). Not arias, but monologues: Calpurnia'prophecy, Antony's concion (an ideal rondo with the *refrain* of the murderous Brutus, who, however, is always a man of honour), Brutus' sleep and the threat of Caesar's spectre, Brutus' farewell and suicide (an ideal duet with the usual dead nosy man), Antony's last encomium. The chorus is assiduous, not decorative: at the very beginning of the opera the people, the Roman populace sings Horace's Latin toast, "*Nunc est bibendum*".

Among the singers employed at the Opera, Britten-like singers admired by Battistelli, are Clive Bayley (Julius Caesar), Elliot Madore (Brutus), Julian Hubbard (Cassius), Dominic

p. 291 | Clive Bayley as Caesar in *Julius Caesar* of Giorgio Battistelli. Conductor Daniele Gatti, direction by Robert Carsen, sets by Radu Boruzescu, lights by Robert Carsen and Peter Van Praet. Ian Burton's libretto from William Shakespeare. 20, 23, 25, 27, 28 November 2021.

(Antony), Roxandra Donoser (Calpurnia) e Alexander Sprague (Octavius). Concertatore e direttore Daniele Gatti, maestro del coro Roberto Gabbiani, scenografo Radu Boruzescu, costumista Luis F. Carvalho, responsabili delle luci Peter Van Praet e Robert Carsen. Carsen regista, va da sé: il suo è uno spettacolo volutamente scuro, tetro, quasi monocromo, spesso nero e rossastro, con abiti moderni e un antico senato romano simile al moderno senato italiano. A dispetto del titolo, secondo l'autore il vero protagonista è Bruto: bene, perché Lucio Giunio Bruto, l'antico e fierissimo primo console di Roma, una decina di opere se le è beccate, mentre questo Marco Giunio Bruto che ebbe carissimo e fece fuori Cesare piange sconsolato il disinteresse della musica. In scena, Vittorio Alfieri compose un *Bruto primo* e un *Bruto secondo*; in poesia, a un disperato *Bruto minore* provvide Giacomo Leopardi.

Nato ad Albano Laziale (Roma) nel 1953, insegnante e organizzatore (Montepulciano, Torre del Lago, Biennale di Venezia, Opera di Roma), Battistelli stravede per il teatro fin dall'esordio del 1981. E ha sfornato opere disparate come *Experimentum mundi* o *Jules Verne*, *Il medico dei pazzi* dall'originale di Scarpetta, le sue *Baruffe* da quelle "chiozzotte" di Goldoni, ispirandosi al cinema in *Teorema* da Pasolini, *Divorzio all'italiana* da Germi, *Miracolo a Milano* da De Sica. Generoso e fecondo com'è, infine, non si offenderà se si sentirà apostrofare come il Piccinni, il Donizetti di oggi. Del vecchio Gaetano, del resto, ha completato l'incompiuto *Duc d'Albe*.

Sedgwick (Antony), Roxandra Donoser (Calpurnia) and Alexander Sprague (Octavius). Orchestrator and conductor Daniele Gatti, choirmaster Roberto Gabbiani, set designer Radu Boruzescu, costume designer Luis F. Carvalho, lighting designers Peter Van Praet and Robert Carsen. Carsen as director, it goes without saying: his is a deliberately dark, gloomy, almost monochrome, often black and reddish, production with modern clothes and an ancient Roman senate similar to the modern Italian senate. In spite of the title, according to the author, the real protagonist is Brutus: good, because Lucius Junius Brutus, the ancient and very proud first consul of Rome, got a dozen operas, while this Marcus Junius Brutus, who cherished and took out Caesar, cries disconsolately at the lack of interest in music. On stage, Vittorio Alfieri composed a *Bruto primo* and a *Bruto secondo*; in poetry, Giacomo Leopardi provided a desperate *Bruto minore*.

Born in Albano Laziale (Rome) in 1953, a teacher and promoter (Montepulciano, Torre del Lago, Biennale di Venezia, Opera di Roma), Battistelli has been passionate about theatre since his debut in 1981. He has produced such diverse works as *Experimentum mundi* or *Jules Verne*, *Il medico dei pazzi* from Scarpetta's original, his *Baruffe* from Goldoni's *chiozzotte*, and has been inspired by the cinema in *Teorema* by Pasolini, *Divorzio all'italiana* by Germi and *Miracolo a Milano* by De Sica. Finally, generous and prolific as he is, he will not be offended if he is addressed as the Piccinni, the Donizetti of today. The old Gaetano, after all, completed the unfinished *Duc d'Albe*.

Colasanti e *L'ultimo viaggio di Sindbad*

Con *L'ultimo viaggio di* Sindbad, Silvia Colasanti affronta una delle urgenze più profonde della contemporaneità: il Mediterraneo come spazio di speranza e vulnerabilità, luogo di crocevia e di naufragi che continua a interrogare la coscienza collettiva. Ispirata ai testi di Erri De Luca e costruita sul libretto di Fabrizio Sinisi, l'opera reinterpreta la figura leggendaria del marinaio delle *Mille e una Notte* trasformandola in

Colasanti and *L'ultimo viaggio di Sindbad*

With *L'ultimo viaggio di* Sindbad, Silvia Colasanti tackles one of the most pressing issues of our time: the Mediterranean as a place of hope and vulnerability, a crossroads and a scene of shipwrecks that continues to challenge our collective conscience. Inspired by the writings of Erri De Luca and based on the libretto by Fabrizio Sinisi, the opera reinterprets the legendary figure of the sailor

un protagonista contemporaneo, coinvolto suo malgrado nel destino di un esodo collettivo. La prima esecuzione assoluta è stata presentata il 16 ottobre 2024 al Teatro Nazionale, ultimo titolo della stagione lirica 2023/24, in collaborazione con il Romaeuropa Festival.

La direzione musicale di Enrico Pagano mette in rilievo la forza evocativa della partitura, guidando l'orchestra in un percorso di luci e ombre che alterna trasparenze liriche a improvvisi addensamenti drammatici. La scrittura di Colasanti, insieme rigorosa ed evocativa, costruisce un paesaggio sonoro che diventa metafora del viaggio stesso, della sua sospensione e delle sue incertezze. La regia di Luca Micheletti segue questo movimento, disponendo sulla scena quadri essenziali e simbolici che lasciano alla musica e allo spettatore lo spazio dell'immaginazione. Contribuiscono alla definizione dell'immagine teatrale le scene di Leila Fteita, i costumi di Anna Biagiotti, le luci di Marco Giusti e i movimenti scenici di Fabrizio Angelini; la drammaturgia è firmata da Benedetto Sicca.

Nel ruolo di Sindbad, Roberto Frontali offre un'interpretazione intensa, restituendo un protagonista umanissimo, segnato da responsabilità e consapevolezze lontane dall'eroismo favolistico. Accanto a lui, Annunziata Vestri (Memoria) attraversa l'opera come una voce interiore, radicata nel ricordo e nella dimensione simbolica del racconto. Completano il cast Paolo Antognetti (Nostromo), Roberto Abbondanza (Uomo della preghiera), Vincenzo Capezzuto (Uomo del mare), Giorgio Misseri (Disertore), Daniela Cappiello (Madre), Elisa Balbo (Prima Sorella) e Alice Rossi (Seconda Sorella). I passeggeri sono interpretati da Valentina Gargano, Maria Cristina Napoli, Benedetta Marchesi, Eduardo Niave, Nicola Straniero, Luigi Di Martino e Alessandro Della Morte.

Un elemento distintivo dell'opera è l'uso di timbri provenienti da diverse tradizioni mediterranee: l'oud di Peppe Frana, le percussioni di Lorenzo Brilli e lo chalumeau di Luciano Orologi ampliano la tavolozza orchestrale e suggeriscono un viaggio culturale oltre che geografico. L'Orchestra del Teatro dell'Opera di

from *One Thousand and One Nights*, transforming him into a contemporary protagonist, unwittingly involved in the fate of a collective exodus. The world premiere was presented on 16 October 2024 at the Teatro Nazionale, the last title of the 2023/24 opera season, in collaboration with the Romaeuropa Festival.

Enrico Pagano's musical direction highlights the evocative power of the score, guiding the orchestra on a journey of light and shadow that alternates lyrical transparencies with sudden dramatic intensifications. Colasanti's writing, both rigorous and evocative, constructs a soundscape that becomes a metaphor for the journey itself, its suspension and its uncertainties. Luca Micheletti's direction follows this movement, arranging essential and symbolic scenes on stage that leave room for the imagination of the music and the audience. Leila Fteita's sets, Anna Biagiotti's costumes, Marco Giusti's lighting and Fabrizio Angelini's stage movements contribute to the definition of the theatrical image; the dramaturgy is by Benedetto Sicca.

In the role of Sinbad, Roberto Frontali offers an intense performance, portraying a very human protagonist, marked by responsibilities and awareness far removed from fairy-tale heroism. Alongside him, Annunziata Vestri (Memory) runs through the work like an inner voice, rooted in memory and in the symbolic dimension of the story. The cast is completed by Paolo Antognetti (Boatswain), Roberto Abbondanza (Man of Prayer), Vincenzo Capezzuto (Man of the Sea), Giorgio Misseri (Deserter), Daniela Cappiello (Mother), Elisa Balbo (First Sister) and Alice Rossi (Second Sister). The passengers are played by Valentina Gargano, Maria Cristina Napoli, Benedetta Marchesi, Eduardo Niave, Nicola Straniero, Luigi Di Martino and Alessandro Della Morte.

A distinctive feature of the opera is the use of timbres from different Mediterranean traditions: Peppe Frana's oud, Lorenzo Brilli's percussion and Luciano Orologi's chalumeau broaden the orchestral palette and suggest a cultural as well as a geographical journey.

Roma e la Scuola di Canto Corale, diretta da Alberto de Sanctis, completano un organico che contribuisce in modo decisivo alla forza espressiva dell'opera.

Strutturato in quadri più evocativi che narrativi, *L'ultimo viaggio di Sindbad* descrive un itinerario che ricorda una via crucis laica: un succedersi di tappe che raccontano paura, speranza, smarrimento e resilienza. Il mare, evocato più che rappresentato, emerge come il grande protagonista, simbolo delle rotte reali e interiori che segnano la storia umana.

Tra le compositrici italiane più affermate sulla scena internazionale, Silvia Colasanti collabora da anni con importanti istituzioni musicali in Italia e all'estero. Vincitrice dello *European Composer Award* nel 2013, ha recentemente concluso la residenza presso La Toscanini di Parma e l'Orchestra Sinfonica di Milano. Tra i suoi lavori più recenti figurano *Oltre l'azzurro*, dramma in musica su testo di Maria Grazia Calandrone; *Tre risvegli*, su Patrizia Cavalli, con la regia di Mario Martone; il *Requiem. Stringeranno nei pugni una cometa*, dedicato alle vittime del terremoto del Centro Italia; le opere *Minotauro* e *Proserpine* per la regia di Giorgio Ferrara. La sua ultima opera, *Anna A.*, è stata presentata al Teatro alla Scala di Milano, confermando un percorso creativo tra i più riconoscibili della composizione contemporanea.

The Orchestra del Teatro dell'Opera in Rome and the Choral Singing School, conducted by Alberto de Sanctis, complete an ensemble that contributes decisively to the expressive power of the opera.

Structured in scenes that are more evocative than narrative, *L'ultimo viaggio di Sindbad* describes an itinerary reminiscent of a secular Way of the Cross: a succession of stages that recount fear, hope, bewilderment and resilience. The sea, evoked rather than represented, emerges as the main protagonist, a symbol of the real and inner journeys that mark human history.

One of the most internationally renowned Italian composers, Silvia Colasanti has collaborated for years with important musical institutions in Italy and abroad. Winner of the European Composer Award in 2013, she recently completed her residency at La Toscanini in Parma and the Milan Symphony Orchestra. Her most recent works include *Oltre l'azzurro*, a musical drama based on a text by Maria Grazia Calandrone; *Tre risvegli*, based on Patrizia Cavalli, directed by Mario Martone; *Requiem. Stringeranno nei pugni una cometa*, dedicated to the victims of the earthquake in Central Italy; and the operas *Minotauro* e *Proserpine*, directed by Giorgio Ferrara. Her latest opera, *Anna A.*, was presented at the Teatro alla Scala in Milan, confirming her place among the most recognisable creative voices in contemporary composition.

p. 294 | Roberto Frontali è Sinbad in *L'ultimo viaggio di Sinbad* di Silvia Colasanti.
Direttore Enrico Pagano, regia Luca Micheletti, scene Leila Fteita, costumi Anna Biagiotti, luci Marco Giusti. Libretto di Fabrizio Sinisi, liberamente ispirato a testi di Erri De Luca.
16, 18, 20, 22, 23 ottobre 2024.

p. 294 | Roberto Frontali as Sinbad in *L'ultimo viaggio di Sinbad* by Silvia Colasanti.
Conductor Enrico Pagano, director Luca Micheletti, set design Leila Fteita, costume design Anna Biagiotti, lighting design Marco Giusti. Fabrizio Sinisi' libretto, freely inspired by texts by Erri De Luca.
16, 18, 20, 22, 23 October 2024.

Stampato in Europa / *Printed in Europe*